本书为国家社会科学基金(教育学)一般项目"行业划转院校发展战略类特色"(项目批准号:BFA170055)研究成果。

行业划转
地方工科院校特色发展战略研究

周志强 亓晶 项杨 等/著

Research on the Characteristic Development
Strategy of Industry Transfer to the Local Engineering Colleges

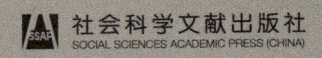

社会科学文献出版社
SOCIAL SCIENCES ACADEMIC PRESS (CHINA)

前　言

　　2017年，国家社会科学基金（教育学）一般项目"行业划转院校发展战略类特色研究"（项目批准号：BFA170055）立项获批。在前期关注行业院校总体战略并在科学出版社出版了专著《行业划转院校发展战略类特色研究》的基础上，课题研究团队将研究对象锁定行业划转地方工科院校这个类别，经过三年的协作努力，形成了这本书。

　　本书以行业划转地方工科院校为研究对象，将其特色发展战略问题上升到"类特色"的高度，构建了"纵（时间）、横（关系）、变（战略）"三维分析框架，并以行业划转地方工科院校外部战略关系动态演变和内部战略关系的类特色凝练为两条主线，探究作为战略主体的行业划转地方工科院校的历史方位、现实困境以及战略选择，由此对行业划转地方工科院校战略行为所呈现的类特色属性及行业划转地方工科院校的特色发展战略进行研究。在"纵"的时间维度上，回溯行业划转地方工科院校自体制转轨以来近20年的办学实践及共性演进特征，对行业划转地方工科院校历史方位与办学使命进行审视与考察，提出行业划转地方工科院校作为一个类群，进入特色重构再造的新发展周期。在"横"的关系维度上，由外向内、由宏观到微观，探究行业划转地方工科院校与制度、经济、社会所呈现的多重耦合关系，进而凝练出作为一个类群的行业划转地方工科院校发展战略的类特色。在"变"的战略维度上，重点分析行业划转地方工科院校对环境变化的逻辑反应，即战略抉择。从学科群建设、专业集群建设、学术生产与服务、人才供求关系、师资队伍建设等方面探究了行业划转地方工科院校类特色发展路径问题。

本书集中了该国家社会科学基金项目的主要研究成果，包括周志强、亓晶、项杨近年在《中国高教研究》《高等工程教育研究》《高校教育管理》《现代教育管理》《中国高校科技》等核心期刊发表的文章，也有尚未公开的一些学术和实践思考。全书由周志强、亓晶统稿，第一章、第二章由周志强和亓晶共同完成，第三章、第六章和第七章由亓晶撰写，第四章由项杨撰写，第五章由于海军撰写，第八章由董虓撰写。

感谢国家社会科学基金对本书出版的资助，感谢社会科学文献出版社的支持和编辑李明伟老师的指导帮助，感谢华中科技大学刘献君教授、厦门大学别敦荣教授、中国人民大学周光礼教授等专家学者对课题的指导，感谢辽宁省教育科学规划领导小组办公室、沈阳化工大学、辽宁工程技术大学各位领导和同事的支持。希望本书能够为与行业院校发展相关的领导者、实践者和研究者带来启发和提供借鉴。由于能力和水平所限，书中还有不完善、不严谨之处，恳请各位读者批评指正。

目 录

第一章 行业划转地方工科院校的历史考察 …………… 1
 第一节 行业工科院校的兴起 …………………………… 2
 第二节 行业划转地方工科院校的内涵界定 …………… 9
 第三节 行业划转地方工科院校的分类演化发展 ……… 12

第二章 行业划转地方工科院校的特色发展困境与突围 … 28
 第一节 院校管理体制改革后行业划转地方工科
    院校的场域转换 …………………………… 29
 第二节 多重场域叠加视角下行业划转地方工科
    院校的特色发展困境 ……………………… 34
 第三节 场域自主视角下行业划转地方工科院校
    特色再造的路径探索 ……………………… 40

第三章 行业院校战略行为与外部制度的耦合分析 …… 45
 第一节 行业院校战略行为与外部政策之间耦合
    关系的演变 ………………………………… 46

· 1 ·

第二节　行业院校战略行为与外部政策之间的耦
　　　　　合机制分析 ………………………………………… 52
　　第三节　行业院校战略行为与外部政策之间的
　　　　　耦合问题分析 ……………………………………… 57
　　第四节　行业院校与外部政策松散耦合机制的构建 ……… 63

第四章　行业划转地方工科院校学科群建设 ………………… 67
　　第一节　复杂系统视角下学科群的内涵和特征 …………… 68
　　第二节　复杂系统视角下学科群生成演化的双重逻辑 …… 72
　　第三节　复杂系统视角下学科群的演化动力与路径 ……… 77
　　第四节　行业划转地方工科院校学科群建设的基础、
　　　　　优势与困境 ………………………………………… 84
　　第五节　行业划转地方工科院校学科群建设的行动方略 …… 101

第五章　行业划转地方工科院校专业集群建设 ……………… 105
　　第一节　行业划转地方工科院校专业集群建设的
　　　　　现状及特征 ………………………………………… 106
　　第二节　行业划转地方工科院校专业集群建设的
　　　　　逻辑与路径 ………………………………………… 115
　　第三节　行业划转地方工科院校专业集群建设案例
　　　　　——L大学 ………………………………………… 125

第六章　行业划转工科院校科研创新能力演化分析 ………… 134
　　第一节　行业划转工科院校科研创新发展状况 …………… 135

第二节 行业划转工科院校科研创新能力的
　　　 动态演化……………………………………… 166

第七章 行业划转工科院校科研创新与服务面向的耦合态势……………………………… 205

第一节 行业划转工科院校科研创新与服务面向
　　　 耦合评价研究设计…………………………… 206
第二节 行业划转工科院校科研创新与服务面向
　　　 耦合的实证研究……………………………… 211

第八章 行业划转地方工科院校师资队伍建设……………… 228

第一节 我国行业划转地方工科院校师资队伍
　　　 建设现状……………………………………… 229
第二节 行业划转地方工科院校师资队伍建设的
　　　 应然属性……………………………………… 237
第三节 我国行业划转地方工科院校师资队伍
　　　 建设存在的问题……………………………… 243
第四节 德国应用科学大学师资队伍建设的经验与启示 …… 248

参考文献 ………………………………………………… 254

第一章　行业划转地方工科院校的历史考察

伯顿·克拉克认为，大学的特色来源于其任务及分工，"在任何情况下，一个系统的特色总是围绕着它的任务而形成的"①。在我国，有这样一批特殊的工科院校存在，其特色更多来源于与行业产业之间天然的共生关系。作为国家工业化发展战略的产物，这批工科院校"脱胎"于计划经济时期的行业部门办学体制，"换骨"于20世纪与21世纪之交的院校管理体制改革，经历了隶属关系由中央划转地方的转变。回溯行业划转地方工科院校尤其是自体制转轨后近20年的办学实践，需要从这一类型院校概念的初始界定出发，对不同隶属关系、不同合并经历、不同行业类型、不同区域的行业划转院校进行梳理、分类与比较，总结与凝练这一类型院校办学实践的典型样态与办学规律。

---

① Burton R. Clark, *The Higher Education System: Academic Organization in Cross-National Perspective*, University of California Press, 1986, p. 12.

第一节 行业工科院校的兴起

就行业院校而言，美国北科罗拉多大学教授丹尼尔·若雷（Daniel Rowley）和美国长岛大学学者赫伯特·谢尔曼（Herbert Sherman）所著《从战略到变革：高校战略规划实施》一书中提到"专门高校"的概念："专门高校利用某一专门学科或一系列相关学科建立起有市场需求支撑的中心，而这些中心通常有高水平的研究活动。"[①] 这一界定与行业院校的概念相近。大多数学者将具有相似产生背景，尤其是工业背景，在大学建设和发展模式上具有鲜明行业特色的欧美国家高校称为行业院校，例如法国大学校、德国应用科学大学、美国赠地学院、英国城市学院等。而我国行业院校的发端和形成主要集中在三个历史时段。

一 清末民初的新式学堂与专门学校兴办：行业工科院校的早期萌芽

我国早期的行业院校肇始于清末的洋务学堂。19世纪60年代，随着洋务运动的开展和洋务企业的兴办，中国近代第一批新式专科学校诞生。这批学堂多由地方行业部门创办，包括电报学堂、铁路学堂、矿务学堂等。例如：1880年李鸿章开设天津电报学堂，该校成为我国最早的电报学校；1892年在武昌开办的

---

① 〔美〕丹尼尔·若雷、〔美〕赫伯特·谢尔曼：《从战略到变革：高校战略规划实施》，周艳、赵炬明译，广西师范大学出版社，2006，第6页。

湖北矿务局工程学堂；1895年开设的山海关铁路学堂；等等。①

受洋务运动的影响及甲午战争战败后清政府在经济政策方面的调整，以矿务、纺纱、缫丝等为主的民族资本主义工商业得到了进一步的发展。1895年10月，光绪皇帝御批成立天津北洋西学学堂，并于1896年正式更名为北洋学堂，下设头等学堂（大学本科）、二等学堂（预科）。其中头等学堂设专门学（即科系）四门：工程学、矿务学、机器学等。北洋学堂因此被认为是我国第一所地方行业大学。此后，在维新运动的推动下，光绪帝诏令南北洋设立矿务学堂，各铁路扼要之区及开矿省份，增设矿务学堂。1904年清政府颁布《奏定学堂章程》，明确规定了农工商各级各类实业学堂的入学条件、修习年限和培养目标等。② 1909年，焦作路矿学堂创办，被认为是我国建立最早的近代私立矿业高等学府。据1909年清政府学部统计，全国的高等工业学堂达到7所。③ 这一时期的技术学堂与实业学堂一般附设于厂矿企业，主要集中于沿海城市、交通枢纽城市、工商业重镇等，与近代以来西方资本主义列强入侵和西方文化教育冲击浸润的总态势呈现较高的吻合度。④

民国初期，中华民国临时政府教育部颁布"壬子癸丑学

---

① 高时良、黄仁贤编《中国近代教育史资料汇编·洋务运动时期教育》，上海教育出版社，2007，第559~590页。
② 卢红玲：《中国近代实业学堂的产生及实业教育的萌芽》，《河北建筑科技学院学报》（社科版）2005年第2期，第96~97页。
③ 朱有瓛主编《中国近代学制史料（第二辑下册）》，华东师范大学出版社，1989，第221页。
④ 田正平主编《中国教育史研究·近代分卷》，华东师范大学出版社，2001，第85页。

制",将高等学校划分为大学（含预科、本科和大学院）、高等师范学校和专门学校三个系列。其中工业专门学校主要以培养工业专门人才为宗旨,设土木科、机械科、造船科、建筑科、采矿冶金科等13科。据统计,民国初年工业专门学校达到19所[①],既有公立也有私立,既有国立也有省立,还有一些中外合办的专门学校。这一时期,随着学制改革,在中央政府的统一管理下,专门学校得到了较快的发展。

总体来看,清末民初,受国家存亡危机影响,在一大批有志之士的推动下,我国民族资本主义工商业逐渐兴起,一批具有职业教育性质的,旨在培养实用型人才以求富强之本源的技术学堂、实业学堂与高等工业专门学校应运而生。但受特殊的历史背景影响,这一时期的学校办学程度与质量难以保证,相关的制度、管理、人才培养等体系还不完善。这批学校成为我国行业工科院校的早期萌芽与重要发端。

二 新中国工业体系建构：行业工科院校的体系化发端

20世纪50年代左右,针对旧中国高等学校区域分布不均和高校内部系科庞杂、学科专业结构不合理、工科院校偏少的状况,国家决定对高校及院系设置进行调整,强调适应国家建设,从政策上优先满足重工业对专业人才的需要。1950年6月,第一次全国高等教育会议正式确立了高等学校院系调整的任务。1951年11月,教育部召开全国工学院院长会议,根据"以培养

[①] 潘懋元、刘海峰编《中国近代教育史资料汇编·高等教育》,上海教育出版社,1993,第593页。

工业建设干部和师资为重点，发展专门学院和专科学校，整顿和加强综合性大学"的方针，制定了全国工学院院系调整方案，调整的重点是"整顿和加强综合大学，发展专门学院，首先是工业学院"①。1953年，教育部继而在《全国高等学校院系调整计划》中再次强调院系调整的目的是高等教育人才培养要适应全国大规模经济建设的要求。由此教育部继续对中南地区高校进行院系调整，并对华北、华东、东北三区高校进行专业调整，对西北、华南地区高校进行局部院系和专业调整。此次院系调整以院系的跨校间迁移为主要形式，基本奠定了新中国高等教育包含综合大学、专门学院、专门学校三个层次的总体格局。经过此次调整，在全国的182所高校中，高等工业学校有39所。1955年，高等教育部在《关于改变高等学校分布状况进行院系调整及新建校计划的报告》中提出1955~1957年再次进行院系调整，主要解决高等学校分布过于集中、发展规模过大的问题，并提出高等工业学校的设置应逐步实现与工业基地相匹配的要求。1955~1957年，共有27所高等学校由沿海西迁，或充实加强西安、兰州、成都、重庆、内蒙古等地原有高等学校，或在这些地方新建高校，但在调整过程中有不少变更。

经过几轮院系调整，到1957年，全国高等学校增至229所，其中高等工业院校增至44所（见表1-1），工科高校方阵异军突起，以培养工业建设干部和师资为目标，形成了与国家工业体系相配套的、比较完备的、涉及地、矿、油、电、化、建、交等各行各业的工程高等教育体系。其中，这一阶段的院系调整，从高

---

① 郝维谦、龙正中主编《高等教育史》，海南出版社，2000，第85页。

表 1-1　1957 年全国 44 所高等工业院校名单

原名	现称	原名	现称
北京工业学院	北京理工大学	唐山铁道学院	西南交通大学
北京地质学院	中国地质大学(北京)	浙江大学	浙江大学
北京钢铁学院	北京科技大学	太原工学院	太原理工大学
北京石油学院	中国石油大学(北京)	哈尔滨工业大学	哈尔滨工业大学
北京航空学院	北京航空航天大学	合肥矿业学院	合肥工业大学
北京矿业学院	中国矿业大学(北京)	武汉理工大学*	武汉理工大学
北京邮电学院	北京邮电大学	华中工学院	华中科技大学
北京铁道学院	北京交通大学	成都电讯工程学院	电子科技大学
天津大学	天津大学	重庆大学	重庆大学
大连工学院	大连理工大学	成都工学院	并入四川大学
东北工学院	东北大学	成都地质勘探学院	成都理工大学
长春地质学院	并入吉林大学	昆明工学院	昆明理工大学
长春汽车拖拉机学院	并入吉林大学	西北工学院	西北工业大学
大连海运学院	大连海事大学	交通大学	西安交通大学
同济大学	同济大学	西安建筑工程学院	西安建筑科技大学
华东纺织工学院	东华大学	山东工学院	并入山东大学
华东化工学院	华东理工大学	武汉水利学院	并入武汉大学
上海造船学院	上海交通大学	武汉测量制图学院	并入武汉大学
南京工学院	东南大学	中南矿冶学院	中南大学
华东水利学院	河海大学	中南土木建筑学院	湖南大学
南京航空工业专科学校	南京航空航天大学	重庆土木建筑学院	并入重庆大学
华南工学院	华南理工大学	清华大学	清华大学

注：*多校合并组建，方便读者阅读，用现名代替。
资料来源：笔者整理。

水平综合大学中分调院系合并建设的高校，多发展成为如今高水平的行业特色型大学。此后，在"大跃进"的社会背景下，1958 年 9 月 19 日中共中央、国务院发布的《关于教育工作的指示》明确规定，要力争"以十五年左右的时间来普及高等教育"。行业院校如雨后春笋般成立。而这些新成立的高校则多发展为今天的行业划转地方工科院校。从 1957 年到 1960 年，全国全日制高校由 229 所超常规地猛增到 1289 所，后来又不得不进行整顿，到 1965 年，全国高校数量锐减为 434 所。其中，中央业务部门管理的高校有 149 所，行业院校占到了高等学校总数的 34.3%。

三　行业养大学：行业内院校体系的完善

1978 年，为了加强各部委对面向全国和地区的全国重点高等学校和非重点高等学校的领导，国务院下发文件要求"少数院校由有关部委直接领导，多数院校由有关部委和省、市、自治区双重领导，以部委为主"①。这一时期，为了适应各行业的发展需求和规划布局，在各行业部门的主导下对既有的行业内院校体系进行了完善与发展，部分新的行业院校也随之成立。以煤炭行业为例，在这一阶段内，湘潭煤炭学院、河北煤矿学院、鸡西矿业学院、中国煤炭经济学院等成立，华北煤炭医学院、淮北煤炭师范学院等则纳入原煤炭工业部管辖。

从改革开放初期到 1998 年，受经济体制改革的影响，除少数综合性大学外，其他院校基本处于"行业养大学"的状态。据统计，1982 年，全国高等学校中，由中央 48 个部委（包括总局和专业总公司）直接管理的高校达到 237 所，在校生 330941 人，占全国高等学校在校学生总数的 29.2%；在中央部门直属高等学校中，重点高等学校为 59 所，占全国重点高等学校的 61.5%。到 1993 年，全国普通高等学校共有 1065 所，招生 94

---

① 国务院：《国务院转发教育部关于恢复和办好全国重点高等学校的报告的通知》，1978-02-17。

万人，在校生253.55万人。其中，中央业务部门的直属高等学校325所，占30.5%；招生31.1万人，占33.1%；在校生85.3万人，占33.6%。① 到20世纪90年代末，高等教育体制改革时全国行业院校数量到达顶峰，高达571所。②

四 行业办学体制的转轨与行业划转工科院校的形成

20世纪90年代，随着社会主义市场经济体制确立和政府职能转变，原来主要由"条条"转向主要由"块块"设定和规划国民经济的发展，"条块分割、自成体系"的高等教育管理体制带来的高等学校的重复建设和教育资源浪费、办学水平低下、服务面向单一、人才来源单一化和部门所有制等弊端逐渐显现，难以适应时代的要求。以调整高校结构布局，建立条块结合管理体制为主题，高等教育领域紧随经济体制转轨，进行了一系列教育管理体制改革，以改变高等教育条块分割的状况。1993年11月，十四届三中全会通过的《中共中央关于建立社会主义市场经济体制若干问题的决定》，提出了"高等教育要改革办学体制，改变条块分割的状况，除特殊行业外，区别不同情况分步过渡到中央和地方两级管理的体制，扩大地方和院校的办学自主权"。1998年1月，国家教委在江苏扬州召开全国高等教育管理体制改革经验交流会，提出"共建、调整、合作、合并"的八字方针，确定了行业院校管理体制改革的目标和思路，即"中

---

① 纪宝成：《世纪之交中国高等教育管理体制改革的历史回顾》，《中国高教研究》2013年第8期，第6~13页。
② 吴蕊：《辽宁省地方行业特色型大学战略规划研究》，硕士学位论文，沈阳师范大学，2013，第12页。

央和省级人民政府两级管理、分工负责，以省级人民政府统筹为主，条块有机结合的新体制"。1998年7月，国务院颁布《关于调整撤并部门所属学校管理体制改革的决定》，行业院校的划转工作正式启动。从1993年到2004年，原中央部委管理的571所行业院校，有509所进行了不同程度的调整，其中70所划转教育部，400多所则划归地方管理。行业院校基本完成了特殊时期的历史使命，并在这一轮的管理体制变革中，大多数行业院校被排除在了中央核心管理系统之外，管理重心逐渐下移。

第二节 行业划转地方工科院校的内涵界定

一 行业划转院校的界定

相对来说，行业院校是我国特定时期特定国情下的产物。"行业划转院校"则由行业院校划转而来，国外并没有相关提法。目前，学界对这一类型院校的界定先后出现了"行业院校""行业划转院校""行业特色高校""特色型大学""行业特色型大学""学科特色型大学"等多种提法。有学者从高校的管理体制以及隶属关系出发，将其称为"行业划转院校"，即20世纪与21世纪之交国家高等教育管理体制改革后出现的一类高等院校，指原先隶属中央部委行业部门，后划转地方或教育部管理的高等院校。[①] 也有学者突出了这部分院校的行业特色，将其称为

---

① 别敦荣：《行业划转院校改革与发展的形势、任务和战略》，《阅江学刊》2011年第1期，第12~18页。

"行业特色高校",具体指那些在高等教育管理体制改革以前隶属于国务院某个部门、具有显著行业办学特色与突出学科群优势的高等院校。① 这一界定突出了这一部分院校的行业背景与行业特色,但这一概念界定无法将这部分院校与洋务运动时期的行业特色高校区分开,因而对其适用性存疑。另一个使用频次较高的提法是由特色型大学演化而来的行业特色型大学。"特色型大学"因无法将独具办学特色的一些综合性大学排除在外,又无法表现这类院校与行业之间的关联,而引起部分学者的质疑。2008年,在时任教育部副部长陈希倡议下,将一段时间称谓为"特色型大学"的这部分院校,正式称为"行业特色型大学"。由此概念的外延也得以拓展,不仅仅是指经历管理体制变革的固定数量的院校群体,而是作为一种高校类型,更加注重特色的发展性。例如武艳君认为行业特色型大学是指长期服务于某一行业领域,在与行业相关的学科专业、科学研究、人才培养上具有明显优势和显著特色的高等院校。② 但也有学者对这一提法提出质疑,认为行业特色型大学既无法明确内涵与外延,也不是独特的高校类型,更多地反映计划经济的办学方式。③ 相对于"行业院校""行业特色型大学"等提法,"行业划转院校"的提法更能客观表述这一类学校的历史属性和现实特征,本书因此主要采用"行业划转院校"的表述。

---

① 孙进:《德国应用科学大学的办学特色——类型特色与院校特色分析》,《比较教育研究》2011年第10期,第66~70页。
② 武艳君:《行业特色型大学协同创新合作伙伴选择影响因素及评价研究》,博士学位论文,哈尔滨工程大学,2015,第17页。
③ 王骥:《对"行业特色型大学"提法的质疑——兼论其发展特征》,《江苏高教》2011年第5期,第65~68页。

二 地方工科院校的界定

就地方工科院校的概念,华南理工大学学者汪秀琼等认为地方工科院校是一个特定的高校群体,是指由省级及省级以下地方政府行政拨付经费,以服务区域经济社会发展为主的工科高等院校。① 这一界定强调这一类型院校的隶属关系及服务地方属性。华中科技大学孙敬霞博士则提出工科类地方本科高校的概念,特指在新中国成立初期,为满足当时国家建设需要的工科技术人才,按产业部门、行业进行设立的、在 21 世纪初由于高等教育改革而划归地方政府管理(或地方政府与行业主管部门共建)的公办高校,学校定位为面向地方、面向行业、面向企业培养应用型人才的大学或学院。这些高校具有浓厚的行业色彩,以工科为主要学科(专业),人文学科较弱,特别是哲学、社会学、教育学、地理学等学科缺失,教师发展、管理制度和校园文化具有一定的特殊性。②

三 行业划转地方工科院校的界定

行业院校本身有广义与狭义之分。广义的行业院校包括师范、医药、政法、艺术、体育、财经、国防、农业、水利等多个门类。由于 20 世纪 50 年代,因国家工业化体系建设而兴起的行业院校以工科门类为主,同时行业划转工科院校在划转后的过渡

---

① 汪秀琼、谌跃龙、吴小节:《地方重点工科院校重点学科建设政策体系的建设路径》,《高等工程教育研究》2015 年第 6 期,第 151~156 页。
② 孙敬霞:《工科类地方本科高校教师发展研究》,博士学位论文,华中科技大学,2016,第 35 页。

期内,在服务面向,科研创新,学科群、专业群及师资队伍建设等方面呈现典型的样本特征。因此,本书主要从狭义的行业院校界定出发,聚焦与国民工业体系密切相关的以工学门类为主的行业院校,即传统行业办学时期由行业部委所属,后划转以地方管理为主的工科院校。本书所界定的"行业划转地方工科院校"群体主要满足以下几个条件:一是发端或调整于20世纪50年代计划经济时期,在历史上具有与煤炭工业部、铁道部、机械工业部、冶金工业部等相关行业部委的特定隶属关系,具有较长的行业办学历史;二是经历20世纪与21世纪之交的院校管理体制改革,或独立建制或合并划转至地方政府管理(或地方政府与行业主管部门共建);三是划转前以服务某个特定的行业为核心,形成了与某一行业产业链相连接的专业链与学科链,以工科为主干学科与优势学科,包含了地质、矿业、冶金、机械、电力、化工、纺织、轻工、建筑等多种类型。由此本书选定90所行业划转地方工科院校作为主要的研究对象,其中70所属于拥有博士学位授权点的院校。

第三节 行业划转地方工科院校的分类演化发展

随着院校管理体制改革及重点建设战略的实施,行业划转地方工科院校逐渐呈现分类发展、分层次发展的格局。在划转近20年的办学实践中,其经历了一段时间的合并、更名、定位等过渡调整。这一过渡调整期内,行业划转地方工科院校的学科专业结构和办学功能发生了根本性变化,总体表现出"多学科化、大规模化、地方化、市场化"的四化特点。① 多学科性、综合性是这些学校共同的学科建设发展取向，规模扩张战略使行业划转地方工科院校成为高等教育扩招的主力，融入区域经济和地方发展是行业划转地方工科院校争取资源的一致选择，开放办学、融入市场是行业划转地方工科院校形成共识的战略。而随着我国高等教育资源配置方式由国家中心模式向"有为政府、有效市场"模式转变，行业划转地方工科院校又进行了特色化和"再行业化"转型。在"去行业化"与"再行业化"、综合化与特色化、行业化与地方化的不断转换中，行业划转地方工科院校逐渐呈现不同的发展与演化格局。

一 行业划转地方工科院校的合并与更名

（一）行业划转地方工科院校的合并

回溯行业划转地方工科院校的办学历史，随着20世纪与21世纪之交的院校管理体制改革，隶属关系发生转变，在"共建、调整、合作、合并"八字方针的指导下，大多数行业划转地方工科院校开始了与区域内其他高校合并的办学历史。据统计，近2/3的行业划转地方工科院校有多校合并的经历（见表1-2）。而不同的合并经历，形成了行业划转地方工科院校不同的办学基础与实力，并逐渐呈现发展轨迹的演化差异。从其合并院校的类型来看，主要包含了与区域内的其他行业划转工科院校合并、与其他地方院校合并以及被其他院校合并、由区域内高职高专院校

---

① 别敦荣：《行业划转地方工科院校改革与发展的形势、任务和战略》，《阅江学刊》2011年第1期，第12~18页。

并入等多种形式。其中，同属行业划转地方工科院校之间的合并共有5所，例如长沙理工大学是由原交通部所属的长沙交通学院和原国家电力公司所属的长沙电力学院合并组建。而地方政府推动下的行业划转地方工科院校与区域内其他本科院校合并的高校有9所。例如昆明理工大学与云南工业大学合并组建新的昆明理工大学。部分行业划转地方工科院校则被并入区域内的本科院校。例如山西矿业学院被并入太原工业大学成立太原理工大学。此外，大多数行业划转地方工科院校均有区域内的高职高专院校并入，由此形成了这些本科院校专科、本科、研究生等多层次的办学布局。

表1-2 行业划转地方工科院校与其他本科院校的合并情况

合并方式	原隶属部门	原校名	合并后校名	合并年份	合并类型
行业划转地方工科院校之间的合并	建设部	南京建筑工程学院	南京工业大学	2001	工+工
	化学工业部	南京化工大学			
	建设部	苏州城市建设环境保护学院	苏州科技大学	2001	工+师范
	铁道部	苏州铁道师范学院			
	轻工业部和中国轻工总会	北京轻工业学院	北京工商大学	1999	工+财经
	商业部	北京商学院			
	电子工业部	北京信息工程学院	北京信息科技大学	2003	工+工
	机械工业部	北京机械工业学院			
	煤炭工业部	河北建筑科技学院	河北工程学院	2003	工+工
	水利部	华北水利水电学院（邯郸）			
	交通部	长沙交通学院	长沙理工大学	2003	工+工
	国家电力公司	长沙电力学院			

续表

合并方式	原隶属部门	原校名	合并后校名	合并年份	合并类型
与地方本科高校的合并	建筑材料工业部	山东建筑材料工业学院	济南大学	2000	工+综
		济南联合大学			
	电力工业部、国家电力公司等	武汉水利电力大学(宜昌)	三峡大学	2000	工+综
		湖北三峡学院			
	中国石油天然气集团公司	江汉石油学院	长江大学	2003	工+农+师范+医
		湖北农学院			
		荆州师范学院			
		湖北省卫生职工医学院			
	煤炭工业部	湘潭工学院	湖南科技大学	2003	工+师范
		湘潭师范学院			
	核工业部	中南工学院	南华大学	2000	工+医
		衡阳医学院			
	煤炭工业部	太原工业大学	太原理工大学	1997	工+工
		山西矿业学院			
	中国有色金属工业总公司	昆明理工大学	昆明理工大学	1999	工+工
		云南工业大学			
	冶金工业部	包头钢铁学院	内蒙古科技大学	2003	工+师范+医
		包头师范学院			
		包头医学院			
	机械工业部	江苏理工大学	江苏大学	2001	工+医
		镇江医学院			

注：合并时，隶属部门名称有变，为方便阅读，部分隶属部门仍延用旧称。
资料来源：笔者整理。

从合并院校的性质来看，共有 6 所行业划转地方工科院校与工科院校合并，形成以理工为主的学科专业结构。而也有部分行业划转地方工科院校与所在区域的文科、医科、农科等院校合并，由此形成多个学科门类的集成，并多数由单科性或多科性大学逐渐演化为综合性大学。例如长江大学、三峡大学、江苏大学等。

这一时期，行业划转地方工科院校与其他院校的合并多为教育部或地方政府推动，因而行政逻辑的强制实施背景下，多校合并属于管理"主权"的转换，由此带来行政管理、办学规模、学科综合、校区文化、多校区办学分散等多方面复杂问题。例如，2003年4月，包头钢铁学院与包头师范学院、包头医学院共同组建科技大学，经教育部批准更名为内蒙古科技大学。但在2004年，内蒙古自治区政府又重新将内蒙古科技大学一分为三。

（二）行业划转地方工科院校的更名

20世纪50年代以来，随着行业院校的新建、合并、拆分、升格、转设等，院校名称的变更成为其在实践过程中典型的办学行为。行业划转地方工科院校的更名也成为其推动自身地方化进程的重要手段与标识。笔者对90所行业划转地方工科院校的现有校名进行统计发现，绝大多数高校自20世纪末以来，均有更名的经历。从其更名时间来看，大多数行业划转地方工科院校更名的时间集中于1999~2006年（见图1-1）。这一时期是行业划转地方工科院校逐渐失去行业的垄断性支持，服务面向由行业向区域迁移的过渡阶段。尤其是2002~2004年，更名学校数达31所，仅2004年，更名学校数就达到14所。更有学校经历了多次更名。例如原隶属纺织工业部的武汉纺织工学院，为了融入地方，1999年学校更名为"武汉科技学院"；

为了彰显传统行业特色，2010 年，学校又更名为"武汉纺织大学"。①

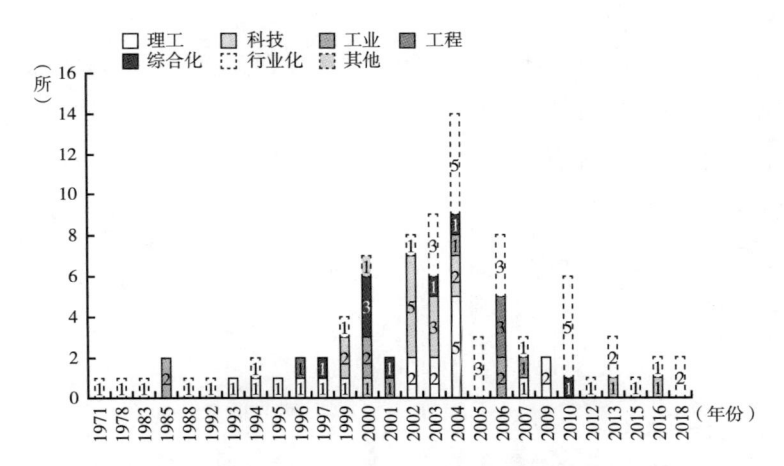

图 1-1　90 所行业划转地方工科院校现有校名确立时间

资料来源：笔者整理。

而从行业划转地方工科院校现有校名来看，以"科技""理工""工业"等字眼命名的院校最多。以"理工"命名的高校有 18 所，以"科技"命名的院校有 15 所，以"工业"命名的高校有 9 所。这说明了这一时期多数高校在体制转轨的过渡适应期内所呈现的学科专业门类、服务面向的拓展。有 8 所高校则因合并经历而更名，校名呈现综合性的特点，例如三峡大学、长江大学、常州大学等。而名称中仍保留具有行业特色的字眼如"石油""纺织""邮电"等的高校占到了 30% 左右。尤其是原隶属于交通部

---

① 周光礼：《"行业划转地方工科院校"的"去行业化"与"再行业化"：环境变迁与组织应对》，《教育研究》2018 年第 9 期，第 103~112 页。

（原铁道部）、中国石油天然气集团公司、信息产业部（原电子工业部）等部门的高校校名仍保留行业特色的比例较高（见图1-2）。原煤炭工业部、冶金工业部、中国有色金属工业总公司等行业部门所属的行业院校的"去行业化"倾向比较明显。这与这些高校所服务行业经济发展的形势呈现一定的相关性。从某种程度上说明，行业发展的兴衰成为这类高校更名的动力因素。[①] 从校名

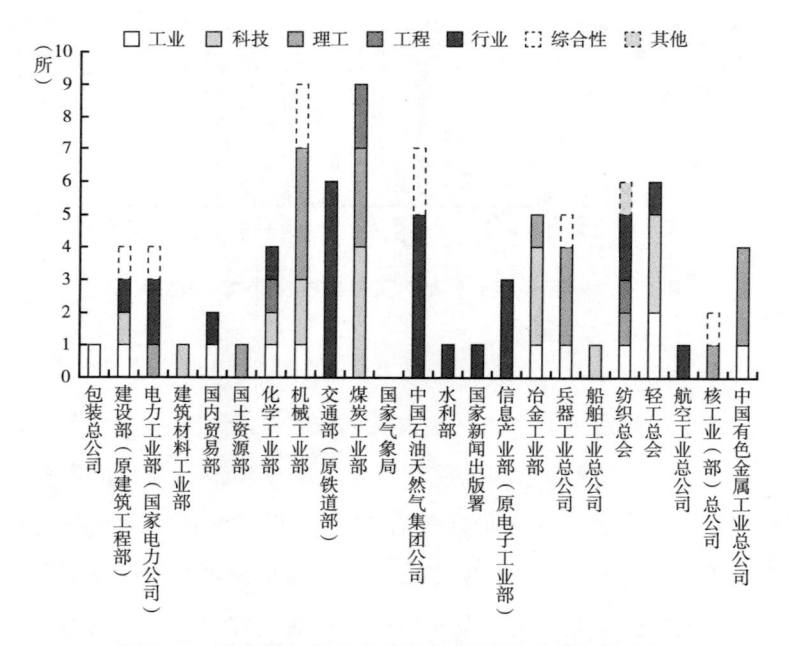

图1-2 原隶属各行业部委的行业划转地方工科院校现有校名的词频分布

资料来源：笔者整理。

---

① 杨道兵、陶鹏、杨秀芹：《行业高校更名的理性回归》，《中国农业教育》2012年第3期，第49~51页。

的词频分布来看，煤炭类、冶金类、轻工类等行业高校校名更倾向于"科技"，机械类、兵器类、有色金属类等行业的高校更倾向于"理工"。而有部分高校的名称则采用"行业+"的方式，例如杭州电子科技大学、成都信息工程大学、湖北汽车工业学院等。

综合来看，受隶属关系与服务面向转换的影响，行业划转地方工科院校的多校合并、名字的更迭，均呈现较为明显的综合化、地方化倾向，为单一行业服务、办单一而精深的学科专业、系统内单一评价等行业院校的独特属性与边界有模糊的倾向。

二 行业划转地方工科院校地区分布与迁移格局

（一）行业划转地方工科院校的地区分布

受 20 世纪 50 年代院系调整以来国家工业化的影响，行业划转地方工科院校的分布与这一时期的国家工业体系布局呈现较强的相关性。虽然部分行业划转地方工科院校经历了校址的迁移，但从其目前的地区分布来看，行业划转地方工科院校的分布地域较为广泛，覆盖了我国 23 个省、自治区与直辖市（见表 1-3）。而各个地区的行业划转地方工科院校数量相对较为均衡。相对而言，东部与中部地区的数量较多。其中，具有 5 所及以上行业划转地方工科院校的省份（包括自治区、直辖市）达到了 7 个，分别是北京、江苏、湖北、河南、江西、陕西、辽宁。而辽宁省最多，达到了 10 所。

从目前行业划转地方工科院校所在城市的分布来看，绝大多数属于中心城市办学，非中心城市办学的有 15 所高校。如表 1-3 所示，有 14 所高校所在城市属于资源型城市，分布在邯郸、

· 19 ·

表 1-3　90 所行业划转地方工科院校的地区分布

地区	所属省份（自治区、直辖市）	所在城市	高校数量	中心城市	地区	所属省份（自治区、直辖市）	所在城市	高校数量	中心城市
东部（27所）	北京市（6所）	北京	6	是	中部（27所）	安徽（2所）	马鞍山	1	否
	上海市（3所）	上海	3	是			淮南	1	否
	江苏（7所）	南京	3	是		山西（3所）	太原	3	是
		苏州	1	是		江西（5所）	南昌	3	是
		镇江	2	否			赣州	1	是
		常州	1	否			景德镇	1	否
	浙江（2所）	杭州	2	是	西部（21所）	陕西（8所）	西安	8	是
	山东（4所）	济南	1	是		甘肃（2所）	兰州	2	是
		青岛	3	是		广西（2所）	桂林	2	是
	天津市（2所）	天津	2	是		重庆市（3所）	重庆	3	是
	河北（3所）	秦皇岛	1	否		四川（4所）	成都	3	是
		石家庄	1	是			绵阳	1	否
		邯郸	1	否		云南（1所）	昆明	1	是
中部（27所）	湖北（7所）	武汉	4	是	东北（15所）	内蒙古（1所）	包头	1	是
		宜昌	1	是		吉林（2所）	长春	1	是
		十堰	1	否			吉林	1	否
		荆州	1	否		黑龙江（3所）	哈尔滨	2	是
	湖南（4所）	长沙	1	是			大庆	1	是
		湘潭	1	否		辽宁（10所）	沈阳	5	是
		衡阳	1	否			大连	2	是
		株洲	1	否			抚顺	1	否
	河南（6所）	郑州	4	是			阜新	1	否
		焦作	1	否			鞍山	1	是
		洛阳	1	是					

注：多地办学的学校按照校本部所在地进行统计。
资料来源：笔者整理。

衡阳、焦作、洛阳、马鞍山、淮南、景德镇、赣州、包头、大庆、抚顺、阜新、鞍山等地。这些高校多属于传统的煤炭、石油、冶金等行业的高校。尤其是处于阜新、抚顺、景德镇、焦作等资源枯竭型城市的高校，受城市经济发展滞后、资源趋于枯竭的影响，这些高校本身的发展也受到限制，尤其是与地方经济之间的耦合程度逐渐降低。

（二）基于多校区的行业划转地方工科院校的区域迁移

我国多校区大学的形成主要有三种方式：多所大学之间的合并、大学建立校外分校、因大学功能的拓展而建立的诸如科技园等校外校区。① 对于行业划转地方工科院校而言，多校区的形成具有其特殊的历史背景，并在不同的发展阶段呈现不同的发展特点。

1. 体制转轨时期多校合并形成的多校区格局

沈红等曾提出"合并重构型"多校区大学，是指由两所及两所以上原功能齐全、行政独立的院校，在政府行为下合并形成的一所拥有多个校区且地理位置分散的多校区大学。② 在20世纪与21世纪之交的体制转轨过程中，由于多所学校之间合并而形成的多校区格局成为行业划转地方工科院校多校区形成的重要历史背景。据统计，由于相关院校的撤并，至少有24所行业划转地方工科院校形成了在同一城市办学，但校区较为分散的办学格局。由于合并院校之间在办学传统、学科布局、管理风格以及

---

① 陈运超、沈红：《浅论多校区大学管理》，《清华大学教育研究》2001年第2期，第111~118页。
② 沈红、陈运超、廖湘阳、罗云：《多校区大学管理研究》，《高等教育研究》2001年第6期，第63~71页。

校园文化等方面的差异，这种形式的多校区格局的后续治理过程更为复杂。从大多数行业划转地方工科院校的实践经历来看，与不同类型或层次高校合并，则会形成相应的多校区布局。其中，与高职高专院校合并的行业划转地方工科院校，多以教学工作为考量对各个校区进行集中的规划使用，将高职高专院校所在的校区作为单独的校区用于专科层次的招生。但由于合并造成校区分散带来的管理问题以及招生规模扩张带来校区空间资源的匮乏，这些问题严重制约行业划转地方工科院校的发展。大多数学校选择构建新校区，以整合现有校区资源。

2. 规模扩张时期行业划转地方工科院校建立校外新校区

1999年1月，教育部提出的《面向21世纪教育振兴行动计划》中，明确提出高等教育大众化的目标，"到2010年，在全面实现'两基'目标的基础上，……高等教育规模有较大扩展，入学率接近15%"，由此拉开了高等教育大众化的序幕。截至2002年秋季，全国各类高等学校在校生人数已达1600万人，比1998年翻了一番多。高等教育毛入学率由1998年的9.8%提高到15%，历史性地跨入国际公认的高等教育大众化发展阶段。[1]

在高等教育规模扩张初期，行业划转地方工科院校正处于管理体制变革后的过渡调整期。行业划转地方工科院校迫切需要通过规模扩招获取办学资源以改变划转前长期投入不足、办学条件相对落后的现状，实现调整发展。而相对于新建本科院

---

[1] 刘茜：《今年各类高等教育拟招生655万》，https：//www.gmw.cn/01gmrb/2003-02/19/05-99D1B13847E3881548256CD100814BDE.htm，2003-02-19。

校各种办学资源的承载能力有限,"985工程"等国家重点建设大学偏重于迎合精英教育的现实需求,行业划转地方工科院校则拥有较长办学历史,相对完整的学科专业结构以及良好的教育教学基础。同时管理体制改革后,权力的下放也使得地方政府在招生指标、资金供给、资源配置等方面拥有更多的决策权,因此制度层面上也要求划转院校"扩大为地区服务的专业和招生的比例"①。于是,在多方的博弈下,行业划转地方工科院校事实性地成为高等教育规模扩张的主体。随着招生人数的增加,学科专业结构的膨胀,行业划转地方工科院校面临多校区建设问题。

据统计,划转之后绝大多数行业划转地方工科院校或由地方政府的统一规划与推动,或是出于高校自身发展的诉求,先后进行了新校区的建设。仅2000年左右,就有超过30所行业划转地方工科院校启动新校区的建设。截至2021年,单校区的行业划转地方工科院校仅有10余所,且多数经过扩建与搬迁。而绝大多数院校均有超过2个校区,有些院校校区数量甚至达到5个。而新校区的建设从选址、征地到招标再到建设,需要各方的协调与大量人力、物力、财力的投入,有些高校通过地方政府支持、引入外部资本、校区置换、旧校区土地出让等方式筹集资金,很多高校的新校区经历了较长的建设周期,部分高校因此债务负担不断增加,有些高校的新校区建设甚至被搁浅。

从行业划转地方工科院校多校区的空间布局来看,大部分高

---

① 国家教育委员会:《普通高等学校本、专科招生计划管理意见》,1996-08-16。

校选择在同一城市内建设新校区，也有部分高校选择异地办学。从高校在市内选址建新校区的情况来看，由于大多数高校的老校区位于市区内，校区可扩建的空间相对较小，只有少数高校选择在原有校区基础上扩建，大多数高校选择紧随城市建设发展方向流动，在城市外围建设新校区。而从部分高校的异地迁移来看，主要形成了两种迁移路径。一是由中心城市向边缘城市或高等教育资源相对较少的城市拓展，成为服务地方经济社会发展的重要手段。例如：青岛科技大学为适应山东省经济社会发展需要，特别是建设山东半岛蓝色经济区和山东半岛制造业基地的需要而建设高密校区；华北水利水电大学为服务大别山革命老区的县域经济，在信阳设立新校区。二是由非中心城市向中心城市、由内陆地区向沿海地区迁移。例如山东科技大学主校区由泰安迁到青岛、长江大学在武汉建立新校区等。从后续的发展来看，新校区在资金支持、资源配置、生源质量等方面受所在区域经济社会发展水平的影响与制约较为明显。

大多数行业划转地方工科院校新校区的选址则较好地迎合了区域内经济、社会及文化发展的需求。1988年8月，中国国家高新技术产业化发展计划——"火炬计划"开始实施，创办高新技术产业开发区和高新技术创业服务中心被明确视为"火炬计划"的重要内容。为了融入地方发展，为区域内的高新技术产业提供智力支撑，很多行业划转地方工科院校的选址为高新区、开发区或科技产业园。还有很多高校新校区则建在高教园区或大学城内，形成高校的集聚优势。例如，天津工业大学新校区搬迁至西青大学城，杭州电子科技大学新校区选在下沙高教园区。有的地方政府则从有效配置优质教育资源出发，对区域内的高校进行校区配置与划转。例如北京市委、市政府将原隶属北京电子科技职业学院的校区划转为北京服装学院芍药居校区。

近年来，为了进一步拓展学校的功能，部分行业划转地方工科院校建立国际校区或者异地研究机构。例如：中原工学院以升格为诉求，积极开展建设中外合作办学项目——中原工学院亚太国际学院；兰州理工大学在浙江设立温州研究生分院，以实现科教融合，搭建学校优势学科与温州特色产业对接平台。此外，有部分行业划转地方工科院校的新校区形成的另一个因素是独立学院的创办。2000年左右，随着独立学院的兴起，部分行业划转地方工科院校也设置了相应的独立学院。例如太原科技大学华科学院、南昌航空大学科技学院、河南理工大学万方科技学院等。随着独立学院进入关停并转的转设阶段，由于独立学院转设或者终止办学，独立学院所在校区的后期利用与治理也成为一个关键问题。

三 重点建设战略与行业划转地方工科院校的发展

高等教育重点建设政策始于20世纪50年代，是国家调控高等教育发展的重要举措[1]，也是重点建设的资源分配原则在高等教育领域的直接反映。[2] 50年代重点大学政策的产生，以及"211工程""985工程""2011计划""双一流"等一系列政策

---

[1] 王维懿、胡咏梅：《基于利益相关者逻辑的高等教育重点建设政策分析》，《中国高教研究》2015年第1期，第59~65页。

[2] 胡炳仙：《我国重点大学建设的渐进模式》，《高等教育研究》2017年第5期，第26~31页。

的出台，使得高等教育重点建设战略格局得以延承与发展。从行业划转地方工科院校的办学历史来看，仅有少数高校入选国家重点建设行列（见表1-4）。以1978年确立的88所重点大学为例，这一阶段的重点建设主要采用包括地位、级别以及声望等在内的荣誉分配政策，共有7所行业划转地方工科院校入选。与过去重点建设政策在"单位制"之下进行不同，"211工程"与"985工程"属于"项目制"[1]，则更多通过经费激励与工程管理的方式。随着资源倾斜与专项经费支持力度的不断加大，重点建设逐渐演化为一种资源配置甚至是大学分类的模式，引发院校间的攀比与院校升格行为。而不同阶段重点建设政策的实施，也使得院校之间的差距逐渐扩大。对比88所重点大学与"211工程"的重点大学名单可以发现，88所重点大学中未被列入"211工程"的绝大多数高校为行业院校，且多在体制转轨过程中被划转至地方所属。究其原因，可能与"211工程"实施以来，高校竞争的视角逐渐由国内转向国际，在高校的筛选上更侧重综合性大学有关。行业划转地方工科院校受产生背景影响，多数是以工科为主的单科性或多科性大学，因而在综合办学实力上要逊色一些。"2011计划"中也只有少数行业划转地方工科院校作为牵头单位入选。而"双一流"政策的实施，更多着眼于一流学科优势与特色，因而在第一轮（2017年）、第二轮（2022年）的筛选中，均有6所行业划转地方工科院校顺利入选。

---

[1] 刘昌乾、吴晨圆、陈鹏：《效率与公平——"双一流"政策价值导向的思考》，《中国人民大学教育学刊》2021年第1期，第73~84页。

表 1-4　入选国家重点建设战略的行业划转地方工科院校

	88 所重点大学（1978 年）	"211 工程"（1995 年）	"2011 计划"（2011 年）	"双一流"建设高校（2022 年）
高校	南京信息工程大学、江苏大学、辽宁工程技术大学、西安建筑科技大学、陕西科技大学、东北石油大学、燕山大学	太原理工大学	南京工业大学、南京邮电大学、南京信息工程大学、河南工业大学、浙江理工大学、重庆邮电大学	天津工业大学、南京邮电大学、南京信息工程大学、太原理工大学、西南石油大学、成都理工大学

资料来源：笔者根据相关政策文件整理。

为了响应国家的"双一流"政策，提升区域的国内外吸引力，省域的"双一流"政策也陆续启动。据统计，大约有 70 所行业划转地方工科院校参与了省域"双一流"建设。这也说明绝大多数行业划转地方工科院校在划转 20 年左右的周期内逐渐成为服务地方经济社会发展的中坚力量。而除去入选"一流学科建设高校"的行业划转地方工科院校，有超过 1/4 的院校处于省域"双一流"建设的第一层次（国内一流大学建设/A 类/冲一流建设高校/特色骨干大学）。

据不完全统计，行业划转地方工科院校参与省域"双一流"建设的一流学科名单中，有近 80%的学科属于工学门类。其中机械工程（22）、材料科学与工程（22）、土木工程（13）、化学工程与技术（12）、安全科学与工程（11）、电气工程（7）、计算机科学与技术（8）等学科成为行业划转地方工科院校布点最多的一流学科。

第二章　行业划转地方工科院校的特色发展困境与突围

作为我国高等教育史上一个特定历史时期的现实存在，行业划转地方工科院校办学特色的生发与消减深受制度变迁及行业经济兴衰影响。自体制转轨以来，在外部环境变迁的冲击下，大多数行业划转地方工科院校先后经历了"去行业化"和"再行业化"的转型[①]，并呈现"强特色"的办学理念和"去特色"的办学实践持续共存的演化形态。本书从场域的视角切入，探究办学特色作为这一类型院校嵌入特定场域的竞争资本与行动目标，呈现这一特殊演化形态的逻辑与根源。场域的概念由法国社会学家皮埃尔·布迪厄（Pierre Bourdieu）提出，是指各种位置之间存在的客观关系的一个网络或一个构型。[②] 以冲突论为基本假设，场域表征一种力量关系与无休止变革的关系性空间。[③] 场域

---

① 周光礼：《"行业划转地方工科院校"的"去行业化"与"再行业化"：环境变迁与组织应对》，《教育研究》2018年第9期，第103~112页。
② 〔法〕皮埃尔·布迪厄、〔美〕华康德：《实践与反思：反思社会学导引》，李猛、李康译，中央编译出版社，1998，第133、156页。
③ 刘生全：《论教育场域》，《北京大学教育评论》2006年第1期，第78~91页。

理论对各种关系形态与冲突的高度关注，为探究行业划转地方工科院校与外部环境的交互作用过程中呈现的特色发展困境及其背后的生成逻辑，提供了较为适切的理论空间。

第一节 院校管理体制改革后行业划转地方工科院校的场域转换

作为一种独特的文化资本与禀赋，大学所处场域位置及场域的转换对办学特色的演化起着重要的型构作用。20世纪与21世纪之交的院校管理体制改革以来，行业划转地方工科院校与政府、市场等多个利益相关主体在实践场域内的复合、叠加以及协同演化状况均发生了转变，由此带来这一类型院校建构特色场域的规则、结构以及知识资本生产机制的转换。

一 制度场域的转轨：限定的场域位置由核心圈层向外围圈层游移

布迪厄认为场域内的游戏规则和专门利益对场域起着决定性的作用。[1] 而制度场域因掌握权力这一"元资本"，故而可以通过特定的治理规则对不同场域中流通的不同形式的资本施展权力，以实现对其他场域的治理。[2] 因此，制度场域在某种程度上型构了行业划转地方工科院校的关系空间与行动界限。

---

[1] 冯俊等：《后现代主义哲学讲演录》，陈喜贵等译，商务印书馆，2003，第233页。
[2] 〔法〕皮埃尔·布迪厄、〔美〕华康德：《实践与反思：反思社会学导引》，李猛、李康译，中央编译出版社，1998，第133、156页。

回溯行业划转地方工科院校的办学历程，政府政策对这类院校场域圈层的选择具有很强的初始组织性。20世纪与21世纪之交的院校管理体制改革，作为我国高等教育一次大规模的制度场域变迁，在某种程度上实现了行业划转地方工科院校与政府互动规则的重构。首先，管理体制由"条条"向"块块"转轨。计划经济时期，在条块分割的办学格局下，行业院校与行业隶属于同一个特定的行业部门，处于"条条"管理系统中。体制转轨之后，在"中央与地方共建并以地方为主"的管理体制下，行业划转地方工科院校进入新的"块块"管理系统中，更多需要迎合地方政府所认同的改革方向，以追求更大的发展优势。其次，要素配置方式由计划向市场转变。处于由行业部门主导、带有计划性资本分配机制下，行业划转地方工科院校的知识生产与人才培养更强调"行业归属性"和"学科专业对口性"，并在特定的行业部门内循环。随着我国经济体制由计划经济向社会主义市场经济过渡，行业经济向区域经济转变，行业人才与技术服务系统在市场化的推动下逐渐开放，行业划转地方工科院校与母体行业之间的垄断性供需链条也逐渐被打破，对行业的计划性供给也逐渐转为更大市场范围内的竞争性供给。

作为一个院校类型，随着高等教育结构调整政策的变迁，大多数行业划转地方工科院校的场域位置也被动地发生转变。由中央划转至地方，多数行业划转地方工科院校被排除在中央核心管理系统之外，管理重心下移，到"211工程"、"985工程"、"2011计划"以及"双一流"建设等重点建设战略实施，多数行业划转地方工科院校并未入列重点建设的顶尖高校梯队，再到政府出台相关政策指导地方本科高校向应用型转型，相对而言，从分层到分类,大多数行业划转地方工科院校逐渐被置入竞争越来越激烈的挤迫域中,并呈现向下沉积、由场域中心圈层向外围圈层游离的趋势。

二 服务场域的转向:服务面向由限定的生产场域向大规模的生产场域转换

行业划转地方工科院校服务场域的选择,在某种程度上影响着其职能的辐射空间。布迪厄曾将给定的空间划分为限定的生产场域和大规模的生产场域。其中:限定的生产场域又称有限的生产场域,拥有独特的符号资本,以及属于自身的特殊性和法则,是与场域本身的特殊化共同扩展的;而大规模的生产场域又称无限的生产场域,则是指社会场域的扩大,有更多的社会力量、世俗力量等外在影响的渗透,其边界往往模糊不清,特殊化程度不高。[1]

就行业与区域的关系而言,行业需要嵌入特定的区域内存在。院校隶属关系的转变,以行业划转地方工科院校为行动主体,形成了行业与区域两个服务场域之间或嵌合或独立的特殊关系。行业作为一种经济组织结构体系,多以"链"的状态存在,以市场需求为价值诉求,随技术的变迁而转型、迭代与更替。于行业划转地方工科院校而言,行业场域某种意义上构成一种限定的生产场域。行业部门办学时期,行业部门作为场域的重要行动者与主导者,既是供给方也是需求方,由此给予了行业场域一定

---

[1] Pierre Bourdieu, *The Rules of Art-Genesis and Srructure of the Literary Field*, Stanford University Press, 1996, p.217; 马波:《旅游场域的扩张:边界与政策含义》,《旅游学刊》2016年第9期,第17~20页。

的垄断性特权，使得这部分院校与行业之间形成了较为紧密的关系。划转之后，行业特色作为最重要的遗传基因，以服务特定行业发展为目标，行业划转地方工科院校的学科专业与行业产业之间仍存在较高的匹配度。

区域经济多以"群落"形式构成一个生态体，由若干行业产业集群布局形成。相对于行业场域，区域场域受到经济、政治、文化等多种因素与社会力量的影响，表现出大规模生产场域的特征；区域治理更多遵循行政与市场共同作用的治理逻辑，相互之间的界限较为模糊；区域产业政策的稳定性对区域产业布局以及产业需求的稳定性具有较大的影响；区域的人才与技术需求多是散在的、多样化的、非线性的。因此，行业划转地方工科院校服务面向由行业向区域拓展的过程，也是服务场域由限定的生产场域向大规模的生产场域转换的过程。

三 知识场域的转型：知识资本的生产模式由线性向非线性转变

大学对社会最具特色的贡献是知识的探索与新的发现。以知识文化（学术）为资本决定了大学作为知识场域的质的规定性，并划分了区别于其他场域的界限。[①] 在传统知识生产模式下，大学凭借在高深知识占有方面的优势甚至是垄断性而成为知识创新的轴心机构。而学科作为知识分类体系和知识组织形态，高校的知识生产被限定在学科所型构的制度性场域中，并

---

① 乔元正：《大学场域论释义：问题、特质与意义》，《高教探索》2015年第4期，第28~31页。

形成了"大学基础研究—大学相关中介组织的应用研究—企业将应用研究转化为实验开发—商业市场应用"的线性知识创新模式。①

随着知识经济的发展,知识生产模式实现了由基于学科、认知与规范的传统知识生产模型(知识生产模式Ⅰ)向基于以国家和社会需求为导向的跨学科协同研究的现代知识生产模式(知识生产模式Ⅱ)的转型。② 在应用语境下,知识门类之间的界限更加模糊,作为总体性的知识更加具有跨学科的性质,知识的产生与获得更加具有跨学科的合作行为,科技的最前沿之处成为专门化和高深化程度最高、综合化和融合化最集中之所在。③ 同时,在知识生产过程中,随着知识资本与经济资本之间转化与流通程度的加深,学术场域与经济场域由不可通约转变为可通约,在两个场域边界处形成的新的产学研场域内,科学范式由学院科学向产业科学转型。④ 行业划转地方工科院校的知识生产深深嵌入经济社会发展中,与工业界的协同模式逐渐由单向度的线性模式向多向度的非线性模式转变,并呈现典型的非线性、复杂性与集群化的特征。

---

① V. Bush, *Science, the Endless Frontier*, United States Government Printing Office, 1945, p. 31.
② 〔英〕迈克尔·吉本斯、〔英〕卡米耶·利摩日、〔英〕黑尔佳·诺沃提尼等:《知识生产的新模式:当代社会科学与研究的动力学》,陈洪捷等译,北京大学出版社,2011,第1页。
③ 赵继、谢寅波:《未来大学的教学变革》,光明网,http://jyj.gmw.cn/2020-01/07/content_33462699.htm,最后检索日期:2021年3月1日。
④ 张国昌、许为民、伍醒:《产学研协同演变进路与政策建议:知识生产方式与认知方式嬗变视角》,《科技进步与对策》2017年第11期,第14~18页;王建华:《创新创业与大学范式革命》,《高等教育研究》2020年第2期,第9~16页。

第二节　多重场域叠加视角下行业划转地方工科院校的特色发展困境

作为一种行动目标，办学特色的构建受到行业划转地方工科院校对场域的感知范畴以及在场状态的影响。随着制度场域、服务场域、知识场域及其叠加方式的转换，行业划转地方工科院校嵌合在多个场域间，面临环境的不确定性，会不自觉地陷入战略选择的摇摆，进而弱化办学特色建构的内在张力，带来人才培养特色边界的模糊性、社会服务特色的相容性以及学科专业特色的发展性等问题。

一　学术主导还是市场取向？办学特色建构动力的外生性

场域理论认为，就大学场域而言，因继承或拥有的政治、经济资本而获得的社会等级与因科学能力和学术知名度而拥有的文化等级两者之间的对立构成了大学场域结构的固有特性。[①] 政治与经济资本是作用于大学场域的外界压力体系，大学场域越缺乏独立性，其竞争性越不完善，也就越容易涉入非科学的力量，进而限制场域自主演化的内在张力。[②]

行业划转地方工科院校产生本身就是计划经济时期学习苏联模式、重建国家工业体系背景下的一种政策性安排。因而其在人

[①] 〔法〕P.波丢：《人：学术者》，王作虹译，贵州人民出版社，2006，第55页。

[②] 〔法〕皮埃尔·布尔迪厄：《科学的社会用途——写给科学场的临床社会学》，刘成富、张艳译，南京大学出版社，2005，第36页。

才培养、学科专业设置、科学研究等方面所呈现的鲜明的行业特色，均是在行业部门办学体制主导下形成的。受计划思维模式的制度锁定效应影响，形成了这类院校办学特色依赖乃至依附外部政策的外生增长模式。随着体制转轨、重点建设等带来的高等教育结构调整，行业划转地方工科院校的场域位置也随之变化。但大多数行业划转地方工科院校在"行业养大学"办学体制下形成习惯于向政府，尤其是管理部门要资源的"等、靠、要"的被动发展理念，却并未实现较大的改观。为了提升自身的社会地位、声誉以及教育资源占有量，重新向制度场域的核心圈层靠拢，大多数行业划转地方工科院校表现出对精英教育的盲从，不免出现过于追求综合化、精英化的传统学术型办学模式的倾向。

随着我国高等教育由外延扩张走向内涵发展、资源配置方式由国家中心模式向"有为政府、有效市场"模式转变，政府更加关注高校的办学质量与效益，竞争性行政资源的比例也逐渐增加。同时，在技术进步与传统行业转型升级的服务语境下，也迫切需要行业划转地方工科院校在提供人才输出与技术支撑方面更加关注市场需求与应用取向。因此，部分行业划转地方工科院校进行了再行业化的探索与尝试。但在制度场域与服务场域的叠加下，大多数行业划转地方工科院校特色发展的自主性受到制度合法与技术效率双重逻辑的限制，仍倾向于依赖外力的驱动，发展目标定位在学术主导与市场取向之间摇摆，相对缺乏较为清晰的特色建构与演化路径。

二 学术还是技能？复合型人才培养特色边界界定的模糊性

作为学习苏联专业教育模式的产物，行业划转地方工科院校兴起之初，就以定向培养具有适应生产、建设、管理及服务需要的应用性人才为根本任务，并在人才培养方面形成了较为鲜明的应用性特色。但这种专业教育模式过于强调专业对口、狭隘实用，学生应变能力较低，难以适应社会的变化。[①] 20世纪末以来，受精英教育思想影响，大多数行业划转地方工科院校沿袭研究型大学的方向，向实施"厚基础、宽口径"的通识教育模式看齐、靠拢，但过度模仿机制造成了人才培养同质化问题以及与市场需求的结构性矛盾。因此，与发展目标定位在创新与应用之间摇摆问题相对应，人才培养目标如何在通才与专才、学术与技能之间寻求某种平衡，也成为这类院校卓越工程人才培养所面临的选择困境。

就人才培养目标定位，全国教育大会和新时代全国高等学校本科教育工作会议均强调，要坚持立德树人，突出人才培养核心地位，着力培养具有历史使命感和高度社会责任心，富有创新精神和实践能力的创新型、复合型、应用型优秀人才。综观行业划转地方工科院校的人才培养定位，则出现了研究应用型、应用创新型、创新型、应用型、复合型等多种表述。相对而言，介于研究型与应用型之间，复合型人才的定位与行业划转地方工科院校，尤其是具有博士学位授予权的这类院校人才培养过程，呈现某种程度的内在一致性。但办学实践中人才培养目标定位表述的散在性也反映出复合型人才内涵界定的模糊性。所谓复合，是学术与技能之间的复合？还是"通识教育"

[①] 李硕豪：《本科教育本质属性问题要论述评》，《高教探索》2010年第3期，第5~9页。

与"专业教育"之间的复合?① 或是社会科学与自然科学之间、多种专业之间、智力因素和非智力因素之间的复合?② 而作为创新型与应用型人才的中间类型,复合型与其他两种人才培养类型之间的边界也呈现一定的模糊性。在新工科建设背景下,复合型人才内涵以及类型边界界定的模糊化,会进一步带来人才培养路径的可实现问题以及培养目标的达成度问题,进而影响地方行业划转工科院校的人才培养特色与质量。

三 行业化还是地方化?社会服务特色的相容性

相对而言,行业场域与区域场域之间的运行逻辑存在较大差异。行业需求随技术变迁与演进而呈现一定的前沿性与聚焦性;而区域需求则因不同时空内产业布局的差异而呈现一定的散在性与不确定性。因此,行业划转地方工科院校所服务的母体行业与其所在区域之间的关系,在某种程度上决定了两个服务场域的叠加程度与方式。若母体行业并非该区域的主导或支柱产业,两个服务场域间并未产生较高程度的重叠与交叉,在资源有限性的制约下,嵌入其中一个场域就可能会相对疏离甚至脱离另一个场域,进而降低这一部分院校的资本配置与再生产效率。若行业场域与区域场域之间存在交叉与叠加,但不同母体行业的产业链、价值链布局的区域差异,以及人才与技术需求层次与标准的区域

---

① 金一平、吴婧姗、陈劲:《复合型人才培养模式创新的探索和成功实践——以浙江大学竺可桢学院强化班为例》,《高等工程教育研究》2012年第3期,第132~136页。
② 马春玲:《对高校培养复合型人才的思考》,《重庆职业技术学院学报》2006年第4期,第31~33页。

差异，均可能导致行业划转地方工科院校与区域发展需求的对接产生一定的错域乃至失域问题。

同时，行业需求与区域需求变化的不确定性，也会加剧这一部分院校服务面向选择过程的复杂性。在第四次工业革命的背景下，大多数传统行业面临转型与升级。技术进步的裹挟以及行业转型升级的倒逼，使得过分依赖传统行业的行业划转地方工科院校在提供人才输出与技术支撑方面面临新的适应性危机与挑战。而受区域产业政策等多种因素的影响，区域场域需求的散在性、不均衡性、不稳定性也均会在某种程度上映射到这部分院校的办学实践中。随着行业与区域场域环境的变迁，行业划转地方工科院校需要不断调整自己的嵌入位置与方式，以在服务行业与区域之间达至某种平衡乃至共赢。但场域属性的差异，加之两种场域资本生产及再生产机制的不断变化，为行业划转地方工科院校实现行业特色与区域特色的相容与共生带来复杂性挑战。

四 小而精还是大而全？学科专业特色的发展性

从组织与环境的关系角度看，所有组织都需要在稳定和适应之间做有限选择：高度稳定的组织失去对环境的适应性，而非常适应环境的组织则往往会失去内部一致性。[①] 制度场域、服务场域及知识场域的规则、逻辑映射到学术场域结构中，主要呈现为行业划转地方工科院校的学科规模选择问题。而学科专业布局在大而全与小而精、遵循内在学科知识的统一性与满足外部需求的

---

① 鲍勇剑：《协同论：合作的科学——协同论创始人哈肯教授访谈录》，《清华管理评论》2019年第11期，第6~19页。

适应性之间的摇摆，则会进一步影响学科专业特色的发展性。

与综合性大学学科专业设置更多遵循学科发展逻辑、重在培养各学科的学术性后备人才相比，行业划转地方工科院校最初的学科专业设置多遵从产业需求逻辑，基于行业发展与知识技术的进步，根据有待于解决的实际问题和行业发展对人才能力结构的需求确定。[①] 由于受行业需求范围及其支持力度的限制，这类院校的学科建设力度相对薄弱。[②] 在适应性选择的基础上，形成了这部分院校与产业链相匹配的较为稳定、单一的学科专业结构。而随着大众化进程的推动与服务场域的拓展，行业划转地方工科院校学科专业的增设，在某种程度上适应了现代知识生产模式对跨学科协同研究的偏好，以及复合型人才培养的诉求。但贪大求全的学科专业增设模式，在某种程度上打破了自身学科专业链与行业产业链之间的紧密关系，不免陷入行业发展需求与学科建设之间二元逻辑分离的局面。而单面线性数量叠加的学科专业生长模式，缺乏学科以及学科间知识的内在衍生过程，新建学科专业自身造血能力不足，学科专业的结构性缺陷尤为突出[③]，学科专业设置与其他类型院校的同质化问题凸显。

面对特色化与综合性的取舍问题，大多数行业划转地方工科院校过度关注学科规模的增减，但在学科专业特色的建构上，或

[①] 钟秉林、王晓辉、孙进等：《行业特色大学发展的国际比较及启示》，《高等工程教育研究》2011年第4期，第4~9页。

[②] 王亚杰：《行业特色型大学还是学科特色型大学》，《高等工程教育研究》2018年第6期，第82~86页。

[③] 薛玉香、王占仁：《地方高校应用型人才培养特色研究》，《高等工程教育研究》2016年第1期，第149~153页；《技能形成与职业教育转型》，《北京大学教育评论》2019年第2期，第1页。

沉溺于服务传统行业的优越感，沿袭、固守乃至过度依赖特色，或用行业特色掩盖在一些办学领域、办学门类中的低水平、低层次建设，相对弱化甚至忽略了学科专业特色的发展性，造成特色淡化与僵化甚至演变为一种发展的壁垒乃至桎梏。

第三节　场域自主视角下行业划转地方工科院校特色再造的路径探索

场域理论认为，在社会发展变化中，各场域有其自身的目标或"追求"，而不应单纯地为总体社会的目标服务，即场域的分化与自主化。[①] 从根本上看，场域的自主化过程是场域展现自身固有的本质，摆脱其他场域的过度干预，遵循特定逻辑不断发展的动态过程。因而，从某种程度上来说，特色的再造过程也是场域自主化的过程，能够支撑行业划转地方工科院校超越所嵌入场域的边界限制，不断改变甚至颠覆既有资本的交换方式、场域运行规则以及个体场域位序。

一　加速高水平应用型大学发展模式探索，促成大学场域中间层次的崛起

随着所处场域空间的转换以及场域位序的演化，行业划转地方工科院校最关键的是在清晰认知自身所处场域位置的基础上，挖掘自己的比较优势，由同型竞争转向错位竞争。区别于拥有丰

---

① 李全生：《布迪厄场域理论简析》，《烟台大学学报》（哲学社会科学版）2002年第2期，第146~150页。

富优质资源、偏重精英教育的学术性研究型大学,以及偏重职业教育的新建本科院校,行业划转地方工科院校,尤其是拥有博士学位授予权的这部分院校,在办学实践中形成的较为深厚的文化积淀与学科专业基础,使其在所服务的行业领域积累了较为成熟的学术范式与话语体系,具备了一定的引领行业前沿与满足国家重大战略需求的知识与技术创新实力,并逐渐演化为整个高等教育场域中间层次的重要组成部分。因此,以新工科建设为制度支撑,行业划转地方工科院校需要充分发挥自身的"应用型"特质,通过顶层的战略规划引导,深入挖掘在特定场域内的比较优势,加快探索高水平应用型大学的发展模式。突出在应用基础研究与应用研究方面的优势与特色,围绕特定的行业场域,瞄准未来的行业需求,实现学科专业结构布局与未来行业产业结构优化的同频共振;以新时代的技术手段促进传统学科专业的融合、升级与改造,并提升新学科专业设置对未来行业需求的预见性与匹配度;加大对具有行业实践背景的人才的引进力度以及对现有青年教师工程实践能力培养的资助,着力培养卓越工程人才,实现创新链、产业链、人才链、价值链的有效衔接,进而增强行业划转地方工科院校在引领行业产业发展与跃迁方面的现实存在感。

二 以产出为导向,对复合型人才的内涵进行个性化探索

随着人工智能、大数据、物联网等信息技术的快速发展,知识不断交叉融合,行业之间的界限愈加模糊,工作的专业化和综合化高度结合,均在知识结构、能力结构、素质结构等方面对人才培养提出了新的要求和更高的标准。① 由此倒逼行业划转地方工科院校更加关注人才培养机制的革新，以适应新兴交叉行业需求为导向，探索复合型人才的个性化内涵。首先，强调复合型这一人才类型的兼容性，即兼容创新型人才的创新性思维与应用型人才的实践能力。其次，强调培养目标的多样化，对学生进行分类指导、分层培养，把部分有学术潜力的学生培养成为学科学术型人才，把大多数学生培养成具有宽厚基础、良好素质和较强实践能力的应用型人才。② 最后，强调培养过程的个性化。根据行业划转地方工科院校所在特定场域的特殊性，培养的具体要求与标准要因校而异，因专业而异，因时而异，不断为复合型人才培养目标注入新的内涵。可以是应用+创新，可以是创新+应用，也可以是应用+技能。其核心是叠加融合问题，即包含创新精神与实践能力的叠加融合，知识获取和能力提升的叠加融合，知识学习和实践创新的叠加融合，自然科学知识学习与人文艺术熏陶培养的叠加融合，等等。并通过不断融入国际工程教育专业认证的产出导向（OBE）理念，围绕行业产业要求将毕业标准具体化。

三 挖掘行业与区域稳定的共性需求，实现场域间的激励相容

行业性和区域性作为一对共生的办学特征，要有效实现服务

---

① 马春玲：《对高校培养复合型人才的思考》，《重庆职业技术学院学报》2006年第4期，第31~33页。
② 潘懋元、车如山：《特色型大学在高等教育中的地位与作用》，《大学教育科学》2008年第2期，第11~14页。

场域双重耦合，需要行业划转地方工科院校以行业与区域稳定的共性需求为连接点，形成两个服务场域边界的渗透与交融。既要把服务区域发展需求作为基础性、平台性的发展战略取向，又要将跟踪行业前沿保持特色优势作为提升性、竞争性的发展战略取向。要认真研究国家战略与行业需求、地方需要的关系。以行业优势服务区域发展，以区域服务能力提升优势学科内涵，实现传统功能的新发展。以依附煤炭、石油、钢铁等矿产资源而兴起的行业划转地方工科院校为例，随着这些资源依赖型行业产业在特定区域的衰退与没落，这些特定区域多成为资源枯竭型城市。但从行业产业变迁逻辑来看，行业产业经历衰退期之后，行业产业转型升级会产生相关的替代或迭代产业。因而，行业划转地方工科院校可以围绕传统行业的转型与跃迁方向，利用自身的传统服务优势，满足所在区域内行业的转型与跃迁，实现服务行业与区域的激励机制相容。

四 促进场域间的协同，以集聚场域优势资本

特色场域的构建并不是一蹴而就的，必须在不断优化每个核心场域结构的过程中，加强不同场域之间的协同。行业划转地方工科院校需要通过特色发展战略实现内外部关系的统筹，以特色塑造竞争力，以竞争力吸纳外部资源，进而探寻外部资源集聚的有效方式。在政府政策与经费支持层面，要注重向上的资源争取，有为有位有支持。应该进一步凸显"中央与地方共建并以地方管理为主"的管理体制中"中央"的作用。从基础能力提升、人才项目倾斜、资金专项设置等方面争取政府持续的政策供给。同时从省级统筹与管理的角度出发，地方政府

要对这一类型院校的行业特色给予包容与鼓励。在社会资源获取层面，以新一轮共建为契机，利用与行业企业之间的天然联系与竞争优势，有效吸纳原行业部委、协会、领军行业企业的资源，进一步拓宽市场资源的获取空间和渠道。同时要加强行业划转地方工科院校之间的协同，通过抱团取暖，实现"类特色"的重构与竞争优势的集成。

第三章　行业院校战略行为与外部制度的耦合分析

　　政府控制与大学自治一直是高等教育管理领域争论不休的议题。在整个高等教育运行系统中，我国高等教育发展一直采取国家调控模式。政府政策作为一种重要的制度输入，通过不断再造高校的实践背景，对高校的战略行为选择起着重要的杠杆作用。而高校的战略发展实践又会作为重要的反馈输入新一轮政策拟定过程中，由此外部政策与战略行为之间形成一种相互作用的耦合关系。这种耦合关系往往随着制度的变迁而不断演化，并成为高等教育系统功能发挥的重要触发机制。本章主要从制度层面探讨这一类型高校的发展战略行为及困境。由于行业院校在相当长的一个周期内作为外部政策的施予类型出现，而行业划转地方工科院校则由行业院校划转而来，行业院校的制度变迁历程适用于行业划转地方工科院校。因此，本章主要以行业院校为主体进行研究。

　　从制度层面而言，作为一个院校类群，我国的行业院校产生本身就是学习苏联模式、重建国家工业体系背景下的一种政策性安排。在宏观的高等教育政策紧随国家现代化进程，经历高校隶属关系调整、高等教育大众化、高等教育领域综合改革等一系列变迁的过程中，行业院校的战略定位、服务面向、学科专业结构等方面也随之衍生出明显的制度化特征与阶段性差异。由此行业院校的战略行为与外部政策之间构成了一种典型的耦合关系。从新制度主义视角出发，对两者耦合关系的制度逻辑及变迁规律的研究，有利于这部分院校在"双一流"建设、内涵式发展、应用型转型、新工科建设等制度快速供给期内主动谋求战略行为与外部政策之间的最佳耦合状态，有效探索特色化的发展路径。

第一节　行业院校战略行为与外部政策之间耦合关系的演变

一　理论基础

教育政策是指政党、政府等各种政治实体在一定历史时期，为实现一定的教育目的任务而协调内外关系所制定的行动准则。[①] 回溯历史，高等教育的发展大多是以众多新政策和新改革为特征的。[②] 作为一种干预教育领域问题的政治措施，教育政策与教育改革在过程中具有相互融合的特性，既注重教育政策对教育改革的规划、引领作用，也强调教育改革对教育政策具有回应

---

① 吴志宏、冯大鸣、魏志春主编《新编教育管理学》（第2版），华东师范大学出版社，2008，第96页。
② 〔美〕伯顿·克拉克主编《高等教育新论——多学科的研究》，王承绪等译，浙江教育出版社，2001，第242页。

与重塑功能。① 詹姆斯·奎因（James B. Quinn）指出，战略是对环境变化的逻辑反应。② 一个组织通过审视环境和不断尝试新战略，来促进组织不断地学习与调整以确保和环境变化相适应。大学能否成功地适应各种深刻的变革，在很大程度上依赖于学校集体制定和执行适当的战略的能力。③ 从这一视角出发，借鉴伊戈尔·安索夫（H. Igor Ansoff）对企业战略行为的界定，大学的战略行为是指大学与其所处环境进行交互以及由此而引起的组织内部结构变化的过程。

20世纪70年代，罗纳德·科斯（Ronald H. Coase）、奥利弗·威廉姆森（Oliver E. Williamson）、道格拉斯·诺斯（Douglass C. North）、詹姆斯·马奇（James G. March）、约翰·奥尔森（Johan P. Olsen）等重新发现了制度对解释现实问题的重要性，形成了新制度主义的制度分析范式。此后新制度主义不断发展，逐渐形成了理性选择制度主义、历史制度主义、社会学制度主义、建构性制度主义等流派。新制度主义区别于旧制度主义的一个重要方面就是将制度的内涵由正式制度扩展到非正式制度，并提出制度由法令规章体系、规范体系、文化-认知体系三大要素构成。④ 在此基础上，该理论的一个重要发展是提出制度变迁的

---

① 刘复兴主编《国外教育政策研究基本文献讲读》，北京大学出版社，2013，第274页。

② J. B. Quinn, "Strategies for Change: Logical Incrementalism," *Academy of Management Review*, 1980, Vol. 7, No. 2, pp. 324-325.

③ 〔美〕詹姆斯·杜德斯达：《21世纪的大学》，刘彤等译，北京大学出版社，2005，第222页。

④ W. R. Scott, *Organizations: Rational, Natural and Open Systems* (third edition), Prentice Hall, 1992, pp. 49-58.

路径依赖特征。美国新制度经济学代表人物道格拉斯·诺斯将制度分析的实质界定为制度变迁的"路径依赖"和"锁定"的分析。他的基本假设是：任何制度，它一旦产生和出现，就会对下一个制度的产生构成前提性条件，可能推进，更可能阻止制度的进一步变迁，推进构成了路径依赖，而阻止则构成了锁定。而该理论最大的突破在于运用合法性机制来解释组织的趋同化现象。鲍威尔和迪马奇奥将制度同形分解为强制机制、模仿机制和社会规范机制三个发生机制。其中，强制机制是指迫使组织必须无条件接受制度环境的作用；模仿机制是指组织向系统中的成功组织学习，学习成功组织的内部结构、外部形态和战略目标；社会规范机制则是指通过长期的训练，使组织中的成员拥有共同的思维和共同的观念。①

在新制度主义分析框架中，制度是动态发展的。制度的危机和变迁都会体现并最终落实到组织特征的变化和重构上。② 而制度分析的目的就是要告诉我们为什么——在如此多可行的形式中——实际上单单"挑选"了这一种或那一种，并且这种经过选择的安排对谁的利益更有好处。③ 运用制度分析的方法，分析在近20年的高等教育制度变迁历程中，由教育政策主导的一系列教育改革的必然性。在此基础上，探究在特定历史发展阶段、特定教育改革背景下，行业院校战略行为选择及变化与外部政策

---

① 〔美〕沃尔特·W. 鲍威尔、〔美〕保罗·J. 迪马奇奥主编《组织分析的新制度主义》，姚伟译，上海人民出版社，2008，第68~74页。
② 罗燕：《教育的新制度主义分析——一种教育社会学理论和实践》，《清华大学教育研究》2003年第6期，第28~34页。
③ 〔美〕海因兹-迪特·迈尔、〔美〕布莱恩·罗万：《教育中的新制度主义》，郑砚秋译，《北京大学教育评论》2007年第1期，第15~24页。

之间的关联，进而探讨这种耦合关系形成背后的制度逻辑与利益博弈。而这一制度分析过程，与新制度主义所关注的同形性与多样性、合法性与效率、松散性与紧密性、制度约束与制度创新、政府与市场等制度关系之间，具有某种程度的内在契合性。[①] 因而，从新制度主义视角出发，分析行业院校战略行为与外部政策之间的耦合问题具有较强的理论适切性。

二 行业院校战略行为与外部政策之间耦合关系的阶段性特征

从行业院校的发展进程来看，以外部政策为牵引，行业院校主要经历了三次重要的制度变迁：20世纪50年代左右行业院校兴起；20世纪与21世纪之交的管理体制改革与高等教育大众化；2010年以来的高等教育领域综合改革。行业院校战略行为与外部政策之间的关系也经历了由紧密耦合向松散耦合转变的过程。

（一）部门办学体制：紧密耦合-依附性发展

20世纪50年代，在计划经济背景下，为加快国家工业化建设，适应国民经济对各行业高级专门人才的需求和科技发展的需要，以苏联为师，由原中央和地方行业部门主办并提供资金支持，建立了一批重点面向各主管行业培养人才、提供技术服务的高等院校，行业院校由此兴起。1952年至1957年经过全国范围的"院系调整"和"院校布局调整"，到1957年，在全国229

[①] 刘复兴主编《国外教育政策研究基本文献讲读》，北京大学出版社，2013，第259页。

所高等学校中，行业院校（包括工科、师范、农林、医药、财经等）为211所，占到了高校总数的92%。以培养工业建设干部和师资为目标，这一时期的行业院校成为国家战略的重要支撑。在学习苏联模式所建立的部门办学体制与条块分割的办学格局下，行业院校与政府之间形成一种紧密的耦合关系。行业院校的招生指标与招生对象、学科专业设置、专业教学内容、专业教师履历等都由相应的行业部门进行集中管理。行业院校深深嵌入所服务的行业发展过程，与行业企业的发展需求同步。这一时期，具有较强依附性的行业院校成为一类接受性（而非市场性）的"同形"组织，处于政府的完全调控之下，被动地遵循由国家制度化了的规范、价值和技术知识。[①]

（二）体制转轨与大众化：选择性耦合-适应性发展

20世纪90年代左右，"条块分割、自成体系"的高等教育管理体制造成高等学校的重复建设和教育资源浪费，高等教育领域紧随经济体制转轨，进行了一系列教育管理体制改革。以"共建、调整、合作、合并"八字方针为指导，行业院校开始了以划转、撤并为主的体制转轨过程。从1993年至2004年，原中央部委管理的571所行业院校，有509所进行了不同程度的调整，其中70所划转教育部，400多所则划归地方管理。行业院校基本完成了特殊时期的历史使命，并在这一轮的管理体制变革中，大多数被排除在了中央核心管理系统之外，管理重心下移。行业院校作为一个院校类型的提法在正式的政策文件中逐渐式

---

① 〔美〕海因兹-迪特·迈尔、〔美〕布莱恩·罗万：《教育中的新制度主义》，郑砚秋译，《北京大学教育评论》2007年第1期，第15~24页。

微，与外部政策的直接关联性也逐渐弱化。

教育部在《面向21世纪教育振兴行动计划》中明确提出高等教育大众化的目标，标志着我国高等教育大众化进程由此启动。行业院校的划转及之后的过渡期与高等教育大众化的推进期重合，在一定程度上推动了地方行业院校事实性地成为高等教育规模扩张的主体。在高等教育规模扩张初期，相对于各种办学资源承载能力有限的新建本科院校和专注于精英教育的研究型大学，行业院校尤其是划转地方的行业院校，拥有较长办学历史、相对完整的学科专业结构以及良好的教育教学基础，规模扩张成为其改变划转前长期投入不足、办学条件相对落后，实现调整发展的重要机遇。同时在招生指标、资金供给、资源配置等方面获得一定自主权和决策权的地方政府，在制度层面也要求划转院校扩大为地区服务的专业和招生的比例。于是，行业院校在生源、学科专业设置上也开始向地方需求倾斜。招生人数增加、学科专业结构膨胀、多校区建设，绝大多数行业院校完成了由单一学科体系、服务单一行业向多学科、综合化、地方化的转变。

体制转轨过程中的行业院校始终处于被动适应的状态，被动适应政府主导的隶属关系的改变，适应资源分配方式的变化，适应多校合并带来的资源要素的重组，适应行业壁垒打破后产学合作链条的疏散甚至断裂。而管理体制改革之后，行业院校则进入发展的过渡与调整期。与计划经济时期的政策、体制解绑，高校办学自主权的扩大，尤其是高等教育大众化进程的推动，行业院校在探索中逐渐建构与地方政府、区域及行业的新型关系，其战略行为与外部政策的直接耦合关系转变为一种相对的选择性耦合状态，被动适应与主动作为并存。

（三）综合改革：松散耦合-多元化发展

以 2010 年国家出台的《国家中长期教育改革和发展规划纲要（2010—2020 年）》为重要政策信号，以供给侧结构性改革为特征的高等教育领域综合改革正式启动。随之国家在宏观层面进行了连续性的政策回应，例如"双一流"建设、应用型转型、新工科建设、现代大学制度建设、分类指导评价等导向性的政策纷纷出台，大学发展与治理正步入改革目标逐渐清晰状态下的制度快速供给期。[①] 经过较长的过渡适应期，这一时期的行业院校已经形成了相对稳定的发展方式和应对外部政策的惯性与策略，与政府之间的关系更加趋向于一种松散耦合状态。在多种政策叠加的制度环境变动期，被划分在不同管理序列、不同区域管辖的行业院校，受制度供给与制度环境差异的影响，在发展空间、开放水平、教育资源以及信息的获取渠道等方面形成差异，内部的结构与功能差异也更加明显，并逐渐呈现较为明显的多元化发展倾向。但在目前的改革探索期内，尤其在现有的政府资助与激励机制下，行业院校不可避免地出现成果攀比、规格攀升、排名攀附，追求数字政绩的功利化、趋同化现象。

第二节　行业院校战略行为与外部政策之间的耦合机制分析

深入分析行业院校战略行为与外部政策之间耦合关系的变化

[①] 罗志敏：《我国大学治理的制度供给逻辑》，《教育发展研究》2014 年第 5 期，第 1~7 页。

可以发现,政府始终起着主导性的牵引作用,政策的作用方式、作用环境、作用路径以及作用效果都会对行业院校的战略选择产生导向性甚至决定性的影响。从新制度主义的视角来看,这种耦合关系的演变过程,实际上是制度规制与创新、制度合法与技术效率、制度外化与内生等组织与制度间逻辑关系不断衍化的过程。

一 制度规制与创新

我国作为具有集中制传统的国家,政府意志与国家利益之间具有某种天然的共生性和契合性。几千年来教育作为教化工具的历史传统和近百年来国家面临后发赶超的特殊使命,为国家权力嵌入大学治理提供了合法性依据和更为充足的动力。[①] 在这种单中心的治理模式下,政策对教育改革、行为的规范以及价值的规约作用尤为明显。国家权力通过政策渗入大学的治理中,推动和引导高等教育改革。而制度供给的缺位和错位则会影响整个改革的进程与效率。尤其制度规制与导向作用过于强化,与高校的自主权发生冲突,就会抑制高校的主动性和创造性。因此,追求制度供需均衡的帕累托最优成为制度规制与创新之间最理想的状态。

从我国教育改革的发展历程看,历次重大改革多以政府主导型的制度变迁为主。随着外部政策逐渐由激进式变革转向渐进式改革,由强制性供给向诱致性供给转变,行业院校所拥有的制度

---

① 蒋达勇、王金红:《现代国家建构中的大学治理——中国大学治理历史演进与实践逻辑的整体性考察》,《高等教育研究》2014年第1期,第23~31页。

创新空间逐渐增大,战略选择机制逐渐相对独立于政府的管理之外,逐渐由被动适应转向被动适应与主动作为相结合。20世纪与21世纪之交的管理体制改革构成制度影响的一个分界点。在改革之前的计划管理体制下,具有强制性意义的政策赋予行业院校统一化的身份、功能、结构、标准,进而在行业院校群体中形成一种共享的知识、规则、观念和思维。20世纪与21世纪之交的管理体制改革具有典型的强制性变迁特征,相关高等教育政策的出台不是出于满足制度内生性的需要,而是外部力量的强行外置。[①] 体制转轨之后,政府政策逐渐有意识地通过调控资源的分配与激励方式来影响行业院校的行为。这种影响多数不是决定性的,而是概率意义的。随着大学办学自主权的逐渐扩大,行业院校的战略选择开始转向基于个体利益的有意识的选择。以煤炭行业院校为例,自主设立规划发展部门、启动新校区建设、建立区域性研究机构等主动适应的举措都出现在2005年以后,行业院校过渡调整的中后期。管理体制改革之后,我国高等教育管理体制机制逐渐趋于稳定,改革逐渐由大范围的体制性、全局性的宏观教育政策向中观及微观政策倾斜。行业院校作为一个院校类型与外部政策的直接关联性逐渐减弱,逐渐融入所划归的各级政府管理系统中,在发展定位、学科专业建设等方面逐渐呈现多元化的发展趋向。

二 制度合法与技术效率

新制度主义组织社会学者认为,组织面对两种不同的环境:

[①] 林杰:《制度分析与高等教育研究》,《北京师范大学学报》(社会科学版) 2004年第6期,第19~24页。

技术环境和制度环境。技术环境是从技术的角度看待组织的运行，包括组织外部的资金来源、生源质量、劳动力市场等，也包括内部教学与管理等改革环节；而制度环境是指一个组织所处的法律制度、文化期待、社会规范、观念制度等为人们"广为接受"的社会事实，具有强大的约束力量，规范着人们的行为。技术环境追求内部的技术，要求组织内部的结构和运行程序满足技术效率；制度环境则是支持组织能够存续的外部条件，追求合法性机制。[1] 根据理查德·斯科特（W. Richard Scott）对环境按照技术和制度两个维度进行的交叉分类，大学在相对强的制度环境和相对弱的技术环境中运行。[2]

作为资源依赖型组织，在由政府提供主要资源支持的体制背景下，遵循政府的政策规制，追求制度合法，成为行业院校发展进程中最为关键的生存逻辑。无论是计划经济时期的行业办学，还是高等教育大众化时期的综合化选择，或是新时期的战略转型，无论政府采用强制性变革还是诱致性改革方式，受"合法化"逻辑支配，大多数行业院校更倾向于依据国家和社会的评价标准来获得改革的合法性，在战略行为的选择上始终朝向并主动纳入国家给定的规范体系。[3] 从某种程度上来说，计划经济时期高度集中的办学体制下实现了技术环境与制度环境的相对融合。这一时期，行业院校因国家工业化建设需求而生，在高度集

---

[1] 周雪光：《组织社会学十讲》，社会科学文献出版社，2003，第72页。
[2] W. R. Scott, *Organizations: Rational, Natural and Open Systems* (third edition), Prentice Hall, 1992, p. 133.
[3] 左兵：《西部地方高校学科建设的制度分析》，博士学位论文，华中科技大学，2006，第170页。

中的办学体制下，依托行业办学、为行业服务的行业院校所遵循的"产业逻辑"与国家战略核心诉求相契合，因而这一时期的行业院校尽管缺乏一定的自主权，但因政府制度供给的有效性和直接性，因而在一定程度上实现了制度合法和技术效率的同步，为行业院校的行业特色建构打下了较为深厚的基础。因此，制度合法与技术效率之间并不总是矛盾的，两者的契合能够在一定程度上提升行业院校系统的运行效率。

三 制度外化与内生

新制度主义认为制度主要包含了法令规章体系、行为规范体系和文化-认知体系。[①] 三种制度要素的耦合过程，从某种程度上来说是制度不断内生和外化的过程。建构性制度主义理论认为组织具备和制度环境进行相互建构的能力，就大学而言，在与制度环境进行互动与互构过程中，具有由外而内的制度化能力和由内而外的制度塑造能力。[②]

在院校管理系统中，政府政策往往作为一种法令规章进入高教管理系统，在外部政策的强制作用下，高校通过战略规划与选择来回应政策，而当多所高校作为行为主体在政策的诱致下不断重复这种战略行为，或是被社会公众赋予相似的价值理念或判断，就会逐渐演变为一种共同的文化认知。制度本身具有一种自我强化机制，新的政策与制度要素嵌入所属制度场域，与场域中

---

① W. R. Scott, *Organizations*: *Rational*, *Natural and Open Systems* (third edition), Prentice Hall, 1992, pp. 49~58.
② 张熙:《大学组织与制度环境的互构机制分析——新制度主义视域下建设"双一流"的制度过程》,《高教探索》2016 年第 7 期, 第 11~16 页。

各要素的互动作用，就构成下一个制度产生的前提性条件，使得旧制度不断自我强化而享有持续存在的空间，甚至形成制度的"锁定"。而当一种政策逐渐由高校的重复性行为转化为共同的认知时，高校行为就构成政策与制度创新的重要反馈，进而对政策与制度产生一定的重塑功能。从行业院校的发展历程看，外部的法令规章、大学的行为规范与共同的文化认知之间的耦合效应主要表现为通过外部政策影响大学的合法性机制的由外而内、自上而下的制度化过程。相对来说，通过集体理性、自身观念、话语及行动影响政策设计，由内而外、自下而上的制度环境的塑造能力则相对较弱。三次制度变迁过程中，在行业院校战略行为与外部政策相互作用的链条上，政策作为一种外部刺激输入行业院校管理系统中，行业院校就会产生相应的行为反应，刺激与反应之间在不断强化与相互作用下，逐渐形成一种制度惯性。

第三节 行业院校战略行为与外部政策之间的耦合问题分析

教育政策本质上是各种利益博弈与妥协的结果，其改革目标往往具有一定的模糊性与多元性。改革的实施路径选择也具有相对的多样性，偶然性因素很大程度上能够左右路径的选择和制度变迁的方向。[1] 而行业院校的发展是一个相对独立、自然演变的过程，是和周围的环境不断地相互作用，不断变化、不断适应周

---

[1] 牛风蕊、张紫薇：《中国博士后制度演进中的路径依赖及其突破——基于新制度经济学理论的分析视角》，《高校教育管理》2018年第1期，第20~26页。

围的社会环境的自然产物，而不是人为设计的结果。当人为设计的政策输入自然演变的院校组织系统中，政府与高校之间的价值、属性、功能等的差异就不可避免地带来一定的耦合问题。

一 政府的过度规制制约行业院校的创新意志

对于行业院校来说，其初始制度即采用政府主导、统一规划的发展模式。在这种模式之下的行业院校，其战略行为往往是受制度影响的无意识选择。高校的自主权附着于行政权力之上，在一定程度上成为政府的附属机构。而20世纪和21世纪之交的管理体制改革则延续了计划经济时期的制度惯性，政府作为制度行为的主体，中央与国家行政及立法机关通过下达行政命令或借助法律手段，在较短的时间内快速实现了大批量高校的管理权限变革。在政府、市场和学校三方的变革博弈中，政府控制的行政色彩要明显强于市场动力和公共需要。这种强制性带来改革进程中的组织激励不充分及信息不对称问题，并由此引发政策对接问题。尤其是在管理体制与隶属关系变革的这一时期，高等教育大众化、质量工程、招生与就业改革等一系列改革在短期内连续来袭，需要快速完成制度转向和内部结构优化。尽管在行业院校划转文件中规定了原行业部委的行业指导职能，以确保改革的连续性，但是实践中却出现了制度设计与实践操作的分离，并没有从条块分割有效过渡到条块有机结合，而是形成了新的条块分离。而与行业部门解绑、完成体制转轨的行业院校仍然处于以政府为主导的制度供给环境中，拥有的制度创新空间仍较为狭小。目前，高等教育制度供给方式以中央政府直接供给，地方政府负责直接管理为主。在制度供给以及管理主体的权力边界往往处于模糊状态的现实境遇中，行业院校尤其是地方行业院校要想充分表达制度创新需求，需要经过与地方政府的沟通和交流，要想获得制度资源的优先权必须与地方政府所认同的改革方向相契合。因此，从某种程度上来说，行业院校创新发展的前提与保障是制度的创新，而办学自主权的释放程度则决定着行业院校内部治理能力现代化进程的前进速度。

二　合法性与合理性之间的博弈造成战略决策的摇摆

作为一种利益分配机制，政策往往是各种利益摇摆与妥协的结果。政策解决问题的能力有限，因而总是处于不断地变化与调整之中。对于行业院校来说，如果一味保持战略行为对政策的追随，过度依赖或疲于应付各种政策的叠加影响，就会破坏行业院校自身基于传统与特色的发展节奏与规律，不断在合法性与合理性之间摇摆，甚至造成战略决策的短视效应。

就对行业院校发展影响最大的管理体制改革来说，体制转轨之后的行业院校外部管理系统与内部技术系统之间的紧密耦合关系、技术环境与制度环境的互动共生关系均被打破，高等教育系统处于计划与市场并行的状态。在系统入口，办学规模、师资力量、经费投入等计划指标由政府控制；而在系统出口，高等教育的供给效率则主要由市场决定。行业院校对行业的计划性供给转为市场性供给，失去原有的行业壁垒，行业院校被置于与其他各类院校在更大范围内竞争性准入的技术环境中。受制于依托行业的办学惯性以及行业发展周期性，行业院校需要一段很长的时间来调整适应政策的转向，因而在市场供给的被动性、行业办学的制度锁定效应等方面要比其他类型院校表现得更为强烈。由于管理体制改革后的过渡期内,缺乏专门针对行业院校的政策与改革路径,外部制度环境的不确定性,对政府、市场、社会及其他院校等博弈主体认知信息的不对称性,造成行业院校发展改革目标的模糊性。大多数行业院校的战略定位往往在综合化与特色化、区域性与行业性之间摇摆不定、模糊不清。为了获得更大的发展优势,保持与国家逻辑、国家战略的同构性和契合度,行业院校不得不忙于回应各种教育政策,甚至只停留在将象征性的东西做好上。当合法性机制与效率机制之间产生冲突,制度合法与技术效率呈现某种程度的相悖时,技术效率往往要妥协于制度合法,例如设置毫无学科基础的热门专业,成立形同虚设的各种行政部门,等等。

三 由外而内的制度化过程弱化行业院校之间的协同

计划经济时期,作为国家重点建设的高校类群,行业院校的政策来源、资源配置、学科专业设置及服务面向主要由行业部门进行统筹。外部政策与行业院校战略行为之间是从指令到行动的一种定向制度化过程。处在相同制度环境中的行业院校只能被动服从,不断重复相同的行为规范,遵从高度一致的价值观念与文化认知。行业院校之间只存在分工的不同,相互之间的合作,则类似于在同一机构之下的部门间进行,互相尊称为"兄弟院校"。而管理体制改革之后,由于制度本身的惯性及自我强化的路径依赖,我国高等教育体系和制度的基本特征与改革前相比并没有太多改变,只是由中央集权变为中央与地方政府分权,而且由于地方政府之间的利益分割和竞争壁垒,引发了新一轮的"块块分割"的现象。外部政策的施予对象不再是一个院校类型而是高校个体,被分散在不同管理序列、不同区域管辖的行业院校,更多遵从所属区域、制度场域、发展梯队的行动逻辑。作为区域高等教育的一员,加入不同区域政府之间的晋升竞争与博弈中,相互之间的合作更多停留在学术圈内的交流层面。同时,在重点建设的行政逻辑下,我国先后启动了"211 工程"、"985 工程"、"2011 计划"及"双一流"建设,尽管制度设计的初衷是为了提升高等教育水平,建设高等教育强国,并服务于创新型国家建设,但高校的管制结构和资源投放方式的转变,在一定程度上将不同高校置于不同的制度环境内,并予以差异化对待,由此导致高等教育系统的分层与分化。部属行业院校与地方行业院校之间的逐渐演变仅是学科布局等方面的形似,而实际的发展水平差距却愈加明显。

因此,尽管高校的办学自主权逐渐扩大,但在地方政府的权力和利益分割、重点建设的行政逻辑下,行业院校作为一个类群已经相对失去了能够集体发声的共同的利益诉求、政策立场与话语体系。行业院校之间协同弱化,由内而外的制度环境塑造能力因"势单力薄"而无法得到充分发挥。

四 强制与模仿机制下的特色"同形"

同形是新制度主义学派进行组织分析的一个重要概念。[①] 约翰·迈耶(John W. Meyer)和布里安·罗恩(Brian Rowan)将同形表述为"某些组织在社会规范、规则、技术性竞争等因素

[①] 〔美〕沃尔特·W. 鲍威尔、〔美〕保罗·J. 迪马奇奥主编《组织分析的新制度主义》,姚伟译,上海人民出版社,2008,第 68 页。

的影响下，组织间结构设置方面日益相同或相似"[①]。制度同形往往是组织为了适应制度环境要求而产生的。鲍威尔和迪马奇奥认为区分制度性变迁具有三种不同的发生机制，包括源于政治影响和合法性问题的强制性同形、源于对不确定性进行合乎公认的反应的模仿性同形以及与专业化相关的规范性同形。[②] 就行业院校的发展来看，特定历史背景使得行业院校自兴起之时，就具有了行业特色基因，并成为计划经济时期支撑我国工业化建设的重要院校类群。但由于高度制度化组织环境的存在，行业院校对制度理性的仪式性遵从导致了组织场域中惊人的制度同形[③]，并且其发生机制呈现较为明显的阶段性差异。

计划经济时期成立的行业院校本身就类似于一种"同形组织"，在相同的办学体制下，组织结构和要素呈现高度的统一性。这种"同形"主要表现为一种类特色，即同类行业院校间具有共同的行业性办学特征，具有为单一行业服务、办单一而精深的学科专业、系统内单一评价的相对稳定的发展方式。这一时期强制性同形的表现尤为突出。而管理体制改革之后，高校的办学自主权相对扩大，高等教育改革由强制性向诱致性的转变、市场竞争机制的引入、各种利益相关者的复杂博弈等，使面对内外部环境的不确定性时，高校追求合法性的本能反应

[①] J. W. Meyer, B. Rowan, "Institutional Organizations: Formal Structure as Myth and Ceremony," *American Journal of Sociology*, Vol. 83, No. 2 (Fall 1977), pp. 340-363.

[②] 〔美〕沃尔特·W. 鲍威尔、〔美〕保罗·J. 迪马奇奥主编《组织分析的新制度主义》，姚伟译，上海人民出版社，2008，第68~74页。

[③] 杜驰、沈红：《教育场域中的制度同形与组织绩效》，《清华大学教育研究》2009年第5期，第67~70页。

导致了整个高等教育系统的同质化倾向。但这种同构更多的是战略目标定位的趋同，发展趋向与发展模式的竞争性模仿。行业院校内在的行业特色却因竞争性模仿机制下的学科专业的综合化、地方化而被不同程度地稀释。同时作为一个群体的类特色属性也因相互之间协同弱化而被淡化。在新一轮高等教育领域综合改革中，国家明确要求促进高校办出特色，建立高校分类体系，实行分类管理。差异化和特色化发展制度要求对改变院校间的制度同形格局提供制度保障。但也应该看到，政府为了提升高等教育质量，实现高校内涵式发展，先后出台了各种评价标准与评估认证项目。而在这种限定性指标的引导下，缺乏明确战略发展路径的行业院校，可能会因制度惯性及路径依赖，而被动、刻意迎合各种评价指标，掀起新一轮的"求同"热潮。

第四节 行业院校与外部政策松散耦合机制的构建

随着高等教育领域综合改革进入攻坚期，高校陷入一种只有改革才能实现发展的"改革主义"之中。但是改革往哪改，怎么改，改到什么程度，仍是高等教育改革参与者所共同面临的困境。在以行政指令为主要推动手段的改革进程中，行业院校与政府之间应该保持一种松散耦合关系，遵循制度变迁的逻辑与规律，进而实现外部政策与行业院校战略行为之间的和谐共生，以实现改革的目标。

一 推动合法性机制与效率机制的耦合协调

制度环境与技术环境在高等教育系统运行过程中常常被认为是矛盾的，高校往往需要耗费资源甚至将内部运作与组织结构脱耦，去迎合制度环境的合法性机制。目前，政府与市场分据高等教育系统的两个端口，并发挥着主导性的作用。因此，我们可以尝试通过政策来调和制度合法与技术效率之间的零和博弈，疏通两个端口的体制机制障碍，实现合法性机制与技术效率机制之间的耦合协调，以形成合力并正向作用于行业院校的战略发展。在为行业院校特色发展提供相对宽松稳定的政策环境的同时，政府政策应该更加关注高校的内涵式发展，政府的支持要更多与大学的办学效益和教育质量相挂钩，并逐步引导完善院校间的竞争机制。我们要以政策保障和提升教育效率，以有效的教育服务于行政决策，促进行业院校战略决策的合法性与合理性，在与制度环境和技术环境的互动中，实现行业院校办学水平的螺旋式上升。

二 以类特色的重构来提升行业院校由内而外的制度塑造能力

大学生存靠共性，发展靠特性。[①] 当信息化、人工智能、大数据时代来临，服务于传统行业的特色优势不再时，类特色重构作为一种由内而外的创造性张力，将成为受困于特色的行业院校化解这场生存危机，实现转型发展的重要契机。

---

① 罗家才：《教学服务型大学建设：转型战略与本土创新的结合——第二届"全国教学服务型大学建设"学术研讨会综述》，《高等教育研究》2016年第6期，第106~109页。

行业特色是行业院校重要的遗传基因，依托行业背景重塑特色是行业院校实现特色发展的必然进路。但再行业化不是简单的回归行业，而是要瞄准未来的行业需求，实现学科专业结构布局与未来行业产业结构优化的同频共振。尤其对于工科类行业院校来说，应以新工科建设为制度支撑，通过顶层战略规划引导，以新时代的技术手段促进传统学科专业的融合与升级，进而实现行业院校传统学科专业的改造。同时通过行业院校的特色再造，对外部政策环境形成一种倒逼机制，推动政策向高校的特色化发展倾斜。

　　而由内而外的制度塑造能力需要整个行业院校类群的协同。行业特色既是同类行业划转地方工科院校的最大公约数，也是此类院校参与高校竞争、实现特色发展的决定性因素。因此，要实现特色再造，最关键的是加强行业院校之间的协同，通过特色学科专业的再造，实现类特色的重构和竞争优势的集成，进而提升该院校群体在高等教育系统中的核心竞争力。行业院校应以竞争优势获取改革话语权，通过理论性或实践性的话语表达来影响和塑造场域中的制度环境，由内而外、自下而上实现行业院校特色发展战略的合理性机制与合法性机制的协同建构。

三　发挥社会、市场对教育制度环境的调节作用

　　纵观行业院校近70年的发展进程，其战略行为与政策变迁之间并不是简单的线性相关关系，除了与政策的作用方式、作用强度、实施力度、适用范围直接相关之外，也受市场、社会等利益相关者博弈的牵制，更与行业院校自主意识觉醒、发展理念转变等息息相关。目前来看，大学与政府之间的垂直关系是制约行

业院校实现自主创新发展的体制性障碍。要建构行业院校与政府之间的松散耦合关系，需要市场作为重要的制衡力量参与到大学的现代化治理中，由此形成三角协调稳定的互动网络，激发行业院校的创新活力。我们应鼓励社会在高校人才培养、科学研究、社会服务等方面的参与，例如通过组建大学发展利益相关主体共同参与的新型大学理事会，让理事会成员真正参与到事关行业院校发展战略的决策中，为大学发展提供外部决策和社会资源支撑。在利益相关者的多方参与下，形成多元共治的治理结构。

第四章　行业划转地方工科院校学科群建设

学科在整个知识体系中一直发挥着至关重要的作用。伯顿·克拉克（Burton R. Clark）认为，学科构成了"第一原理"，知识的专业化是"构成其他一切的基石"。[①] 但随着学科制度的不断发展，现行学科分类越来越细，由学科间产生组织壁垒引发的问题不断显现，这无益于学科间的交叉融合以及知识的综合化、整体化发展。学科发展在知识生产模式变迁与创新驱动发展的新时代面临新的挑战。学科建设作为高等学校发展的龙头和引领，在高等学校整体改革和发展中发挥着至关重要的作用。2015 年，党中央、国务院做出重大战略决策，统筹推进世界一流大学和一流学科建设，标志着我国高等教育强国建设进入新时代。"双一流"建设以"中国特色，世界一流"为根本指向，以一流学科建设为根基。在"双一流"建设高校中，"学科群"已成为建设一流学科的普遍选择。行业划转地方工科院校作为我国高等教育体系中

[①] 〔美〕伯顿·R. 克拉克：《高等教育系统——学术组织的跨国研究》，王承绪等译，杭州大学出版社，1994，第 33~38 页。

的重要组成部分，承担着支撑行业科技发展和区域经济发展的重要使命，需要认真审视当前学科群建设的重要性，抢抓建设机遇，以"双一流"建设高校为标杆，科学谋划以优势特色学科为引领的学科群，促进不同学科之间的交叉、渗透、融合，以期实现行业划转地方工科院校学科建设质量的提升和学校的跨越式发展。

学科群将不同学科聚集在一起，发挥促进学科间交叉融合的功能，既打破了传统学科制封闭、静态的发展范式，又在保持各学科原有属性的基础上形成了新的组织形态，为打破"学术壁垒"提供了解决方案。当前，关于学科群的研究多以静态的视角呈现，主要关注学科群已然存在情境下的内涵阐释、功能界定和绩效评价等，而对于学科群如何将不同学科聚集在一起、如何促进其从无序状态到有序状态的演化等问题较少关注。复杂科学衍生的复杂系统理论则为理解学科群的生成与演化提供了全新的观察角度，因此本章从复杂系统视角界定学科群的科学内涵，剖析其典型特征，对其生成逻辑和演化路径进行探讨，并以6所煤炭行业划转地方工科院校为样本，分析其学科群建设的基础、优势和困境，提出行业划转地方工科院校学科群建设方略，旨在为行业划转地方工科院校合理构建学科群以及在复杂系统视角下提高学科群治理科学化水平提供参考。

第一节 复杂系统视角下学科群的内涵和特征

一 学科群内涵的发展延伸

目前关于学科群的内涵主要有知识论、功能论和集合论三种观点。知识论以学科分类为依据,认为属性相同或相近的各学科相互延伸,形成错综复杂、密不可分的网络——学科群,并据此分出五大学科群,分别为事理学科群、心理学科群、生理学科群、物理学科群和数理学科群。[1] 知识论观点虽然对学科综合化、整体化发展进行了概括,但比较粗略,缺乏实践指导意义。功能论主要关注学科群的组建目的和功能发挥,认为学科群是为了达成一定的组织目标、发挥多学科组合优势而创建的。许四海认为学科群是以某一共同领域为中心、通过某种形式将一定数量的相关学科组合在一起,为适应现代科技进步、满足国家建设和经济社会发展需求而组建的学科群体。[2] 这种观点侧重于阐释学科群的组建目的和功能描述,而忽视了学科群的组织属性和特征。集合论则从学科群的组织属性出发,认为学科群是由不同的学科构成的集合。陆爱华等认为学科群是由一组具有共同属性的学科以分支形式所构成[3];梁传杰等指出"学科群"是若干学科点的集合,而且这些学科点需要具有相同的级次[4];武建鑫则认为学科群具有生态学"种群"的概念寓意,意在表示由若干相关学科以同一领域为核心按照一定形式有机结合而成的学

---

[1] 徐东:《学科及学科群特征简论》,《辽宁高等教育研究》1996年第3期,第57~58、61页。

[2] 许四海:《学科群:新建本科院校学科建设的现实选择》,《高教探索》2008年第5期,第80~85页;张凤莲、黄征:《谈高校学科群的构建》,《中国高教研究》1996年第1期,第78~80页;李志平:《高等院校学科群结构与功能研究》,《学位与研究生教育》1997年第3期,第40~42页。

[3] 陆爱华、骆光林:《对工科院校学科群构建问题的探讨》,《学位与研究生教育》2005年第6期,第46~50页。

[4] 梁传杰、胡江华:《论学科群的组织形式》,《辽宁教育研究》2006年第2期,第83~85页。

科集合。[①] 集合论视角下的学科群内涵侧重对学科群组织属性的描述，但缺少对学科群运行机制的说明。总体来讲，学科群的内涵在不断发展中得到了有序延伸，但这几种观点均侧重于对学科群某个角度的内涵阐释，尚未揭示学科群本质属性的总和，因而有必要从更系统全面的视角来阐释学科群的内涵。

二　学科群的复杂性表征

复杂系统理论为学科群的内涵阐释提供了一个更为系统全面的视角。按照复杂系统的观点，任何一个复杂系统都可以看成是由大量互为联系的内部行动单元通过相互作用而组成的一个整体，系统与外部环境存在着信息和能量的交流。复杂系统一般都拥有超越其不同组分自身功能简单叠加所不能解释的特有功能，这种现象称为"涌现"。[②] 复杂系统理论的核心观点还包括系统的自组织性、非线性和动态演化等。学科作为一种知识分类体系和社会建制，具备"知识"和"组织"的双重属性，其生成源于学者对高深学问的"闲逸的好奇"和"学科承认"，具有典型的自组织性和适应性。从学科的构成角度看，学科是由学者、知识和资源等多主体相互作用所构成的有机体，各主体间相互作用具有非线性特征。同时，学科是一个嵌入由高校、政府和市场相互作用的开放系统之中的组织，其发展具有动态演化特征。基于对学科属性、构成和组织形式的分析可知，学科具有典型复杂性

[①] 武建鑫：《世界一流学科的政策指向、核心特质与建设方式》，《中国高教研究》2019年第2期，第27~33页。

[②] 郑志刚：《复杂系统的涌现动力学——从同步到集体运输》（上册），科学出版社，2019，第1~3页。

表征。而学科群是由不同学科聚集而成的一种多学科组织形式，就其本体论而言，学科群的构成主体为学科，学科的复杂性决定了学科群的复杂性。所以，运用复杂系统理论研究学科群具有一定的适切性。

  运用复杂系统理论对学科群进行深入剖析发现，学科群的复杂性表征包括自组织性、异质性、非线性、聚集性和动态性，是一个典型的复杂系统。一是自组织性。学科的自组织性主要源自学科的知识建构和制度建制[1]，而学科群是学科的聚集，是在当前学科制度的基础上破除学科间壁垒，弱化学科边界，进行知识综合化发展而形成的学科聚集体，也具有自组织性。二是异质性。在学科群中各学科作为行为主体拥有异质性的知识和资源，且在知识体系、研究范式、方法理论等方面存在差异，这种异质性是学科间形成优势互补的协作关系的重要前提。三是非线性。学科群内各学科主体间存在知识、组织等多重维度的相互作用，并非遵从简单的线性关系，而是呈现显著主动性特征的相互适应关系。在学科群中进行知识共享、整合和创造的过程中，存在着复杂的正负反馈机制的非线性交互作用。四是聚集性。学科群将不同的学科聚集在一起，除各学科的学者、知识、资源等聚集在一起之外，学者及学科之间的互动会形成新的关系网络，学科群网络结构及学者行动的共同演化会"涌现"出新的功能，从而形成学科群的整体能力超过个体能力的总和。五是动态性。学科群内各学科主体不断适应其所处环境，从经验中学习，并进行适

---

[1] 闫丽霞、周川：《从传统范式到复杂性范式的转向：论一流学科生长路径的构建拓展》，《中国高教研究》2020年第3期，第24~29页。

应性调整，其学科特征随着时间的推移而不断变化，进而决定了学科群的形成和演化处于动态变化中。

三 复杂系统视角下学科群概念界定

学科群作为典型的复杂系统，将不同学科聚集在一起，发挥促进学科间交叉与融合的功能，既打破了传统学科制封闭式、静态式的发展范式，又在保持各学科原有属性的基础上形成了新的组织形态。基于学科群的复杂性表征，本书界定学科群的概念如下：学科群是由相关学科基于共同目标而建立起的一种多学科协同演化的复杂系统，该系统通过学科间不断的知识交流和组织协作，形成既相互依赖又彼此独立的网络关系，发挥多学科聚集效应，以解决复杂知识生产需求和单个学科知识资源有限的突出矛盾。这一定义包含了学科群基于共同目标和多主体的组织特点，强调了学科间相互依赖又保持独立的关系本质，明晰了组织成员基于知识和组织的双重互动维度，从复杂系统的视角进一步丰富了学科群的内涵。

第二节 复杂系统视角下学科群生成演化的双重逻辑

复杂系统强调组织在不确定环境中的自组织、自发展和自适应，但是学科群嵌入由高校、政府和市场多重作用的开放系统中，其发展演化同时受到他组织的"理性设计"和"理性管理"。[①] 在复杂

---

① 罗家德、曾丰又：《基于复杂系统视角的组织研究》，《外国经济与管理》2019年第12期，第112~134页。

系统视角下，学科群的生成与演化就是一个自组织生长和他组织理性管理的相融合的过程，也是一项战略性、长期性和综合化的系统工程。从学科群的生成逻辑出发，厘清其演化动力和路径，有利于把握学科群的运行规律，实现对学科群的科学治理。

一 学科群生成演化逻辑的基本内涵

"生成"一词最早源自生物学领域，指生命发生及完成的过程，后在系统科学研究中指系统在远离平衡的条件下，从不稳定到重建新的整体稳定的过程。[①] 与构成论不同的是，"生成"超越了从部分到整体的简单要素的组合，是具有相互协同、功能耦合特征的整体性协同进化过程。"逻辑"在广义上泛指事物演进和发展的客观规律。故而，学科群的"生成演化逻辑"意指学科群从相互独立的学科组织协同进化为具有整体功能的学科群过程中所遵循的客观规律。

基于学科群的自组织、非线性和动态演化等复杂系统特征，本书以复杂系统生成演化的逻辑为起点，分析学科群的生成逻辑。复杂系统生成演化主要遵循两种逻辑。一是"自组织"内生逻辑，强调系统的生成和演化不需要外界指令而能够自发进行，从无序到有序的过程是主动的。二是"他组织"外生逻辑，强调系统必须依靠外界的特定指令才能推动组织的生成和演化，从无序到有序的过程是被动的。对学科群而言，其本身就是一个"自组织"系统，其生成演化首先源自学者

[①] 李曙华：《生成的逻辑与内涵价值的科学——超循环理论及其哲学启示》《哲学研究》2005年第8期，第75~81、128页。

基于对知识的探求而自发形成的学术共同体，学科间对于异质知识的需要是学科群生成与发展的最主要原因。因此，学科群的生成演化首先遵循"自组织"内生逻辑，结合学科群的内涵和特征可概括为知识生产的内生逻辑。"他组织"外生逻辑主要关注的是外部环境的各种影响力量对复杂系统发展的影响。从学科群的角度而言，与其生成演化密切相关的外部环境包括国家战略、市场需求、科技发展等方面。在学科群的生成演化过程中，来自国家、高校的组织权力是"他组织"的重要力量，为满足国家战略规划或经济社会发展需求，高校等"他组织"主体从优化学科布局、调节资源配置等角度出发，通过外部的指令推动学科群的生成与演化，学科群在外部力量的作用下实现从无序状态向有序状态的转变。故而，学科群生成演化也遵循"他组织"外生逻辑，也就是基于组织权力的外生逻辑。

学科群的生成演化虽然从本质上是源自知识生产内生逻辑的自组织系统作用的结果，但也始终离不开外生组织权力的积极推动，知识生产内生逻辑与组织权力外生逻辑共同作用，联合形成一股强大的力量，促使学科群组织从不平衡到平衡不断演化，循环往复，形成一个从无序到有序的良性循环。

二 基于知识生产的内生逻辑

在知识生产视野下，学科建设就是知识生产的过程。学科是知识生产的一种最主要的制度形式，我国许多大学依然受学科制度化惯性的影响。学者在学科内产生学科承认进而忠诚于学科，不断完善学科理论体系和"范式"，不断分化出新的分支学科，实现知识的生产和创新，这便是传统的知识生产模式Ⅰ，其学科性、同质性、等级性十分明显，强调了学科的边界划分。在模式Ⅰ下，学科越分越细，也越分越多，在组织、生产与传播高深知识上产生了严重的"路径依赖"和"组织屏障"，其局限性日益凸显。事实上，知识在不断分化的同时，也朝着综合化、整体化、社会化的方向发展。这便有了迈克尔·吉布斯（Michael Gibbons）等在1994年提出的新的知识生产模式[①]，即知识生产模式Ⅱ，它带有知识生产的科学模式、技术模式、工业模式密切互动的痕迹，具有非等级性和超学科性。[②] 模式Ⅱ是基于专业人员的"社会反思"，为解决复杂的现实问题而开展跨学科的应用型知识生产模式。[③] 在模式Ⅱ下，学科间的壁垒逐渐被瓦解，各种跨学科的组织不断涌现。近年来，随着经济社会发展，知识生产不断演绎，出现了模式Ⅲ知识生产观。模式Ⅲ是一个具有典型系统逻辑的知识创新系统，具有层次多样、形态多变、节点多个、主体多元和互动多边的特点，创新网络和知识集群是其核心要件和概念，强调紧密协作、共享共进，构建优质性、创新性和可持续性的新型知识生产组织形式。[④]

学科群产生的背景是学科的高度分化与综合，其目的是产

[①] M. Gibbons, *The New Production of Knowledge: The Dynamics of Sience and Research in Contemporary Societie*, SAGE Publications Ltd., 1994, p.70.

[②] 〔美〕朱丽·汤普森·克莱恩：《跨越边界——知识、学科、学科互涉》，姜智芹译，南京大学出版社，2005，第23~33页。

[③] 李拓宇：《知识生产、学科演化与专业博士学位》，《高等工程教育研究》2019年第5期，第132~138页。

[④] 武学超：《模式3知识生产的理论阐释——内涵、情境、特质与大学向度》，《科学学研究》2014年第9期，第1297~1305页。

生新的知识，故而知识生产是学科群生成的内在逻辑，对异质知识的需要是学科间相互联结的重要因素。在知识生产模式Ⅲ下，人类对复杂知识的需求越来越强烈，单一学科的碎片化属性导致其无法揭示复杂问题的本质和规律，知识的交叉、融合和协同发展成为知识生产的新诉求。但现有学科制度是经过长久发展成熟起来的，系科结构和学院文化是当今大学治理的重要遵循，目前还不能完全脱离学科制度而创建全新的组织模式。以学科为基本单元，遵循知识发展的逻辑，在知识生产模式变迁的客观规律和要求下，拥有异质性知识的学科之间开始跨越学科边界的非正式活动，并在逐渐的制度化、正式化过程中形成学科群，承载知识流动、共享和整合的功能，从而实现创新知识和创造新知识的目标。

三　基于组织权力的外生逻辑

学科群作为一种学术组织，除遵循知识生产的内在逻辑自然生成外，还往往在他组织外部指令下"建设"而成，其生成与运行是组织权力影响下各学科基于共同的组织目标而进行的有意识、有组织的行为，主要强调多学科的聚集效应和协同效应。

学科群建设的外部指令主要源自学科群的建设主体和组织权力实施主体——高校，而高校的战略决策则是在经济社会发展和国家战略要求影响下产生。从经济社会发展的角度看，全球科技创新风起云涌、密集活跃，以科技创新为引领的新一轮科技革命方兴未艾，产业变革蓬勃兴起。当世界经济发展模式逐渐由传统的"要素驱动"和"效率驱动"向"创新驱动"转型时，高校作为知识的创造源头，必须顺应时代发展，服务于社会需求。社会需求就是学科群建设的"根",脱离了社会需求就等同于切断了学术发展的源头。① 从国家战略角度看,党中央、国务院提出"双一流"建设计划这一重大的国家战略决策,战略意义在于通过"双一流"建设使我国成为国际学术中心,并向高等教育强国迈进。"双一流"建设的一项主要任务就是提高自主创新能力,以国家发展战略所确定的重点领域、重要项目和重大问题为引领,服务创新驱动发展的国家战略。

当前单一学科模式的知识生产、传播和应用方式,在促进科学技术发展和达成国家发展战略方面存在明显不足。在当前经济社会发展和国家战略要求的背景下,高校须对学科资源进行整合,优化学科布局,凝练发展方向。学科群在组织权力作用下,基于达成经济社会发展和国家战略需求的目的而将不同学科会聚在一起进行有机整合,学科间以共同目标为核心,相互依赖、相互补充、相互促进,让知识在学科间流动进而探索出新发现、激发出新思想、开发出新工具,从而在创新驱动模式下有效促进经济增长和服务国家发展战略。

第三节 复杂系统视角下学科群的演化动力与路径

复杂系统视角下,探索系统不同层次之间的演化规律是非常重要的研究内容。学科群的复杂性不仅表现在其构成主体的

---

① 刘国瑜:《在服务国家和社会中追求学术卓越——我国高校创建世界一流学科的思考》,《学位与研究生教育》2016年第8期,第12~15页。

复杂性，还表现在其演化动力学的复杂性上。从学科群发展的理性逻辑看，学科群的演化具有复杂的动态性，分析学科群演化的动因需要从知识生产的内生逻辑和组织权力的外生逻辑共同切入。

一　学科群生成演化的根本动力

学科群的发展受知识创新的内生驱动力影响，也受组织权力的外生拉动力影响，二者共同作用形成推动学科群演化的根本动力。

一方面，学科群的生成源自知识创新的自觉前行演化，由知识体系高度分化而形成越来越多的学科，又因知识的高度综合而聚集在一起。学科间对异质知识的需要是相互之间联结的关键，学科间频繁的知识交流是学科群生成的重要动力来源，这是学科群的生命力和原动力所在，是学科群发展的内生驱动力。学术群体是主要的促动主体，其出于研究需要或研究兴趣而尝试跨越其他学科知识边界进行科学作业，从而在学术场域内自下而上地诱导学科群的生成。在学科群的动态演化中，学科个体在现行学科范式下进行知识生产，发挥自身的动态能力，如提升自身科学研究水平等，不断提升其在现有学科群中的影响力，从而引发整个学科群的渐进式或突变式的创新发展。

另一方面，学科群作为一种学术组织，往往是在政府主导或大学规划的组织权力指令下"建设"而成。在组织权力的影响下，学科群的生成未必基于学科知识体系，而是基于实现科学技术发展或达成社会需求的组织目标。学科群的外部组织权力通过诱导、刺激、规划等方式，对学科群生成演化产生外生拉动力。

高校是主要的促动主体，在实施组织权力的过程中，自上而下形成强制性组建。在学科群的动态演化中，学科间形成组织关系，随着组织目标的形成、持续、完成和改变，学科群组织关系会发生变化，学科个体在学科群中的地位会发生改变，进而引起学科群的演化。

二　学科群的生成演化路径

在"双一流"建设中，学科群承担的主要功能是会聚资源、凝练方向、创新模式、打造"高峰"，强化办学特色，最终指向世界一流大学或学科。知识创新和组织权力则是影响学科群生成演化的根本动力。然而，在学科群生成演化过程中并非两种动力单独运行，而是同时运行、共同作用。学科群的形成既具有内生动力作用下的自组织过程，又具有外生动力作用下的组织选择过程，只是在不同的时空条件下，两种生成演化动力对学科群的影响程度不同。此外，两种演化逻辑的行动主体、生成机制、动力方向和场域特征均有不同，这促使形成了两种不同的演化路径。学科群知识创新能力越强、知识关联越紧密，学科群结构则越稳定。同理，学科群的组织关系越紧密、组织协同度越高，学科群组织运行就越良好。学科群构建的理想模型则为知识关联度紧密、组织协同运行的协同创新型学科组织。

基于知识创新和组织权力两个维度，本书构建了学科群的生成演化矩阵。如图4-1所示，学科群的生成演化矩阵由四个象限构成：象限Ⅰ表示传统学科模式下的学科组织独立生长形态，学科之间的知识关联度较弱，组织关系也不明显；象限Ⅱ表示知识创新型学科群，指在学科群生成演化过程中知识生产和创新起主导作用，学科群的组织形态表现为具有较强的知识关联度，但组织关系较弱；象限Ⅲ表示组织权力型学科群，指在学科群生成演化过程中组织权力和关系起主导作用，学科群的组织形态表现为学科之间具有明显的组织关系，但知识关联度较弱；象限Ⅳ表示协同创新型学科群，学科之间的知识关联度较强，组织关系较为明显，这是学科群发展的理想模型。

	知识关联度 强	
	Ⅱ：知识创新型	Ⅳ：协同创新型
	Ⅰ：学科组织个体	Ⅲ：组织权力型
	弱	强　组织协同度

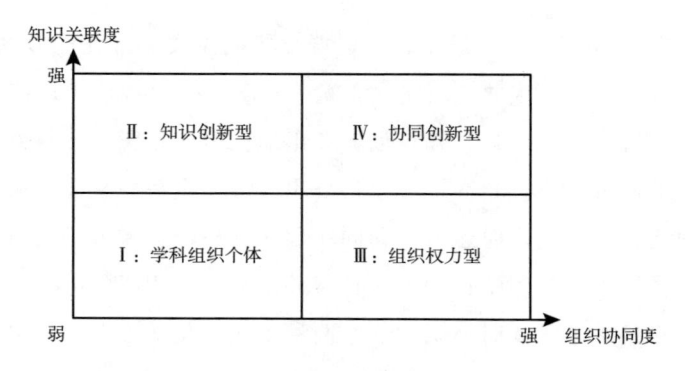

图 4-1　学科群生成演化矩阵

资料来源：笔者根据相关文献自制。

学科群主要有以下两条路径。

路径一主要是从学科组织个体出发，按照知识创新的逻辑，以新知识的生产为基础，以实现科学统一为目标，不断扩大知识体系，然后再对衍生出的学科群进行组织优化，不断提升作为不同学科要素构成的知识组织的组织化程度。从学科个体衍生到学科群组织，主要解决的是知识体系扩大的问题。在学科群建设中，该路径主要以某一学科为建设中心点，按照知识不断分化的内在逻辑逐渐演变，从而产生多个相关学科的组合：可以是由一级学科向二级学科的树状型延伸,也可以包括不同一级学科之间的跨越性衍生、相邻学科间相互交融或者原本互不相干的学科相互作用形成交叉学科群。这种途径的特征是遵循传统学科制度逻辑,受知识创新的内生驱动力影响,学科群发展具有自组织性和单向性,学科群间的关系呈平行性。

通过对129所"双一流"建设高校(首批共137所高校,其中8所未公开建设方案)的建设方案分析发现,在"双一流"建设高校规划建设的学科群中,有188个学科群按照路径一演化而来,本书称之为知识创新型学科群,主要体现在学科群的命名方式、内部结构以及各学科的知识关联度上。知识创新型学科群大致可分为三种形式,如表4-1所示。第一种形式以学科门类命名,共有12个,主要涉及理学、医学、经济学等学科门类。这类学科群主要由同一学科门类下的各学科构成,相互之间学缘关系较近且具有相似的学科范式。第二种形式以一级学科命名,共有62个,例如安全科学与工程学科群、材料科学与工程学科群、法学学科群、民族学学科群等。这类学科群存在两种情况:一种情况是学科群由该一级学科下的若干二级学科或学科方向构成;另一种情况是以学科群中某个一级学科命名以体现其在学科群中的核心地位和作用,而学科群的构成突破了一级学科限制,融汇了若干一级学科,但一级学科之间有主次之分。第三种形式以交叉学科命名,共有114个。这类学科群名称包含两个或两个以上学科,如经济与管理学科群包含经济学、管理学两个学科。以交叉学科命名直观体现了学科群的交叉特性、跨学科性和学科间的密切关联性,学科之间的关系是平等的,不分主次。

表 4-1 "双一流"建设高校知识创新型学科群分类

学科群命名方式	数量（个）	学科群示例
学科门类	12	理学学科群、医学学科群、经济学学科群
一级学科	62	安全科学与工程学科群、材料科学与工程学科群、法学学科群、民族学学科群、纺织学科群、风景园林学科群、工商管理学科群、公共管理学科群、公路交通运输工程学科群、管理科学与工程学科群等
交叉学科	114	信息与通信工程学科群、材料与化工学科群、电子与信息学科群、法与经济学科群、公共政策与管理学科群、经济与管理学科群、核科学技术与安全学科群、能源化工与化学学科群、数据科学与软件工程学科群等

资料来源：笔者根据相关文献自制。

路径二主要是按照组织权力的规划，以协同满足科学技术或社会需求为目标，将不同学科个体组织在一起"建设"学科群，在实践中不断推动知识增长、融合，以此形成知识关联越来越紧密的学科群组织。在学科建设中，该路径主要以解决社会现实问题为组织目标，将若干学科聚集在一起，各学科不断交叉、加速融合，形成开放耦合的学科群。这种路径是当前高校建设学科群的主要路径，在"双一流"建设高校中，众多高校根据学校学科基础、优势和特色，组织规划学科群，这些学科群以解决社会"真实"问题为目标。

在首批"双一流"建设高校中有147个学科群由路径二演化而来，本书称之为组织权力型学科群。这类学科群突破学科知识关联度的限制，以解决科学生产复杂问题为导向，由若干学科聚集而成，围绕共同的战略目标和研究主题协同共进，是"超学科"的学科群模式。由该路径演化而来的学科群或面向科学技术前沿，如人工智能学科群，或面向国家发展战略，如三江源生态学科群，或面向产业链条，如冶金工业流程学科群（见表4-2）。

表4-2 "双一流"建设高校组织权力型学科群分类

学科群模式	数量（个）	学科群示例
超学科	147	逆境生物学学科群、边疆治理与地缘政治学科群、敦煌丝路文明与西北民族社会学科群、法治国家与社会治理学科群、复杂系统感知与控制学科群、高端装备制造与服务学科群、高效毁伤及防护学科群、高原山地生态与地球环境学科群、冶金工业流程学科群等

资料来源：笔者根据相关文献自制。

知识创新是学科群的终极目标，基于知识创新的学科群符合知识生产的内在逻辑，能很好地体现高等教育的深刻内涵。然而，基于知识创新的学科群建设有时会缺乏明确的建设目标，建设方案和行动过程也体现随意性，所以其建设成效往往不会在短期内呈现。而基于组织权力的学科群源自高校对外界需求的现实回应，具有明确的目的性，通过组织变革和创新来协调内部关系、适应外部环境变化，以应对社会的"真实"问题。但基于组织权力的学科群建设存在不同学科在交叉融合过程中相互疏离的风险，不利于学科群长久稳定发展。学科群建设路径的选择不是非此即彼的关系，在不同的时期和发展阶段可能会有一种路径更符合实际，从而占据主导地位，也可能在实践过程中存在交叉和重叠，同时体现两种路径演化的特征；但学科群演化的最终目标都为建构协同创新型学科群，其主要特征为有明确的组织目标、合理的组织结构、共同的价值认同、良好的运行机制和完善的功能发挥。

第四节 行业划转地方工科院校学科群建设的基础、优势与困境

行业划转地方工科院校在高等教育体系中占有非常重要的位置，在长期的办学实践中坚守行业特色，形成了具有鲜明特征的学科体系，其学科群建设首先遵循复杂系统视角下学科群生成演化的一般逻辑，但也要充分发挥其"特"性。本节内容以服务于煤炭行业的河南理工大学、安徽理工大学、西安科技大学、山东科技大学、辽宁工程技术大学和黑龙江科技大学为研究对象，在复杂系统视角下分析行业划转地方工科院校学科群建设的基础、优势与困境。

研究对象的选择主要基于以下几点。一是办学历史的相似性，所选6所煤炭行业划转地方工科院校具有共同的发展渊源，划转前发展基础较好，服务于煤炭行业。二是对行业的依赖性，这类院校在办学实践中形成的优势骨干学科多为基于行业生产实践需求而产生的工科类学科，其发展对行业的依存度较高。三是发展历程的独立性。所选6所高校在办学过程中均未发生过大规模的院校合并，因而保持了其办学特色和办学优势的传承性。四是办学层次的一致性。所选6所高校原隶属于煤炭工业部，后划转到地方政府，均不是"双一流"重点建设高校，为地方普通高校，且具有博士点学科。原煤炭工业部所属高校还有中国矿业大学、中国矿业大学（北京）、太原理工大学和湖南科技大学。

中国矿业大学、中国矿业大学（北京）、太原理工大学于2017年入选"双一流"重点建设高校，湖南科技大学由湘潭工学院与湖南省第二所本科师范类高校——湘潭师范学院——于2003年合并而成，导致其学科特色与其他几所高校呈现明显不同，因此这4所高校不在本书研究范畴。

一 行业划转地方工科院校学科建设概况

（一）学科规模逐渐扩大

煤炭行业划转地方工科院校建校之初以培养煤矿专门人才为宗旨，学科结构围绕行业需求而布局，较为单一。在多年的办学历程中，一方面，煤炭行业划转地方工科院校知识生产模式以服务行业需求为目标，带有显著的知识生产科学模式、技术模式、工业模式密切互动的痕迹，在不断解决行业现实问题的过程中产生新知识，在学科理论体系和"范式"不断完善的过程中，不断分化出新的分支学科。另一方面，行业划转地方工科院校因隶属关系转变，服务面向由单一的行业面向转向行业与区域双重面向，受外部因素影响，这类高校或主动调整学科布局或在政治力量作用下增设了一些学科。总体来讲，煤炭行业划转地方工科院校的学科规模呈现逐渐扩大的趋势。从目前学校官网介绍可知，6所高校均由最初的单一工科办学发展为多学科办学，且均包含工学、理学、管理学、经济学、法学和文学（见表4-3）。

学科门类覆盖度可以宏观判断学校的学科门类规模，但还不足以详细说明其学科规模。本书以学位授权点为具体观测指标，来评测煤炭行业划转地方工科院校的学科规模。因为学位授权点建设是学科建设的重要载体和着力点，代表学科建设的水平，且

表 4-3 6 所煤炭行业划转地方工科院校办学涵盖学科门类

学校名称	工学	理学	管理学	经济学	法学	文学	教育学	艺术学	医学
河南理工大学	√	√	√	√	√	√	√	√	√
安徽理工大学	√	√	√	√	√	√	×	√	√
西安科技大学	√	√	√	√	√	√	√	√	×
山东科技大学	√	√	√	√	√	√	×	√	×
辽宁工程技术大学	√	√	√	√	√	√	√	√	×
黑龙江科技大学	√	√	√	√	√	√	×	×	×

注：各学校含有的学科门类以√标注，不含的学科门类以×标注。
资料来源：笔者根据相关文献自制。

具有统一标准的设置和命名，便于校级间比较。鉴于煤炭行业划转地方工科院校博士学位授权点高度集中，本书采用博士、硕士学位授权点共同作为高校学科设置的判断依据。各高校学位授权点基本情况详见表 4-4。本书以一所学校的学位授权点总数（博士学位授权点和硕士学位授权点重复的只计数 1 次）除以一级学科总数计算学校的学科规模指数，例如河南理工大学的学科规模指数为 27/101＝0.267，依次计算安徽理工大学、西安科技大学、山东科技大学、辽宁工程技术大学、黑龙江科技大学的学科规模指数分别为 0.218、0.257、0.307、0.198 和 0.109。学科规模指数大小取决于该校的学位授权点数量多少，学位授权点数量越多，学科规模指数就越大，理论最大值为 1，最小值为 0。分析可知，煤炭行业划转地方工科院校的学科数量已经形成一定规模，但相较于综合性大学和一流大学而言，还处在较低水平。有学者做过相关研究，认为当一所高校的博士学位授权点数量超过 30 个时，有机会跻身一流大学建设高校序列，可见煤炭行业划

第四章 | 行业划转地方工科院校学科群建设

表 4-4 6所煤炭行业划转地方工科院校博士、硕士学位授权点数量

单位：个

学科门类	一级学科数量	河南理工大学 一级学科博士点数	河南理工大学 一级学科硕士点数	安徽理工大学 一级学科博士点数	安徽理工大学 一级学科硕士点数	西安科技大学 一级学科博士点数	西安科技大学 一级学科硕士点数	山东科技大学 一级学科博士点数	山东科技大学 一级学科硕士点数	辽宁工程技术大学 一级学科博士点数	辽宁工程技术大学 一级学科硕士点数	黑龙江科技大学 一级学科博士点数	黑龙江科技大学 一级学科硕士点数
哲学	1												
经济学	2		1		1		1		1		1		1
法学	6												
教育学	3		1				1		1				
文学	3												
历史学	3												
理学	14		3		1		4		6		1		1
工学	39	6	19	6	17	6	17	9	19	7	15	1	7
农学	9				2						1		
医学	11												
管理学	5		3		1		2		2		2		2
艺术学	5						1						
合计	101	6	27	6	22	7	26	10	31	8	20	1	11

资料来源：笔者根据相关文献自制。

·87·

转地方工科院校距此还相差甚远。①

（二）学科布局不断优化

学科建设除扩大学科规模外，另外一个重要方向则是优化学科布局，即发展什么学科、终止什么学科，合理的学科结构是大学学科体系实现高质量发展的基础。② 分析一所大学的学科布局可以从其机构设置、开设专业、学术产出等不同角度进行观测和判断，在这些视角中，以学位授权点作为标准更加准确和客观。从6所高校的博士学位授权点数量来看，主要集中在工学门类，而硕士学位授权点虽然主要集中在工学门类，但在经济学、法学、文学、理学、农学和管理学有所涉及。工学门类的硕士学位授权点数量明显最多。本书将行业划转地方工科院校博士、硕士学位授权点合并统计，以更直观观测其学科布局情况（见表4-5）。

表4-5　6所煤炭行业划转地方工科院校博士、硕士学位授权点

学科代码	一级学科	河南理工大学	安徽理工大学	西安科技大学	山东科技大学	辽宁工程技术大学	黑龙江科技大学
0202	应用经济学				√	√	
0301	法学				√		
0305	马克思主义理论	√	√	√★	√		√
0453	汉语国际教育			√			
0502	外国语言文学				√		
0505	中国语言文学	√					
0701	数学	√	√	√	√	√	

① 金雨琦、程莹：《我国一流大学建设高校学科布局演化的分析与思考》，《大学与学科》2021年第2期，第59~72页。

② 李化树：《论大学学科建设》，《教育研究》2006年第4期，第85~88页。

续表

学科代码	一级学科	河南理工大学	安徽理工大学	西安科技大学	山东科技大学	辽宁工程技术大学	黑龙江科技大学
0702	物理学			√	√		√
0703	化学		√				
0705	地理学	√		√	√		
0709	地质学	√			√		
0711	系统科学				√★		
0714	统计学				√		
0801	力学	√	√	√	√	√★	
0802	机械工程	√★	√★	√★	√★	√★	√
0804	仪器科学与技术	√	√	√			
0805	材料科学与工程	√★	√	√	√	√	√
0807	动力工程及工程热物理	√			√	√	
0808	电气工程	√	√	√		√★	√
0809	电子科学与技术		√			√	
0810	信息与通信工程	√			√	√	
0811	控制科学与工程	√	√		√★	√	
0812	计算机科学与技术	√	√	√	√★	√	
0813	建筑学	√	√				
0814	土木工程	√	√★	√★	√	√★	
0816	测绘科学与技术	√★		√★	√★	√★	
0817	化学工程与技术	√	√	√	√		√
0818	地质资源与地质工程	√★	√★	√★	√★	√	
0819	矿业工程	√★	√★	√★	√★	√★	√
0823	交通运输工程	√			√		
0824	船舶与海洋工程				√		
0830	环境科学与工程	√	√	√		√	
0835	软件工程	√	√	√	√		
0837	安全科学与工程	√★	√★	√★	√★	√★	√★

续表

学科代码	一级学科	河南理工大学	安徽理工大学	西安科技大学	山东科技大学	辽宁工程技术大学	黑龙江科技大学
0907	林学					√	
1001	基础医学		√				
1002	临床医学		√				
1201	管理科学与工程	√	√	√	√★	√★	
1202	工商管理	√			√	√	√
1204	公共管理	√					√
1305	设计学			√			

注:"√"表示该校具有该一级学科硕士学位授权点,"★"表示该校具有该一级学科博士学位授权点。

资料来源:笔者根据相关文献自制。

从煤炭行业划转地方工科院校一级学科布局情况来看,一级学科主要集中在工学门类,工学门类下设 39 个一级学科,而这 6 所学校在工学门类的一级学科数分别为 19、17、17、19、15 和 7 个,除黑龙江科技大学一级学科硕士学位授权点较少外,其他 5 所学校在工学门类学科覆盖率达到 38.4% 以上,而且在矿业工程、安全科学与工程等传统优势学科均有学位点,同时机械工程、材料科学与工程、电气工程、测绘科学与技术等相关学科也有学位点布局,说明这类高校在发展传统优势学科的同时,其他相关学科的发展也取得了长足进步,具备较高水平,区别于综合性大学的各学科门类协调发展,行业划转地方工科院校主要优势集中在工学门类,在工学方面形成了较好的协调发展局面。郑永安等将按行业需求或门类划分的学科称为"行业特色学科",如矿业工程、安全科学与工程,按知识体系和门类划分的学科称为"通用学科",如数学、物理等。①分析煤炭行业划转地方工科院校的学科布局可知,其博士学位授权点学科主要集中在"行业特色学科",也就是说此类院校的学科布局呈现了一定特性,即学科主要集中在工学门类、"行业特色学科"优势突出、通用学科协调发展。

(三)优势特色学科趋向成熟

行业划转地方工科院校学科建设不像综合性大学那样追求"大而全",而是坚持"术业有专攻",在多年的办学过程中不断强化自身优势特色学科的核心竞争力,优势特色学科趋向成熟。博士学位授权点可以表征学科建设的最高水平,6所高校较早获得博士学位授权点的学科包括矿业工程、安全科学与工程,说明行业学科在校内较早建设成熟,已经形成了一定的学科规模、达到了较高水平、形成了一定的学科方向。同时,通过6所学校第四轮学科评估参评学科和评估结果可以评价其优势特色学科建设情况,由表4-6可知,6所高校参评学科数不尽相同,获得C-及以上成绩的学科共计20个(类)。笔者对这些学科进行归类后发现,安全科学与工程是6所学校所共有的,而矿业工程、土木工程、机械工程是5所高校共有的,地质资源与地质工程、测绘科学与技术是4所高校共有的,获得B及以上成绩的学科分别为安全科学与工程(5所)、测绘科学与技术(1所)、矿业工程(2所),这说明6所煤炭行业划转地方工科院校的优势学科具有高度相似性。安徽理工大学成绩最好学科为安全科学与工程

---

① 郑永安、孔令华、张建辉:《高水平行业特色高校学科建设面临的矛盾关系与应对策略》,《高等教育研究》2021年第5期,第55~61页。

(B),河南理工大学成绩最好学科为安全科学与工程(A-),西安科技大学成绩最好学科为安全科学与工程(A-),山东科技大学成绩最好学科为安全科学与工程(B)、矿业工程(B)、控制科学与工程(B)、测绘科学与技术(B),辽宁工程技术大学成绩最好学科为安全科学与工程(B),黑龙江科技大学成绩最好学科为安全科学与工程(C)。由此可知,煤炭行业划转地方工科院校的优势学科保持了其历史传承和行业特色,虽然在办学过程中增办了一些相关学科,但其优势学科依然集中在办学历史最悠久、学科实力最强、水平最高的行业特色学科,且已趋向成熟。

表4-6 6所煤炭行业划转地方工科院校第四轮学科评估成绩

学校	一级学科代码	一级学科名称	评价结果
河南理工大学 (10460)	0305	马克思主义理论	C+
	0701	数学	C-
	0802	机械工程	C+
	0805	材料科学与工程	C-
	0808	电气工程	C-
	0811	控制科学与工程	C
	0812	计算机科学与技术	C
	0814	土木工程	C-
	0816	测绘科学与技术	B-
	0818	地质资源与地质工程	C+
	0819	矿业工程	B
	0835	软件工程	C
	0837	安全科学与工程	A-
	1202	工商管理	C-
	1204	公共管理	C+

续表

学校	一级学科代码	一级学科名称	评价结果
安徽理工大学（10361）	0802	机械工程	C
	0814	土木工程	B-
	0817	化学工程与技术	C
	0818	地质资源与地质工程	C-
	0819	矿业工程	B-
	0830	环境科学与工程	C+
	0837	安全科学与工程	B
西安科技大学（10704）	0305	马克思主义理论	B-
	0802	机械工程	C+
	0810	信息与通信工程	C-
	0814	土木工程	B-
	0816	测绘科学与技术	C+
	0818	地质资源与地质工程	C+
	0819	矿业工程	C+
	0837	安全科学与工程	A-
	1201	管理科学与工程	C-
山东科技大学（10424）	0802	机械工程	B-
	0805	材料科学与工程	C-
	0808	电气工程	C-
	0810	信息与通信工程	C-
	0811	控制科学与工程	B
	0812	计算机科学与技术	B-
	0814	土木工程	B-
	0816	测绘科学与技术	B
	0817	化学工程与技术	C
	0818	地质资源与地质工程	B-
	0819	矿业工程	B
	0837	安全科学与工程	B
	1201	管理科学与工程	B-

续表

学校	一级学科代码	一级学科名称	评价结果
辽宁工程技术大学（10147）	0801	力学	C+
	0802	机械工程	C+
	0808	电气工程	C
	0814	土木工程	C+
	0816	测绘科学与技术	B-
	0819	矿业工程	B-
	0835	软件工程	C
	0837	安全科学与工程	B
	1201	管理科学与工程	C+
黑龙江科技大学（10219）	0808	电气工程	C-
	0837	安全科学与工程	C

资料来源：笔者根据相关文献自制。

二 行业划转地方工科院校学科群建设的优势分析

（一）传统优势学科高度集成

行业院校因其独特的身份识别特征，使其建设优势特色学科群具有得天独厚的优势。首先，行业划转地方工科院校的优势特色学科并未随隶属关系的变化而改变，以6所煤炭行业划转地方工科院校为例，其学科起源于服务行业发展的遗传基因，这些学科是其学科发展的逻辑起点，由于知识的传承创新和优势累积，这些学科的优势越来越明显，而且在知识生产和创新过程中都是以优势学科为中心不断向外辐射，在不断地制度化、正式化过程中其他学科得以成长。传统优势学科高度集成是行业划转地方工科院校建设学科群的有利条件，对比综合性大学学科覆盖度广、学科高峰多的特点，行业划转地方工科院校的优势特色学科主要集中在工学门类的行业特色学科，学科高峰数量相对较少，在校内具备最强的知识生产能力，在其自身不断前行演化的过程中与其他学科异质知识相互交叉融合，学科之间的知识关联度较高，符合学科群生成的"自组织"内生逻辑，有利于学科群从无序趋向有序。其次，行业划转地方工科院校的办学资源有限，传统优势学科高度集中，有利于高校发挥来自组织权力的外生力量，集中资源和力量重点培育学科高峰，不断形成学科特色和比较优势。

（二）知识生产的高应用性

行业划转地方工科院校经历了近半个世纪隶属行业的办学历程，其学科建设与行业产业互动密切，行业产业的变化对学科发展具有重大影响，行业兴则学科发展迅速，行业低迷则学科发展迟缓。行业划转地方工科院校因其办学特殊性，其知识生产更加符合知识生产模式Ⅱ，面向应用情景，围绕解决行业生产和区域经济发展中的实际应用问题而展开，尤其是与行业企业的高效互动，在以产业链为核心所构成的创新系统中，行业院校占据着重要的节点位置，并与行业部委、行业企业、科研院所等始终保持着高强度连接，行业企业的转型升级与技术迭代和行业划转地方院校的多个学科存在依赖关系。以煤炭行业与煤炭行业划转地方工科院校为例，煤炭行业生产实践过程中与矿业工程、安全科学与工程、测绘科学与技术、力学等学科都高度关联，而这些学科的诸多科技创新成果都是来自煤炭企业生产一线对实际生产问题的科学探索，其知识生产具有较高的应用性特征，而知识生产的高应用性则是行业划转地方工科院校学科群建设的天然优势，因为应用情景中的问题往往具有复杂性和综合性特征，单一学科生成模式难以解决实际应用问题，更加需要多学科知识和多技术手段的交叉融合以获得完整和有效的解决方案。

（三）服务行业和区域的外部需要

学科建设始终与国家战略和区域经济发展同向同行，行业划转地方工科院校因其行业属性和区域属性，从本质上决定了其行业与区域双重服务面向，肩负着引领行业创新发展和区域经济发展的重大使命，行业与区域的外部需要则为行业划转地方工科院校学科群建设提供了强劲的外生动力。从行业发展的角度，行业转型升级不断加速，知识和技术不断更新迭代；从区域经济发展的角度，需要不断谋求新的增长点。世界经济发展模式正在逐渐由传统"要素驱动"和"效率驱动"向"创新驱动"转型[1]，创新驱动模式需要各学科会聚在一起形成具有明显超越时空限制的"知识集群"，学科群以共同目标或共同利益为核心，学科之间相互依赖、相互补充、相互促进，让知识在学科间流动进而探索出新发现、激发出新思想、开发出新工具，从而在创新驱动模式下有效促进经济增长。从制度逻辑层面，教育部、财政部、国家发展改革委于2018年8月8日制定印发了《关于高等学校加快"双一流"建设的指导意见》，要求学科建设要明确学术方向和回应社会需求，重点在于尊重规律、构建体系、强化优势、突出特色。国内前列、有一定国际影响力的学科，要围绕主干领域方向，强化特色，扩大优势，打造新的学科高峰，加快进入世界一流行列。在此背景下，部分省份提出了省域层面的"双一流"

---

[1] 武学超：《模式3知识生产的理论阐释——内涵、情境、特质与大学向度》，《科学学研究》2014年第9期，第1297~1305页。

建设计划，河南理工大学入选河南省特色骨干大学，安徽理工大学入选安徽省高峰学科建设计划特别支持高校，西安科技大学入选陕西省国内一流大学建设高校，山东科技大学入选山东省"冲一流"建设高校，辽宁工程技术大学入选辽宁省一流大学建设高校，黑龙江科技大学入选黑龙江特色学科建设高校，虽然各省份此次重点建设计划名称不同，但均以学科建设为切入点，6所煤炭行业划转地方工科院校均有重点学科入选（见表4-7）。从表4-7可知，入选省域重点建设学科（群）主要依托学校现有优势特色学科，可以说从政策及政府权力上赋予了行业划转地方工科院校建设学科群的外在力量。在此基础上，行业划转地方工科院校可以根据学校学科基础、优势和特色，组织规划学科群。

表4-7 6所煤炭行业划转地方工科院校入选省域重点建设学科（群）

学校名称	省域计划	省级一流（重点）建设学科（群）
河南理工大学	河南省特色骨干大学	特色骨干学科（群）A类:安全与应急管理学科群、先进制造与智能装备学科群、测绘与地理信息学科群；B类:能源开发与利用学科群
安徽理工大学	安徽省高峰学科建设计划特别支持高校	Ⅰ类高峰学科:安全科学与工程；Ⅲ类高峰学科:土木工程、矿业工程、机械工程、化学工程与计划、环境科学与工程
西安科技大学	陕西省国内一流大学建设高校	安全科学与工程学科
山东科技大学	山东省"冲一流"建设高校	高峰学科建设学科:控制科学与工程；优势特色学科建设学科:机械工程、矿业工程
辽宁工程技术大学	辽宁省一流大学建设高校	矿业工程、安全科学与工程
黑龙江科技大学	黑龙江特色学科建设高校	矿产资源开发利用

资料来源：笔者根据相关文献自制。

三 行业划转地方工科院校学科群建设的三重困境

（一）学科高峰与学科生态难以兼顾的战略选择困境

行业划转地方工科院校在长期的办学过程中逐步形成了围绕行业产业的优势特色学科，且与行业产业关系密切，但对于这类院校而言，可谓是学科高原显著，高峰不够突出。传统优势特色学科的卓越是相对的，其在国际、国内均未形成绝对优势。纵向与同行业高校对比，其学科建设水平、知识创新能力均不如行业划转教育部的同行业高校，例如，以第四轮学科水平评估为参考，国内最好的安全科学与工程学科和矿业工程学科均在中国矿业大学。横向与其他综合性高校相比较，行业院校因其学科结构围绕行业产业而形成，学科知识生产偏应用，学科结构单一，未形成良好的学科生态，有些"弱势"学科，因学科建设水平不足，难以支撑骨干学科前行发展，如果"捆绑"在学科群内，反而可能会成为学科群整体发展的负担。学科群建设不是简单的学科拼凑，既需要符合知识生产逻辑，又要符合国家战略和科技发展前沿需求，这就需要科学地布局谋划。对于行业划转地方工科院校而言，办学经费非常有限，是坚持"扶优"还是"全面发展"，非常难以选择。如果坚持"扶优"，学校将有限资源向传统优势学科倾斜，则是将学校发展的战略选择定位在传统优势学科，很容易造成学校学科面越来越窄、学科结构单一的局面，陷入"一枝独秀"的发展困境，也削弱学校抵御办学风险的能力。如果学校选择"全面发展"，将资源分散到各学科，又难以集中力量办大事，可能会导致每个学科都建设一般，难以形成学校的优势特色和比较优势。因此对于行业划转地方工科院校而言，如何规划建设学科群，使其既符合知识生产内生逻辑，形成骨干学科、支撑学科与基础学科交叉融合协调发展的局面，又能回应社会对高校的现实需求，明确学科群的发展方向和研究内容，以优势特色学科辐射带动其他学科共同发展，形成良好的学科生态，是需要首先解决的问题。

（二）学科群建设与产业集群需求的双向匹配困境

行业划转地方工科院校学科群与产业集群可以被视为在区域共生环境中的两个共生单元，理想状态下二者构成互惠共生关系，然而在实践中，行业划转地方工科院校学科群建设与产业集群需求存在着双向匹配困境，具体表现在两个方面，即学科群建设难以精准匹配行业与区域产业集群共生需求和产业结构优化调整难以快速反作用于学科群建设。首先，按照潘懋元先生的教育外部关系理论[1]，教育必须与社会发展相适应，但是二者的关系并非直接发生，而是通过人力资本价值和知识积累来实现的，学科则是人力资本价值形成和知识积累的现实载体，具体到学科群建设中，表现为通过学科群建设为产业发展培养不同规格、层次、专业的人才，以及通过知识成果转化、技术咨询支持等方式为产业发展服务。行业划转地方工科院校学科群建设主要以优势特色学科为核心，而这些院校优势特色学科具备鲜明的行业特色，与区域产业需求并不一定完全匹配和重合，因此在学科群建设过程中面临着需求散在、不聚焦的问题，导致行业院校培养的人才难以转化为支撑区域产业发展的人力资源，知识积累与行业

---

[1] 潘懋元：《教育的基本规律及其相互关系》，《高等教育研究》1988年第3期，第6~12页。

和区域产业集群共生需求不匹配的问题。其次,产业结构优化调整能够影响学科群建设的方向,行业划转地方工科院校办学经费主要来自于地方财政,往往根据区域产业发展情况调整学科结构。但是,现代产业更新迭代速度快、周期短,各种新兴产业不断涌现,产业结构柔性发展能够快速及时地做出反应,而学科群建设则属于长周期工程,往往滞后于产业的发展,这就造成学科群建设与行业产业需求变化难以同步,而行业划转地方工科院校对适度超前的未来趋势捕捉能力又有所不足,导致产业结构优化调整难以快速反作用于学科群建设。

(三)学科群建设与传统内部治理模式的组织协同困境

学科群建设对资源有着高度依赖性,人力、财力、物力都是限制其发展的重要因素。学科群参与主体呈异质性、组织结构松散耦合、运行机制体现协同性,其集群化、网络化特征越来越明显,因此,学科群建设需要良好的自组织环境和有序的他组织指令,需要形成引导和协调相结合的治理机制。然而,现行学科制度多以学院为组织单位,采取的是"校+院"两级、以行政化导向上令下达的集权式管理模式。[①] 以6所煤炭行业划转地方工科院校为例:在校际层面,一般设有固定的学科建设管理机构作为学科管理的主体,如发展规划与学科建设处或在研究生院设置学科管理办公室,主要负责各个学科的顶层设计,如制定学科规划、协助学科评估实施、指导学科建设等;而在院际层面,学科管理主体则是"人",具体负责本单位学科建设中各项具体

[①] 包水梅、李明芳:《一流学科建设:从管理走向治理——兼论我国高校学科治理的路径依赖及其突破》,《现代教育管理》2021年第1期,第25~30页。

工作的管理、协调、监督和控制等事宜。现行学科管理运行机制体现了政府的一元主体地位，权力运行过程中体现的是自上而下的单线传达，限制了学科群建设其他主体的参与力度。这种管理运行模式导致了学科资源配置行政化、学科发展两极分化严重、学科交叉融合壁垒重重、学术团队虚化运行等问题，使得学科群发展自组织环境贫瘠、他组织力量单薄，制约了学科群的发展。

第五节　行业划转地方工科院校学科群建设的行动方略

一　平衡内外动力，凸显学科高峰，辐射建立良好学科生态

学科群的生成演化是多种动力驱动的复杂系统，在建设中需要平衡好源自知识创新的内生动力和源自组织权力的外生动力的关系。行业划转地方工科院校实施组织权力构建学科群要兼顾学科基础和学科关联性，不可盲目将所有学科纳入学科群。建设学科群之前，应对学科基础进行充分梳理，结合自身办学实际，立足学校的主体学科、优势学科或特色学科，按照"扶优、扶需、扶特、扶新"的原则，明确学科群发展方向并凝练自身特色，着力打造学科高峰。同时，学科群建设方向应充分契合国家战略、区域经济和科学技术发展的需要，以解决重点领域的重大问题作为学科群的战略目标，使之成为学科群不断发展的牵动力。学科群的建设可能会对某些学科乃至学校在某领域的影响力和资源获取能力产生深远影响，行业划转地方工科院校作为学科群建

设的行动主体,在构建学科群时要坚持"全校一盘棋"的原则,探索构建"骨干-支撑-边缘"三个层次的学科网络,不断探索多主体联结、系统动态演化、学科共生共享的组织网络结构,促成学科群的知识增长从量变到质变的转变,以达成学科群组织成长的目的。以"学科高峰"为龙头,以骨干学科引领学科整体发展,倡导分层分类建设理念,构建一流学科生态体系,当某些学科知识创新发展到一定程度时需要适当给予外力的管理,组建新的学科群或者调整学科群方向,通过组织权力促进其从无序发展转向有序发展。在知识创新和组织权力的共同作用下,寻求异质发展模式,避免同质化竞争,不断形成国家战略、社会需求和学科群建设相互支撑、相互促进、竞相发展的良性机制。

二 围绕"行业+区域"共生需求建设优势特色学科群

学科群的生成遵循自组织内生逻辑和他组织外生逻辑,理想的模型是知识关联度紧密、组织协同运行的协调创新型学科群。对于行业划转地方工科院校而言,建设学科群首先要解决的就是学科群方向与定位的问题。首先要系统分析学校的各学科发展现状,凝练优势特色,其次要科学研判行业和区域的共生需求与学校学科群建设的结合点在哪里,进而突破传统学科建设的思维禁锢,规划学科群,以国家战略需求、区域社会发展需求和行业产业迭代需求为导向,制定行业划转地方工科院校特色发展竞争策略,可以把服务区域发展需求作为基础性、平台性的发展战略取向,将跟踪能源矿业行业前沿保持特色优势作为提升性、竞争性的发展战略取向。在第四次工业革命的汹涌浪潮下,大数据、物联网、人工智能等技术快速迭代更新,行业特色学科趋向"行业+"的知识生产方式,促使行业划转地方工科院校学科建设逐渐转向以创新网络和知识集群为核心要件的知识生产模式Ⅲ。行业划转地方工科院校学科群建设必须跳出简单的学科"叠加",要做学科"乘除法"。所谓做"乘法"就是传统优势学科与新一代技术通过碰撞、融合、协同的方式形成学科创新、科技创新和产业创新。所谓做"除法"就是聚焦到学校服务的主要产业链和创新链上,在资源有限的情况下,做到"压强"足够强,聚焦到关键学科问题,实现真正意义上的创新。[①] 传统行业升级改造,尤其是煤炭行业在"碳达峰""碳中和"双碳目标下,催生了诸多新的问题,需要多学科交叉会聚、多技术跨界融合。煤炭行业划转地方工科院校在这方面做了积极的探索,例如:辽宁工程技术大学结合学校优势特色规划建设了以矿业工程、安全科学与工程、测绘科学与技术3个辽宁省一流学科为核心、19个相关学科为支撑的,包括矿产资源绿色开发与洁净利用、安全技术与装备、地理空间信息服务与信息技术在内的3个一流学科群;山东科技大学出台了《山东科技大学学科筑峰工程实施方案》,围绕能源行业和山东省八大战略布局和青岛市十五个攻势,提出强化建设能源学科群、人工智能学科群、先进制造学科群。这些积极的探索为其他行业划转地方工科院校学科群建设提供了有益参考。

三 构建协同机制,提高学科群治理能力,建立学科群可持续发展机制

学科群参与主体呈异质性、组织结构松散耦合、运行机制体

[①] 陈锋:《实施"大舰战略":加快建设学科专业集群超级平台》,《中国高等教育》2016年第23期,第27~30页。

现协同性，其集群化、网络化特征越来越明显，因此，学科群建设需要良好的自组织环境和有序的他组织指令，需要形成引导和协调相结合的治理机制。学科群多主体间的协同作用主要包括知识协同和组织协同两个方面，其目的在于实现学科间知识共享和优势互补，推动学科群稳定、持久发展。

如何构建学科群治理体系和提高治理能力是关乎学科群发展的一大难点，行业划转地方工科院校应该清晰地认识到这一点。学科群的协同治理则包括对学科群中参与主体、学科群内学科间的关系以及学科群整体等多个层次的治理，要以激励和约束并重的方式推进学科群的协同治理。在学科主体层面，要加强学科方向凝练、人才队伍建设、科学研究水平提升等主体性建设，提高学科自身水平；在学科间关系层面，要关注学科间"依赖"形成的动因和影响因素，积极塑造学科间关系化行为，推动知识在学科间的流动和共享；在学科群整体层面，要搭建学科群协同运行平台，以促进学科间知识共享和创新合作，保障每个参与主体都能全力投入协同创新，提升学科群的整体实力和核心竞争力。当前高校运行的学术特区、创新平台等都是一种很好的尝试。除此之外，我们还要从学科群整体角度创新激励考核机制，提高学术群体知识共享的意识，激发其协同合作意愿；并完善学科群建设评价体系，科学衡量学科群发展状态，对学科群实现动态管理，促进学科群持续、稳定发展。同时，行业划转地方工科院校必须意识到学科与行业产业的协同作用，利用原属行业部门、教育部、地方政府的共建机制，为学科建设提供多元的组织、资源和制度支持。

第五章　行业划转地方工科院校专业集群建设

专业集群建设是高校优化专业结构的重要抓手，是人才培养范式的重大改革，是优化资源配置、推进院校治理体系重构、增强服务社会能力的重要举措。专业集群建设是顺应新时代高校内涵建设之需，呼应现代产业集聚式发展之势，凸显地方本科高校转型发展之要。① 尤其是以行业为依托，有着鲜明办学特色的行业划转地方工科院校，作为地方本科院校中一类特殊的高等教育组成部分，在当今"专业集群"建设的背景下，此类高校面临新的发展机遇，且有其特殊的发展立足点和优势，准确把握不同专业在行业发展和区域经济中的定位和服务领域，以专业集群为单位进行专业体系改革和建设，有利于促进产业链、人才链、知识链、创新链的有效连接，服务区域经济社会与行业高质量发展，实现资源最优化配置，提升学校办学质量。本章首先厘清行

---

① 张晞、顾永安：《地方本科高校专业集群布局与建设的探索与思考——基于常熟理工学院的案例分析》，《中国职业技术教育》2018年第11期，第28~29页。

业划转地方工科院校专业集群建设现状，总结其共性特征，然后，探寻专业集群建设的理论支撑，并以 L 大学为典型案例进行剖析，解构其专业集群建设的背景、架构、具体举措和实施成效。

第一节　行业划转地方工科院校专业集群建设的现状及特征

高等院校学科专业如何进行建设和调整，是当前社会各界关注的热点问题。2015 年 10 月，教育部、国家发展改革委、财政部发布的《关于引导部分地方普通本科高校向应用型转变的指导意见》（教发〔2015〕7 号）提出"校企合作的专业集群实现全覆盖""建立紧密对接产业链、创新链的专业体系。……围绕产业链、创新链调整专业设置，形成特色专业集群。"这是在国家关于院校转型的正式文件中首次提出"专业集群"的概念。2020 年 8 月，为落实《国务院办公厅关于深化产教融合的若干意见》等文件精神，教育部、工业和信息化部发布的《现代产业学院建设指南（试行）》（教高厅函〔2020〕16 号）中指出："围绕国家和地方确定的重点发展领域，着力推进新工科与新农科、新医科、新文科融合发展，深化专业内涵建设，主动调整专业结构，着力打造特色优势专业，推动专业集群式发展。"《中华人民共和国国民经济和社会发展第十四个五年规划和 2035 年远景目标纲要》对建设高质量教育体系提出具体要求："建设高质量本科教育，推进部分普通本科高校向应用型转变。从建立学科专业动态调整机制和特色发展引导机制，增强高校学科设置针对性。"随着国家一系列重要文件的出台，专业集群成为新的历史方位下，行业划转地方工科院校转型发展与提升专业建设质量的重要抓手和着力点。

一 行业划转地方工科院校专业集群建设现状

（一）专业规模快速扩张，具备专业集群建设的数量基础

行业划转地方工科院校多起源于服务于行业生产的单科性学校，其专业体系建设是伴随着工业体系的发展和高等教育事业的发展而发展的，大多经历了由单科向多科的发展过程。其学科门类多涵盖工学、理学、管理学、经济学、法学、文学等，有的院校如河南理工大学的专业体系涵盖了九大学科门类，实现了多学科融合发展的良好态势。其专业数量也呈现几何级数增长，在增长过程中有一个重要的时间节点，即20世纪与21世纪之交划转前后。以河南理工大学、安徽理工大学、西安科技大学、山东科技大学、辽宁工程技术大学、黑龙江科技大学6所煤炭行业划转地方工科院校为例，在1978~2000年20多年的时间内，6所院校专业数量增幅并不大，而在2000~2021年这21年时间里，专业规模均扩张了数倍，截至2021年，6所煤炭行业划转地方工科院校中本科专业数量最少的为59个，最多的则达到了95个（见表5-1）。究其原因，首先是伴随着高等教育由精英化向大众化乃至普及化发展的进程，学校的招生规模也在大幅扩大。其次是行业院校在划转地方后其服务面向增加了服务地方的使命，在专业体系建设中增设了一些服务地方或区域经济社会发展的相关专业。单纯从数量上来说，行业划转地方工科院校的专业数量已经达到了一定规模，具备建设专业集群的数量基础。

表 5-1　6 所煤炭行业划转地方工科院校学科专业发展情况

学校名称	学校类型（办学定位）	学科门类数量（个）	本科专业数量（个）1978年	1994年	2000年	2021年	在校生人数（人）(本科) 1997年前	2021年	年生均日常教学运行经费（元）
河南理工大学	应用研究型	9	6	13	20	82	3000	37487	3143
安徽理工大学	应用研究型	8	9	14	25	87	4100	29039	2183
西安科技大学	教学研究型	6	7	13	20	60	3000	19696	3843
山东科技大学	应用研究型	7	13	19	25	95	4200	32344	3207
辽宁工程技术大学	研究应用型	8	9	32	25	71	3500	23878	3331
黑龙江科技大学	应用型	7	7	7	15	59	2000	22524	1782

资料来源：根据各高校官方网站数据和相关文献统计。

（二）专业结构特色鲜明，符合专业集群建设的逻辑要求

专业集群建设强调以产业链、专业链、人才链相互衔接的逻辑主线，作为连接产业链与人才链的桥梁，高等院校规划专业集群建设的逻辑应是围绕某一产业链将相关专业实现最优化组合，良好的专业生态应该是专业对接产业，专业集群对接产业链条。在这方面，行业划转地方工科院校具有非常良好的基础，经过半个多世纪的发展，行业划转地方工科院校专业设置长期以服务行业为目标，以行业特色专业为核心，不断向外延伸拓展，具有较强的历史延续性，与学校传统优势学科的契合度较高，初步形成了适应行业和市场经济发展需要的专业体系。以 6 所煤炭行业划

转地方工科院校为例，其专业结构具有鲜明的工科特色和煤炭行业特色，形成了以行业特色专业为核心的网络状专业结构。例如：安徽理工大学拥有 8 个学科门类、87 个专业，安全、地矿、爆破相关专业为其优势特色专业；河南理工大学拥有 9 个学科门类、82 个专业，主要集中在地质类、矿业类、测绘类、土木类、机械类、自动化类、电子信息类等；同样，其他 4 所煤炭行业划转地方工科院校专业结构也呈现"点-线-面"的辐射状网络结构，即以优势特色学科支撑的行业特色专业为核心，在同一专业大类下形成专业链条，相关专业共同会聚成行业特色专业网络结构。这种结构体现出行业划转地方工科院校与行业产业的紧密结合，符合专业集群建设的逻辑基础。

（三）专业质量层次清晰，升级改造助力专业集群化发展

在传统优势学科的强力支撑下，行业特色专业取得了良好的建设成绩，据教育部"双一流专业"计划（双万计划）公布的国家级一流本科专业点和省级一流本科专业点的名单（2019 年和 2020 年）可知，煤炭行业划转地方工科院校的一流专业建设点主要集中在工学门类和传统优势学科（见表 5-2）。

从 6 所煤炭行业划转地方工科院校的国家级一流专业数量来看，河南理工大学、安徽理工大学、西安科技大学、山东科技大学、辽宁工程技术大学、黑龙江科技大学分别为 13、16、18、19、11 和 5 个，省级一流专业数分别为 22、10、8、8、10 和 12 个，所以从质量上来讲，行业划转地方工科院校的专业已经呈现明显的层次性，国家级一流专业牵引，省级一流专业强基，其他专业支撑发展。随着"新工科"研究和建设的不断深入，行业划转地方工科院校抓住机遇，围绕适应新一轮科技革命和产业

表 5-2 6所煤炭行业划转地方工科院校国家级和省级一流专业建设点数量

单位：个

学科门类	黑龙江科技大学 本科专业涵盖学科	黑龙江科技大学 国家/省级一流专业建设点	辽宁工程技术大学 本科专业涵盖学科	辽宁工程技术大学 国家/省级一流专业建设点	山东科技大学 本科专业涵盖学科	山东科技大学 国家/省级一流专业建设点	安徽理工大学 本科专业涵盖学科	安徽理工大学 国家/省级一流专业建设点	河南理工大学 本科专业涵盖学科	河南理工大学 国家/省级一流专业建设点	西安科技大学 本科专业涵盖学科	西安科技大学 国家/省级一流专业建设点
哲 学												
经济学	√		√						√			
法 学	√	0/1	√		√		√	0/1	√		√	
教育学	√		√				√		√		√	
文史学	√		√		√		√	0/1	√	0/2	√	
历史学												
理 学	√	0/1	√	0/1	√	2/0	√	1/0	√	0/4	√	16/8
工 学	√	4/9	√	9/9	√	16/7	√	15/7	√	11/11	√	
农 学												
医 学			√				√		√			
管理学	√	1/1	√	2/0	√	1/1	√	0/1	√	2/3	√	2/0
艺术学	√		√		√		√		√		√	
合 计	7	5/12	8	11/10	7	19/8	8	16/10	9	13/22	6	18/8

资料来源：笔者根据相关文献自制。

变革增加了"智能+"等学科交叉专业，如智能采矿工程、智能制造工程、人工智能等专业，围绕国家战略需要和可持续发展新增设了新能源科学与工程、储能科学与工程、新能源材料与器件等专业（见表5-3）。传统行业的升级改造有利于与产业发展进行更好的融合，有利于专业集群的建设。

表5-3　6所煤炭行业划转地方工科院校专业调整统计（2019~2021）

学校名称	类别	工学	理学	管理学	艺术学	医学
河南理工大学	新增备案/审批	智能采矿工程、储能科学与工程、应急技术与管理、新能源科学与工程、网络空间安全				临床医学
	撤销专业	网络工程、能源化学工程				
安徽理工大学	新增备案/审批	智能采矿工程、人工智能、智能材料与结构、集成电路设计与集成系统、智能建造、资源勘查工程、智能制造工程、区块链工程、地理空间信息工程、应急技术与管理、职业卫生工程				
西安科技大学	新增备案	智能制造工程、应急技术与管理、新能源科学与工程				
	撤销专业			旅游管理	产品设计、动画	
山东科技大学	新增备案	智能制造工程、新能源材料与器件、储能科学与工程、船舶与海洋工程、防灾减灾科学与工程、生物制药		审计学、大数据管理与应用		
	撤销专业	环境科学与工程				

续表

学校名称	类别	工学	理学	管理学	艺术学	医学
辽宁工程技术大学	新增备案	智能采矿工程、人工智能、新能源材料与器件、新能源科学与工程、机器人工程、环境生态工程、数字媒体技术、智能建造				
	撤销专业		生物技术			
黑龙江科技大学	新增备案	智能采矿工程、人工智能、数据科学与大数据技术、应急技术与管理				

资料来源：笔者根据相关文献自制。

二 行业划转地方工科院校专业集群建设特征

总体上讲，行业划转地方工科院校专业建设具有良好的基础，与行业产业具有密切的互动关系，具备了构建专业集群的有利条件，但同时受政策导向、顶层设计等方面影响，行业划转地方工科院校专业集群建设呈现进程缓慢、动力不足等特征。

（一）专业集群建设理念相对滞后，建设进程比较缓慢

国家"双一流"计划的全面实施，为学科群建设提供了丰沃的土壤。《关于实施中国特色高水平高职学校和专业建设计划的意见》（简称"双高计划"）则为高职学校专业集群建设提供了政策指引；但是在本科院校层面建设专业集群的政府政策指令还不够明朗，本科院校尚未形成完善的专业集群建设理

念。在煤炭行业院校划转地方后,其服务面向从原来的单一行业面向转换为"行业+区域"的双重服务面向,如何在行业的"条条"产业链条与区域的"块块"产业集群中寻找共生需求,是这类院校专业集群建设需要面对的首要问题。但由于本科院校专业设置与大类划分主要受政府政策指令影响,高校专业设置自主权有限,各院校专业设置存在明显的同质化现象,专业集群建设虽有提及,但多停留在概念层面,或者简单的专业叠加阶段,尚未能将自身办学优势与区域产业的发展需求有机结合,形成与产业链良好对接的专业链,专业集群建设的进程比较缓慢。

（二）专业结构集聚性显著不均衡,专业集群建设内生动力不足

行业划转地方工科院校大多实现了多科性发展,但是其学科专业结构呈现明显的集聚性特征,主要集中在工学门类。据教育部"双一流专业"计划公布的国家级一流本科专业点和省级一流本科专业点（以下简称"一流专业"）的名单（2019年和2020年）可知,以煤炭行业划转地方工科院校为例,其一流专业建设点主要集聚在工学门类,管理学和理学中有少量分布,其他学科门类少有涉及。而且,这6所院校的一流专业主要源自其传统优势学科,例如,采矿工程、安全工程、机械设计制造及其自动化、电气工程及其自动化、土木工程、测绘工程、矿物加工工程等专业。这说明,煤炭行业划转地方工科院校优势专业集聚性显著,具有鲜明的产业特色。但是,其仍然存在专业均衡性发展不足、基础学科专业发展相对滞后的问题,无法对产业特色专业起到强力支撑作用。而且,在高等教

育扩招阶段，有的高校"贪大求全"，专业规模急剧扩张，打破了原本连接紧密的知识生产内生规律，导致专业之间知识割裂，连接松散。甚至有的学校盲目增设了一些与原专业体系关系极弱的专业，出现一个专业"支撑"一个学科的现象，造成了"专业孤岛"。有的学校跟风上新专业，忽视自身学科基础与特色，这些都导致行业划转地方工科院校专业集群建设内生动力不足。

（三）产教融合"合而不深"，专业集群与外生影响因子松散耦合

近年来，以人工智能、区块链、物联网、大数据等信息技术的研发与应用为代表的新一轮科技革命和产业结构变革层出不穷，推动着我国产业结构布局整体的调整、转型与升级，构建与行业、区域产业发展分布和技术升级需求相匹配的专业集群，是行业划转地方工科院校专业集群建设的重要着力点。但是，目前受专业审批制度及高校人才培养的周期性与社会需求的不同步性等问题影响，行业划转地方工科院校的专业结构调整明显滞后于产业的升级转型和结构调整。随着行业、企业在高等教育生态系统中的参与度越来越高，行业划转地方工科院校的专业作为专门工程技术人才培养与市场经济活动的关键连接点，单纯以学校教学为主的专业发展模式很难适应产业结构变动及创新升级的需求，虽然"产教融合"在持续推进，但是仍存在"合而不深"的现象，仍处在校企合作的初级阶段。在培养理论和技能结合方面，企业在人才培养中的作用有限，远远没有达到产教融合的预期状态，导致产业链、创新链、人才链与教育链松散耦合。

第二节　行业划转地方工科院校专业集群建设的逻辑与路径

一　生态系统视角下专业集群的内涵阐释

（一）专业集群概念的缘起与发展

专业集群的概念源于经济学中的产业集群，是产业集群理论在高等教育领域的具体应用与变迁。当前学界对专业集群概念的界定多是基于产业集群概念的隐喻和延伸，顾永安认为："专业集群是对应产业集群上同一产业链、创新链的岗位（群）需求，按照群落状建设的原则，以与主干学科关联度高的核心专业（优势、特色专业）为龙头，充分融合若干个学科基础、工程对象与技术领域相同或相近的、具有内在关联的若干专业的有机集合。"[①] 马正兵等认为："专业集群是以区域内的产业集群为服务对象，围绕某一产业上下游供应发展链条，形成以服务产业链核心环节的主干专业为主，并集聚具有共同主干课程和相近实训项目，以专业互补和专业互促形式形成的校内或校际若干专业群体。"[②] 聂劲松等则认为专业集群是专业（群）在一定时空中通过一定的方式，集结、聚合而成的具有特定形态结构的群体或群

[①] 顾永安：《应用型本科专业集群：地方高校转型发展的重要突破口》，《中国高等教育》2016年第22期，第36页。

[②] 马正兵、朱永永、廖益等：《新建地方本科院校转型发展中的专业集群建设模式研究》，《重庆第二师范学院学报》2015年第1期，第85页。

落,是广义上的专业的集合或簇群,属于各种集群中的一种特定类型。① 以上观点均强调专业集群的形态与集聚原则,比较公认的组织形态就是专业的"群落"。群落是一个生态学概念,是指在一定时间和一定空间内的分布各物种的种群集合,在生态系统中,群落只是系统中有生命的"部分",而生态系统中还有重要的组成就是"环境",强调生物与环境构成的统一整体。同理,专业集群,不仅包括专业本身,还包括诸多环境因子,以及专业与环境相互影响和制约的互动因子。因此,本书认为需要引入系统的视角全面解析专业集群的概念和特征。

（二）生态系统视角研究专业集群的适切性

生态系统是英国生物学家坦斯利（A. G. Tansley）1935年提出的,他认为生态系统是在一定时间和空间范围内,生物与生物之间、生物与物理环境之间相互作用,通过物质循环、能量流动和信息传递,形成特定的营养结构和生物多样性的功能系统。② 生态系统的共性体现在：生态系统是一个复杂系统；能量流动、物质循环和信息传递是其三大基本功能；生态系统内部具有自我调节能力；生态系统呈动态性。因此,生态系统研究范式是否适用于专业集群,需要从专业集群的本质特征进行剖析。

第一,专业集群具有复杂性,其复杂性主要体现在结构复

---

① 聂劲松、刘春艳、聂挺:《专业集群的内生性成长及其治理专业化》,《现代教育管理》2021年第9期,第106~113页。
② Tang H. R., Li Z. Z., Wang G., "Niche Fitness and Its Application in Oasis Population," *Journal of Lanzhou University* (*Social Science*), Vol. 22, No. 3 (Fall 1994), pp. 145-171.

杂、关系复杂和环境复杂三个方面。专业是从社会需求与供给角度对知识的划分，是高校履行人才培养职能的基本单元。从知识形态看，不同专业的研究对象具有异质性。从组织形态看：专业是由教师、知识及教学内容等组成的教学组织或者可以说是学术组织，专业个体本身的结构就是复杂的，专业之间的关系也因知识的交叉融合和专业内人员的社会关系属性而体现出复杂性；专业集群是一个开放的组织，受政治、经济、文化等多重影响，体现了环境复杂性。第二，专业集群具有生态系统三大基本功能。专业的多样性与异质性决定了其内部与外界环境之间存在物质、能量和信息的流动和循环，以维持其系统的平衡。资源配置、人才队伍、政策制度等是其输入端，而人才培养、技术创新、知识传播和思想传承则是其输出端。专业集群在输入端与输出端的不断循环中与外界进行着物质、能量和信息的流动。第三，专业集群在受到外界环境干扰的时候，可以通过专业结构、规模、人才培养方向等调整再返回稳定、协调状态，因而专业集群内部具有自我调节能力。第四，专业集群中的专业生长具有一定的生物学特征，专业也具有一定的生命周期，经历发育、生长、衰退等阶段，这意味着专业集群作为生态系统具有动态变化的能力，专业集群也要经历从简单到复杂、从不成熟到成熟的发育阶段。综上，专业集群具备生态系统的一般特征，从生态系统视角研究专业集群的建设逻辑与路径是适切的。

（三）生态系统视角下专业集群概念的厘定

生态学中，生态系统是指一定地域或空间内生存的所有生物与环境相互作用的具有能量转换、物质循环代谢和信息传递功能的统一体。生态系统中的生物与环境之间、生物各个种群之间存在着相互依存、互为因果的关系，使它们相互间达到高度适应、协调和统一的平衡状态。[①] 基于教育生态学和生态系统视角，本书将专业集群的概念界定如下：专业集群是若干专业基于共同的目标，融合与其关系密切的各类要素按照一定的逻辑有机联系而形成的生态系统。该系统内部专业与专业集群之间、专业集群之间、专业集群种群之间，以及专业集群生态系统与外部社会生态系统之间进行着复杂的物质、信息与能量的转化过程，专业集群生态系统与外部社会生态环境中不同的主体相互依存、相互适应、相互影响。专业集群生态系统与外部社会生态环境完整地构成了专业集群生态系统，关联性、多样性、适应性、共生性、平衡性和可持续性是其重要的生态特征。

二　生态系统视角下专业集群建设的逻辑遵循

专业集群的构建是一项参与主体多元、涉及要素众多、社会应用情境性强的复杂的系统性工程。专业集群生态系统是社会生态系统中一个相对独立的子系统，它有着自身的结构和功能，各子系统之间有着密切的联系。同时，专业集群生态系统也是一个开放的系统，它与社会生态系统不断地进行着物质与能量交换，并且相互作用。生态系统的演化是指从系统建立之初的相对不稳定状态通过生物之间、生物与环境之间的相互作用和系统内物种的自我组织、自我调整而逐步达到稳定的状态，主要强调生态系统同时受系统内生性成长和外生性演化的双重影响。将此观点移植到专业集群中可知，专业集群的生成演化一方面受来自专业集

[①]　范国睿：《教育生态学》，人民教育出版社，2019，第26~27页。

群自身调节作用的影响,一方面受来自外界社会生态环境的影响。因此,在生态系统视角下,专业集群的建设成长应遵循系统内生性成长逻辑和外生性演化逻辑。即专业集群是在内因主导、外因驱动的内外交互耦合逻辑的共同作用下生成与演化。

(一)内生性成长逻辑

内生性成长逻辑强调系统成长演化的动力和要素主要源自系统内部。就专业集群而言,其内生动力因素主要包括知识生产与创新、资源支撑和管理制度规约等。其中知识生产与创新是核心动力,随着科学技术的持续发展,全球各国陆续进入知识型社会。正是知识范围与知识类型的不断扩展和丰富,使世界高等教育呈现新的发展趋势:学科发展从"高度分化"走向"交叉融合",知识生产从"学科中心"转向"问题导向",人才培养从"专业教育"迈向"跨学科教育"。① 专业是高等教育人才培养的基本单位,是专业集群的"细胞",也是知识传递和生产的载体,专业集群所会聚的不同专业在知识上呈现异质性,每个专业的知识都在不断地"生长",而当今知识生产模式正在由传统的学科性、同质性明显的知识生产模式Ⅰ向面向应用情景的知识生产模式Ⅱ转变。② 由此催生的技术变革与知识创新是专业"生长"的主要知识源,随着专业内不断的知识生长,当某一专业知识量达到一定阈值的时候,会出现专业的分化,促进新专业的

---

① 李佳敏:《跨界与融合:基于学科交叉的大学人才培养研究》,博士学位论文,华东师范大学,2014,第6页。
② 〔英〕迈克尔·吉本斯、〔英〕卡米耶·利摩日、〔英〕黑尔佳·诺沃提尼等:《知识生产的新模式:当代社会科学与研究的动力学》,陈洪捷等译,北京大学出版社,2011,第1~8页。

产生，比如随着信息技术的不断进步，催生了人工智能专业。而当专业不能适应新技术发展的时候，会导致一些专业的衰落甚至消失，这是专业集群生态系统内部自我调节的机制。资源支撑主要体现在人力资源、财力资源、知识资源、社会声誉等对系统演化的支撑作用。管理制度规约主要来自系统内部因素而形成的探索性做法、内部规则和规范等。

（二）外生性演化逻辑

外生性演化逻辑强调系统的演化受外界环境因子的影响，就专业集群而言，影响其演化的外界环境因子主要包括产业、政府和市场等。专业集群是人才培养与产业链、创新链的有机结合，是教育元素与经济元素的融合，主要承载着培养与产业发展需求相适应的专业人才的功能，所以产业变革与创新是影响专业集群外生演化的最重要的环境因子。在新一轮产业革命背景下，新技术、新产业、新业态和新模式不断涌现，催生各类经济组织与产业机构不断调整、转型与升级，社会生产对各类高技能技术人才的需求与日俱增，为适应这种变革，高校必须做出快速反应。一方面通过调整专业设置与结构以匹配产业链需求，围绕产业创新集群需求规划专业集群，引领未来需求做加法布局新工科专业，依据需求质量做减法优化专业结构，契合共生需求做乘法实现专业门类交叉融合，以此推动专业集群的演化。另一方面调整专业课程设置，以课程的形式将知识要素传递给专业，培养具有交叉学科、跨专业背景的复合型人才[①]，进而形成与国家战略同频共

---

① 梅亚明：《高校专业群的集约建设》，《教育发展研究》2006年第17期，第68~69页。

振、与产业结构高度耦合的生态系统。从政府的角度看，高校专业调停转增都要经过上级管理部门审批，体现政府决策意志，国家也会根据战略需求，对专业设置给出一定的指向性意见，比如鼓励申报新工科专业等。政策推动也是影响专业集群建设的重要内容，比如"双一流专业"计划就是教育部以建设面向未来、适应需求、引领发展、理念先进、保障有力的一流专业为目标推动实施的指向性政策，这一计划引领带动高校优化专业结构、促进专业建设质量提升。从市场的角度，对高校专业集群的影响主要体现在科学技术发展和社会需求对专业集群建设方向的约束，高校在构建专业集群时必须将市场作为重要的要素，转变视角，将科学技术和社会需求作为出发点，寻求专业集群与区域、产业经济发展的结合点，在关键技术、前沿引领、颠覆性技术实现方面贡献力量。

三 行业划转地方工科院校专业集群的构建路径

行业划转地方工科院校自身专业建设限制，服务区域经济社会发展与行业发展外部需求的教育使命，符合专业集群构建的逻辑遵循。行业划转地方工科院校需科学分析其现有专业基础，精准研判其服务行业与区域共生需求。下文基于对专业集群成长演化双重逻辑的分析，以生态系统思维，分析行业划转地方工科院校专业集群的推进路径。

（一）强化系统思维，做好专业集群的顶层设计

专业集群建设是高校优化专业结构的重要抓手，是增强服务社会能力的重要举措。专业集群建设是顺应新时代高校内涵建设之需，呼应现代产业集聚式发展之势，凸显地方本科高校转型发

展之要。高校要更新教育理念观念，要增强专业集群生态系统理论学习的自觉性，在明晰专业集群内涵，厘清专业集群构建内外部逻辑的基础上，紧密结合学校的办学定位和人才培养目标，做好专业集群建设的顶层设计与规划。要从"集群"的角度，形成集群理念、集群生态、集群逻辑、集群建设与集群治理等系统思维来推进专业集群的建设与发展。行业划转地方工科院校既有专业属性又有学科属性，构建的专业集群具有学科性和亲产业性两大特征。因此此类院校专业集群布局应以"以岗位群或行业为主兼顾学科"的"职业联系与学科联系的复合"作为专业集群布局的基点和依据，既可以"依核建群"，即构建围绕和基于核心专业的相关联专业组成专业集群，也可以"以链成群"，即构建基于产业链需求的专业链，由专业链上的若干专业形成专业集群[①]，从而实现产业链、人才链、知识链、创新链的有效衔接。

（二）平衡内外动力，推动技术创新与产业创新循环发力

生态系统视角下，探索专业集群的演化规律是非常重要的研究内容，从对专业集群的演化所遵循的内生性成长和外生性演化双重逻辑分析可知，技术创新是推动专业集群内生性成长的原动力，产业创新是影响其外生性演化的重要环境因子，在不同的时空条件下，二者交互耦合、交互驱动，为行业划转地方工科院校专业集群建设划定了特殊路径。行业划转地方工科院校的专业或依赖于传统优势特色学科生成，具有浓厚产业背景，或萌发于新一代技术创新与革命，如信息技术的不断革新催生了人工智能专

---

① 顾永安：《应用本科专业集群：地方高校转型发展的重要突破口》，《中国高等教育》2016年第22期，第36~38页。

业。如何推动这两类专业的融合发展、集群式发展是关键问题。行业划转地方工科院校应以"产业链+创新链"为导向，建立产业集群-技术创新集群-学科群-专业群的协同联动机制，对于具有浓厚产业背景的专业，要基于工程实践中的知识集成属性和工程问题复杂性，以技术创新为其创新赋能，对于萌发于新一代技术创新与革命的专业，要通过融合产业背景为其提供工程应用场域。推动技术创新与产业创新循环发力，不断优化集群内专业的相互融合，实现创新链-产业链-学科链-专业链的有机衔接，发挥好集群效应。

（三）优化运行机制，构建和谐共生的专业集群生态环境

专业集群生态系统是由专业、专业集群、专业集群种群、专业集群群落等核心要素和专业集群生态系统与外部社会生态系统相互交织的关系网构成。专业集群生态系统的差异性与多样性，在加剧了系统内部竞争的同时，也提升了生态系统不断演化的活力。因此，要在尊重专业集群生态系统差异性与多样性的前提下，积极构建和谐共生的生态环境，优化专业集群生态系统的运行机制，提升专业集群生态系统对外部社会生态系统的适应性，促使专业集群系统与外部社会生态系统的协同进化，实现系统各要素的共生与系统平衡。在专业集群构建与动态调整过程中，要明确建设周期，建立准入与退出机制。专业集群的构建不是要把所有专业都要归到群中，应坚持"集中资源、突出重点、发挥优势"的原则，服务地方支柱产业、战略性新兴产业和行业转型升级的需求，融合与专业集群关系密切的各类要素来建设专业集群。同时，又要积极调整专业集群构成，优化学科专业布局。专业布局的调整优化可借助二维四象限法来确定和决策。根据市场需求紧密程度和办学质量两个维度，建立专业"市场需求-办

学质量"二维四象限评价模型,即对于市场需求强、办学质量高的专业采取重点发展的战略,对于市场需求弱、办学质量高的专业采取慎重发展的战略,对于市场需求强,办学质量低的专业采取积极发展的战略,对于市场需求弱和办学质量低的专业则采取淘汰的优化调整战略。此外,在专业集群建设和发展中,要深化与行业、企业、政府等外部社会生态系统的深度合作,建立新型信息、人才、技术与物质资源共享机制,完善产教融合协同育人机制,实现专业集群生态系统的外部适应性、内部关联性、内外协同性的理想状态。

(四)深化综合改革,完善专业集群协同保障机制

专业集群建设是一项复杂的系统工程,要使专业集群生态系统可持续发展,需要不断深化综合改革,不断完善专业集群生态系统内外部保障机制。资源配置上,一方面利用资源配置均衡原则,注重学科建设与专业建设的平衡性,促进它们良性互动,协同共生。在专业集群建设中,既要注重专业集群共享平台建设、共享课程开发,又要注重师资队伍建设和专业培养目标达成度,在专业之间形成良好的知识贯通机制,提高人才培养质量。另一方面利用资源配置的非均衡性原则,打造一批与社会需求匹配度高、体现学科专业特色的重点专业集群,达到优化学科专业结构的效果。在师资聘用与评价方面,一方面采取灵活"双跨"等聘用方式,支持教师在专业集群中有序流动,打破学科专业界限。另一方面在教师的绩效考核与职称评定等方面,要建立成果互认的机制,鼓励教师积极参与到专业集群的建设中,强化教师间教研成果的交流与分享,营造良好的专业集群文化氛围,打造共同愿景和价值追求。打造特色专业集群除了高校自身内部的积极探

索与创新外,还需要教育主管部门和政策激励等外部保障。一方面,政府要给予高校一定的办学自主权,比如按照专业集群实行大类招生,专业集群内部可以灵活地转专业等,引导高校明确发展定位,有针对性地开展供给侧改革。另一方面,要发挥政府部门的主导作用,开展专业集群专题研究与教学改革成果评定,通过发布市场需求预测和专业评估等对高校的专业结构布局进行宏观管控,建立服务地方产业集群发展的高校办学绩效评价体系,提高行业划转地方工科院校对区域经济社会发展的参与度与贡献度。

第三节 行业划转地方工科院校专业集群建设案例
——L大学

行业划转地方工科院校的专业集群建设要从生态系统视角出发,遵循专业集群构建的逻辑,即要着眼于外部适应性与内生成长力,通过技术创新场域、产业场域、知识场域与人才培养场域的连接与耦合,将技术创新集群、产业创新集群的共生需求,学科群建设与"双一流"布局的发展诉求,逐步渗透、承接到人才培养模式的改革实践中。从操作层面来看,行业划转地方工科院校厘清专业体系自身演化的内部知识逻辑与产业变革带动社会生态系统需求转变的外部产业逻辑、服务行业产业变革需求与服务区域发展需求之间的内在关联,深度回应技术创新和行业产业创新需求,成为行业划转地方工科院校特色专业集群构建的重要突破口。本节内容就以煤炭行业划转地方工科院校——L大学为例,介绍该校实施专业集群建设的战略举措,可为行业划转地方工科院校或者应用型本科院校在优化专业结构调整,提升专业内涵建设、推进产教融合、校企合作，深化人才培养模式改革与创新方面提供参考借鉴。

一 专业集群建设的实践背景

L大学是一所具有70余年办学历史、深厚的地矿行业办学背景以及20余年划转经历的行业划转地方工科院校，它经历了更名、划转、扩招、合并、建设新校区、后勤社会化等一系列的发展变化。在长期的办学实践中，确立了"特色鲜明的高水平研究应用型大学"的办学目标定位和"培养应用创新型人才"的人才培养目标定位，形成了行业与区域两个典型的服务面向。在辽宁全面振兴、全方位振兴和地矿行业转型升级双重战略的时代背景下，为实现办学目标和人才培养目标，L大学实施了以"行业+区域"共生需求为牵引，持续推进专业集群建设的人才培养模式改革，实现了特色发展和内涵质量提升。

二 专业集群建设的实践架构

围绕国家能源革命和区域振兴重大战略需求，精准定位能源开发与安全生态产业集群和人工智能与新一代信息技术创新集群为学校主导服务领域；面向共生需求的产业集群和创新集群，规划能源开发、安全与环境、智能工程及装备、新一代信息技术4个特色专业群，明确主干专业和重点服务方向。以此为牵引，调整优化专业结构布局，增设新工科专业，改造传统工科专业，停招停办需求不旺、质量不高的专业；契合共生需求优化升级专业建设方向，重构课程体系，强化多学科思维融合、产业技术与学科理论融合、跨专业能力融合；建立"学校-学院-教师"全主体、"产业-学科-专业"全链条、"招生-培养-就业"全过程的"三全联动机制",确保了改革的实效。

三 专业集群建设的具体举措

(一)精准定位"行业+区域"共生需求的产业创新集群

以国家战略布局与科技发展趋势为导向,精准聚焦"行业+区域"的共生产业创新集群。深入研究国际能源发展新趋势、能源供需格局新变化,国家出台的能源发展"十三五"规划、《能源发展战略行动计划(2014—2020年)》、《能源生产和消费革命战略(2016—2030)》、《能源技术革命创新行动计划(2016—2030年)》以及《可再生能源发展"十三五"规划》等一系列纲领性文件政策要求,深入挖掘我国能源革命与安全生产领域在资源深度开发与高效利用、无人开采与智能矿山、安全生产与灾害防治、生态修复与环境治理等方面改革发展的重大战略需求。同时根据党中央、国务院关于新一轮东北地区等老工业基地振兴战略,形成战略性新兴产业和传统制造业并驾齐驱、现代服务业和传统服务业相互促进、信息化和工业化深度融合的产业发展新格局的目标要求,围绕《辽宁省"一带五基地"建设框架方案》《辽宁省壮大战略性新兴产业实施方案》等政策文件,进一步明确辽宁为实现全面振兴、全方位振兴,在新能源与新材料、智能装备制造、新一代信息技术等方面的战略规划与产业布局需求。通过广泛的数据调研与科学论证,精准聚焦行业与区域的共生需求,以"产业链+创新链"为导向,确定能源开发与安全生态产业集群、人工智能与新一代信息技术创新集群为主导服务领域。其中产业集群为技术创新集群提供工程应用场域,技术创新集群为产业集群创新发展赋能(见图5-1)。

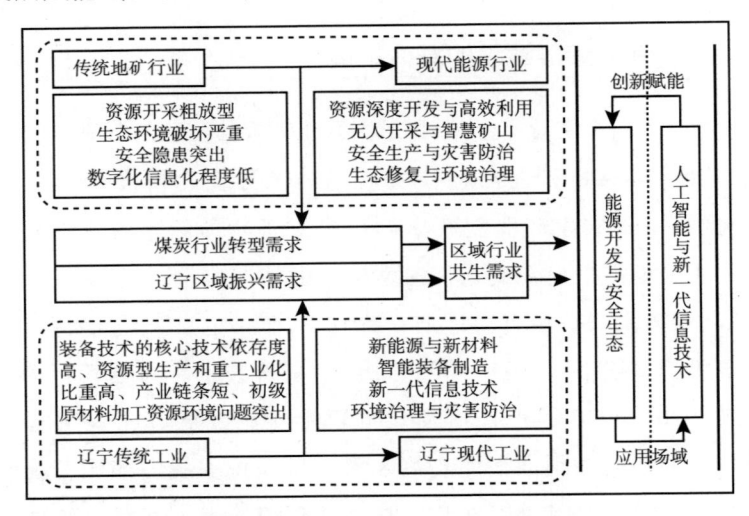

图 5-1　基于区域与行业共生需求的两大产业与创新集群

资料来源:笔者根据相关文献自制。

(二)围绕产业创新集群需求规划专业集群

以能源开发与安全生态产业集群、人工智能与新一代信息技术创新集群两个共生的服务领域及其之间的交叉融合为牵引,确立学校专业集群发展战略,规划能源开发、安全与环境、智能工程及装备、新一代信息技术4个专业集群。根据主干学科知识相关性和对产业需求的支撑度,对矿业类、安全类等37个专业门类61个本科专业进行梳理和聚类分析,建立专业集群以及专业门类之间的拓扑关系(见图5-2)。将专业集群建设战略纳入学校"十三五"发展规划,作为学校专业布局改革的重要依据。

能源开发专业集群主要聚焦资源深度开发与高效利用、新能源

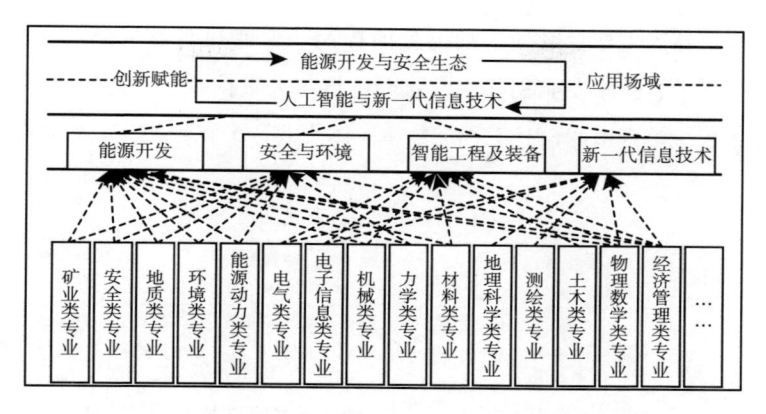

图 5-2　基于两大服务领域的四个特色专业集群拓扑关系

资料来源：笔者根据相关文献自制。

与新材料领域，是以矿业类、地质类、测绘类、能源动力类以及材料类为核心的专业集群；安全与环境专业集群主要聚焦地矿行业安全生产与灾害防治、区域环境治理与灾害防治领域，是以安全类、环境科学与工程类为核心的专业集群；智能工程及装备专业集群主要聚焦无人开采与智能矿山、智能装备制造领域，是以机械类、电气类、材料类、土木类及自动化类等为核心的专业集群；新一代信息技术专业集群聚焦服务辽宁经济需求和能源开发利用的智能化信息技术领域，是以电子信息类、计算机类为核心的专业集群。

（三）引领未来需求做加法布局新工科专业

根据产业集群未来需求和技术创新集群发展趋势，围绕专业集群建设超前布局 19 个新工科专业。其中能源开发专业集群增设新能源科学与工程、新能源材料与器件、无机非金属材料工程、能源化学工程等 5 个新专业；安全与环境专业集群增设应急技术与管理（全国首家）、环境生态工程 2 个新专业；智能工程及装备专业集群增设机器人工程、电气工程与智能控制、智能建造等7个新专业；新一代信息技术专业集群增设数据科学与大数据技术、智能电网信息工程、地理空间信息工程、数字媒体技术等5个新专业（表5-4）。

表5-4 四个特色专业集群的专业布局

专业集群	主要服务领域与方向	核心专业集群	转育专业（19个）	停撤专业（14个）
能源开发专业集群	资源深度开发与高效利用、新能源与新材料	矿业类、地质类、测绘类、能源动力类、材料类	①采矿工程→能源化学工程；②能源与动力工程→新能源科学与工程；③人文地理与城乡规划→遥感科学与技术；④材料科学与工程→新能源材料与器件、无机非金属材料工程	矿业类：矿物资源工程、勘查技术与工程；环境类：环境科学、水土保持与荒漠化防治、生物技术；机械类：机械工程、焊接技术与工程；材料类：材料科学与工程；电子信息类：信息工程；地理科学类：人文地理与城乡规划；物理学类：应用物理学、经济管理类：经济学、财务管理；工业工程类：工业工程
安全与环境专业集群	地矿行业安全生产与灾害防治、区域环境治理与灾害防治	安全类、环境科学与工程类	①安全工程+工程管理→应急技术与管理；②水土保持与荒漠化防治+环境科学→环境生态工程	
智能工程及装备专业集群	无人开采与智能化矿山、智能装备制造	机械类、电气类、材料类、土木类、自动化类等	①电气工程及其自动化→电气工程与智能控制；②机械工程→车辆工程；③机械工程+自动化→机械电子工程；④土木工程→道路桥梁与渡河工程、城市地下空间工程；⑤土木工程+计算机科学与技术→智能建造；⑥自动化+机械工程→机器人工程	
新一代信息技术专业集群	服务辽宁经济需求和能源开发利用的智能化信息技术	电子信息类、计算机类	①软件工程+信息与计算科学→数据科学与大数据技术；②信息工程+电气工程及其自动化→智能电网信息工程；③动画+计算机科学与技术→数字媒体技术；④测绘工程+地理信息科学→地理空间信息工程；⑤机械设计制造及其自动化+电子信息工程→人工智能	

资料来源：笔者根据相关文献自制。

（四）依据需求质量做减法优化专业结构

以需求和质量作为基本维度建立二维四区评价指标模型，为专业的动态调整提供标准与依据。其中需求维度采用行业需求和区域需求的并集，根据人才培养目标与产业需求相关度、毕业生就业领域与产业需求相关度、学术成果与产业需求相关度等指标赋值。质量维度采用单一本科专业建设质量指标，主要根据辽宁省本科专业评价、学校本科专业评价的分数和排名，参考生源质量、就业质量和专任教师人数等指标赋值。根据评价结果，建立基于需求-质量二维评价的4个分区。将2012年招生本科专业评价结果"映射"到"二维四区"空间内（见图5-3）。根据评价结果，对专业分类实施转、育、停策略，实现做强一区、稳固二区、做精四区、消减三区的战略调整。2012年以来，对需求不旺、质量不高的专业逐步进行了转设或停办，共停办水土保持与荒漠化防治、应用物理学、工业工程等14个本科专业，转育19个专业。其中：推动"农转工"，将水土保持与荒漠化防治和环境科学专业相结合转设为环境生态工程专业；推进"艺转工"，将动画和计算机科学与技术交叉融合增设数字媒体技术专业。

（五）契合共生需求做乘法实现专业门类交叉融合

第一，强基础促进"理+工"融合。加强理学门类专业建设，加快"理+工"融合，增设数据科学与大数据技术、地理空间信息工程等理工融合专业。"由理育工"建设理科实验班、数学基础强化班、理论力学实验班，为工学门类专业的优秀学生强化理科基础。在力学类专业试点"先理后工"，实行"力学+机械""力学+土木"的分段培养模式，增加专业对产业需求的适应性。

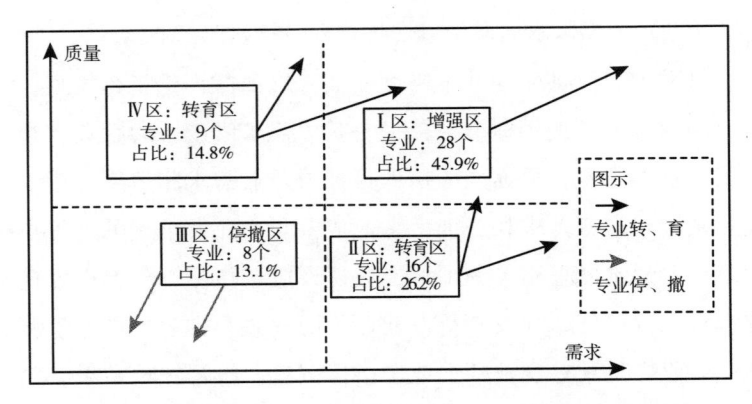

图 5-3　2012 年 L 大学"二维四区"专业结构调整情况

资料来源：笔者根据相关文献自制。

第二，促质量加强"工+工"融合。用人工智能与新一代信息技术为传统工科专业赋能，实施"人工智能+X"培养模式，促进"工+工"融合，开设智能采矿、智能材料、智能建造等 8 个专业创新实验班。校企联合成立人工智能与大数据学院，面向全校学生开办人工智能与大数据领域的腾讯卓越班辅修专业。

第三，推动经、管、法等门类专业与 4 个专业集群交叉融合。通过开设专业方向强化班、辅修二学位、转专业等方式，强化经、管、法等门类专业与 4 个专业集群交叉融合，凸显这些专业门类的应用实践特色。如在法学专业设立资源与环境法学方向，在劳动与社会保障专业设立资源型城市与农村社会保障制度建设方向。

（六）"三全联动机制"保障专业布局改革实施成效

1. 建立"学校-学院-教师"全主体联动机制

学校党委负责学校办学服务面向和学科专业布局的顶层战略

设计，把握专业布局改革的总体方向，学校行政班子负责专业布局改革的战略执行。校学术委员会设立教学指导与人才培养专门委员会，负责专业布局调整的论证把关。学校不断完善专业布局的制度体系，制定或修订《专业建设绩效考核办法》等一系列文件。2018年起，正式实施专业建设质量绩效激励制度改革，年投入专业内涵建设资金1500万元、专业建设绩效奖励资金600万元。充分发挥学院和专业教师在专业布局改革中的主体作用，每一个专业的增、转、育、停，均由所在学院组织该专业骨干教师进行充分论证，在征求专业相关全体教师意见的基础上，提出专业调整方案，经学院集体决策后报学校论证。

2. 建立"产业–学科–专业"全链条联动机制

建立产业集群–技术创新集群–学科群–专业群的协同联动，实现创新链–产业链–学科群–专业链的有机衔接。在"双一流"建设中将学科结构优化和专业布局改革同步推进，实施学科创新团队和专业建设团队同步培育计划，设立面向共生战略需求的重大学科专项，以服务产业集群的学科创新成果带动专业布局改革持续走向深入。

3. 建立"招生–培养–就业"全过程联动机制

从产业外部需求和专业质量外部认可两个维度，分年度评估各招生专业的社会需求热度和认可度，为专业招生计划提供科学依据，同时为专业结构优化提供动态反馈。开展了以签约率、考研率、共生需求产业就业率等指标为核心内容的就业质量绩效评价，从毕业生就业的角度来检验专业设置的合理性。从招生和就业两个端口对专业布局改革进行联动和检验。

第六章　行业划转工科院校科研创新能力演化分析

随着新一轮工业革命的到来，人工智能、新一代信息技术的发展，生态环保的刚性约束以及人力资源结构变化，传统行业迫切需要调试与转型以适应技术革新。与行业具有天然共生关系的行业划转工科院校也需要不断自我改革以适应产业变革需求。而行业划转工科院校与行业在调试和改革过程中的同频共振，主要通过高校的科研创新及其转化来实现。因此，行业划转工科院校科研创新能力的演化过程也是其适应乃至引领行业产业变革的过程。尤其在以国内大循环为主体、国内国际双循环相互促进的新发展格局背景下，煤炭、石油、钢铁等作为我国工业发展的战略性资源，这些基础性行业产业的技术创新与变革关系着我国工业安全与国民经济的命脉。关注并提升服务于这些行业的行业划转工科院校的科研创新的供给能力与效率，成为支撑国内独立的工业循环体系的现实需要。

从行业划转工科院校科研创新能力演化的特殊性与典型性出发，研究选取了服务于煤炭、钢铁、石油三个行业的 21 所行业划转工科院校,其中18所为行业划转地方工科院校,而另外3所部属行业划转工科院校则主要作为对照组。从纵、横两个维度出发:从纵向维度探究在划转以来20年左右的办学实践中,经历20世纪与21世纪之交的院校管理体制改革,以及所服务的传统行业周期性发展变化,这些高校的科研创新能力呈现怎样的演化态势;从横向维度探究不同行业划转工科院校之间呈现怎样的演化差异。对这些问题的回应,有利于这一类型高校更为明晰自身科研创新能力在所服务的行业创新体系中的坐标,认清差距,谋求差异与特色发展,并提升对行业发展重大战略需求的供给能力与供给效率。

第一节 行业划转工科院校科研创新发展状况

一 行业划转工科院校科研创新发展现状描述

(一)行业划转工科院校的创新政策

笔者梳理20世纪50年代行业院校产生以来的相关创新政策,发现紧随我国经济社会发展需求不断变迁的过程中,以高校创新投入、校企协同、知识产权保护等方面的政策为主线,宏观的创新政策也经历了三个阶段的演变。

第一个阶段以科技政策为主,形成以高校为主体的线性技术创新模式。20世纪中叶,基于国家在政治和经济对抗方面的需求,西方发达国家开始制定以提升国家科技实力和国际竞争力为主要内容的技术政策,着力构建国家/区域性的创新系统。

各国政府对创新的支持主要表现为以推动公立科研机构的研究与发展为主要目标，以经费资助、试验场地和设备提供为主要形式的创新政策，被称为"第一代创新政策"。[①] 在政策的推动下，形成了以高校为主体，以单向度、重投入、轻关联为核心特征的线性创新模式。而就同时期我国的行业院校来说，作为为实现工业化而新兴建的一批院校，行业院校的主要任务是满足国民经济对各行业高级专门人才的需求和科技发展的需要，重点面向各主管行业培养人才、提供技术服务。因而，这一时期，行业院校的创新多基于生产实践，尚处于萌芽阶段。

改革开放以后，随着经济的复苏与发展，计划经济体制逐渐向市场经济体制过渡，科学技术作为第一生产力，通过一系列国家政策的制定而逐渐渗透到高校的创新活动中。1981年国家科委《关于我国科学技术发展方针的汇报提纲》、1985年《关于科学技术体制改革的决定》、1995年《关于加速科学技术进步的决定》等均强调了科学技术对经济建设的重要作用。《中华人民共和国技术合同法》《中华人民共和国科学技术进步法》《中华人民共和国促进科技成果转化法》等法律的颁布则从法律层面对高校的创新活动，校企联合与协作的内容、形式及成果转化等方面予以确认。这一时期的创新政策以引入市场机制，鼓励高校产出与转化技术成果为主。在"以技术换市场"的战略思维驱动下，20世纪80年代大规模的技术引进，以及科技攻关计划、国家重点工业性试验项目计划、火炬计划等一系列国家计划的实

[①] 王志强、卓泽林：《论大学在创新系统演化过程中的主体功能及其实现路径》，《教育研究》2016年第6期，第64~71页。

施，使得技术因素成为驱动高校主动走出"象牙塔"，深入行业企业生产一线的重要动力。尤其在以改革科技拨款制度为中心的科技体制改革的推动下，高校开始面向市场，提供有偿技术转让、咨询和服务，形成了较强的技术供给能力。随之，教学-科研-生产联合体、区域性的联合组织、产学研联合开发工程、校办企业、大学科技园等新的高校创新模式开始出现。因而这一时期专注于高校科研投入的创新政策与西方发达国家所采取的第一代创新政策有异曲同工之处，但在实施时间上迟了近30年。

这一时期我国的校企合作主要由政府推动，以解决国计民生问题为导向，形式和内容较为固定和单一，合作意向较为分散和不稳定，但由于属于行业部门办学，行业与院校之间的自然连接使得双方的供需、交互状况能够得到及时的反馈，因而合作效率较高。随着市场的逐渐开放，技术需求与市场需求越来越多地渗透到大学中，由此推动了大学与企业合作模式的创新，也推动了大学逐渐由教学向科研和社会服务职能的不断变迁。

第二阶段以综合性创新政策为主，形成以企业为主体的非线性技术创新模式。20世纪80年代之后，随着西方经济社会的不断发展与变革，政府大规模投入资助高校创新活动的效率与收益越来越受到质疑。高投入、低产出尤其低转化率的线性创新模式逐渐向"大学-产业部门-政府"之间协同递进的非线性模式转变。这一时期的创新政策则主要围绕创新系统和基础设施，通过加大税收优惠政策力度、恰当运用风险资本、政府对创新产品的定购、降低新产品进入市场的壁垒以及相应的贸易政策等①，涵盖研究与发展、教育与培训、税收与财政、知识产权保护、竞争力等多个领域的政策来驱动创新。这一阶段的创新政策也被称为"第二代创新政策"。

中国进入这一阶段大概是在 20 世纪与 21 世纪之交，政府将科技创新上升到国家战略的高度，施政重点从实施科教兴国战略到构建创新型国家，开始有意识地确立企业的技术创新主体地位，引导技术创新以市场需求为导向，构建产学研相结合的创新系统。1999 年，中共中央、国务院发布《关于加强技术创新、发展高科技，实现产业化的决定》，部署推进"科教兴国"战略。2001 年《关于推进行业科技工作的若干意见》提出"在国家行业技术开发基地、国家工程技术研究中心组建完善过程中，积极推动企业与大学、企业与科研院所联合建立专业或综合性的行业工程技术中心"，在某种程度上体现了国家有意识地强化或重构行业划转地方工科院校与所服务行业之间的合作关系，以弥补由体制改革带来的产学研对接断裂问题。2006 年全国科学技术大会上通过了《关于实施科技规划纲要增强自主创新能力的决定》，以自主创新为轴心，提出我国在 2020 年要进入世界创新型国家行列；《关于推动产业技术创新战略联盟构建的指导意见》（2008）和《国务院关于发挥科技支撑作用促进经济平稳较快发展的意见》（2009）等相关政策的出台，从国家层面的创新驱动出发，提出对重大关键、共性技术研究的重视，并释放出推动高校与行业企业的合作模式由校企合作单一模式向校企联盟集成

---

① L. Resele, "Impact of the National Innovation System on Innovation," *Journal of Business Management*, No. 9 (Fall 2015), pp. 97-106.

创新过渡的政策信号。这一时期尤其是 2006 年以后,一个较为明显的施政变化是政府逐渐由行政强制手段转变为政策引导,行政措施力度开始下降,财税措施和金融措施所占比例逐渐增大。①

第三阶段以协同创新为主线,政策向鼓励高校与行业企业之间的创新集群与联盟倾斜。以 2010 年《国家中长期教育改革和发展规划纲要 (2010—2020 年)》(下文简称《纲要》)的发布为标志,我国行业划转工科院校进入新一轮的综合改革期。《纲要》中明确提出:以优化高校治理结构,扩大社会合作,探索高等学校与行业、企业密切合作共建的模式,推进高等学校与科研院所、社会团体的资源共享,形成协调合作的有效机制;增强高校的社会服务能力,推进产学研用结合,加快科技成果转化,规范校办产业发展;充分发挥高校在国家创新体系中的重要作用。由此,高校与行业企业之间的关系再一次上升到国家发展战略层面加以强化。2011 年,在清华大学百年校庆大会上,时任中共中央总书记、国家主席、中央军委主席胡锦涛发表重要讲话,明确提出要积极推动高校协同创新。为贯彻落实胡锦涛在大会上的重要讲话精神,教育部、财政部决定启动实施"高等学校创新能力提升计划",即"2011 计划"。该计划正式提出建立由高校牵头的协同创新中心。这是高教政策中首次提出"协同创新"的概念,协同创新理念也由此得以传播与落实。2012 年,党的十八大再次强调要坚持走中国特色自主创新道路,实施创新驱动发展战略。随后,《中共中央国务院关于深化体制机制改革

---

① 黄青:《产学研合作政策与高校知识创新链关系的研究》,硕士学位论文,浙江理工大学,2016,第 42 页。

加快实施创新驱动发展战略的若干意见》、《教育部、科技部关于加强高等学校科技成果转移转化工作的若干意见》及其相应的行动计划等文件都将推动校企联盟建设作为重要的战略切入点，战略联盟、产学研结合等字眼更是广泛见诸"双一流"建设实施方案、地方普通本科高校向应用型转型指导意见、高校创新创业教育教学要求以及多个大学最新修订的大学章程中。

（二）行业划转工科院校的创新定位

办学定位是大学根据社会需要和自身条件，找准自己的位置，明确在一个较长时期内学校的目标定位、类型定位、层次定位、学科定位、服务面向定位。[①] 不同的定位往往意味着大学不同的地位、不同的资源拥有量、不同的命运。政府通过行政手段的作用对一所大学的定位，从某种程度上规定了该大学的社会地位、社会声誉和影响、可能从政府那里获得的教育资源量，由此导致高等学校之间的教育资源（包括象征资本）获得机会的不均等。[②] 而在政府给定的位置的基础上，行业划转工科院校也可以利用办学自主权，在有限的制度空间内，基于自身的能力与水平自主进行战略定位的选择。就创新定位而言，作为办学定位的一部分，其更多通过高校的目标定位、学科定位以及服务面向定位而映射出来。笔者通过对 21 所行业划转工科院校的"十三五"事业发展规划的文本分析，系统梳理了各个行业划转工科

---

① 《普通高等学校本科教学工作水平评估指标体系》，载教育部高等教育司评估处编《2003 年普通高等学校本科教学工作水平评估研讨班培训参考资料》（内部资料），2003，第 48 页。

② 刘振天、杨雅文：《大学定位：观念的反思与秩序的重建》，《清华大学教育研究》2003 年第 6 期，第 90~95 页。

院校发展目标定位的情况，以此从侧面对行业划转工科院校创新定位进行分析（见表6-1）。

表6-1 21所行业划转工科院校发展战略定位情况

学校名称	曾用名（不完全）	现校名更名时间	发展目标定位	资源型城市
中国矿业大学	中国矿业学院	1988年	世界一流矿业大学	是
辽宁工程技术大学	阜新矿业学院	1996年	特色鲜明的国内高水平研究应用型大学	是
太原理工大学	山西矿业学院	1997年	高水平国际化创新型大学	否
西安科技大学	西安矿业学院	2003年	国内一流、特色鲜明的高水平教学研究型大学	否
河南理工大学	焦作矿业学院	2004年	国内一流、特色鲜明的高水平大学	是
山东科技大学	山东矿业学院	1999年	工科主导、特色鲜明的高水平应用研究型大学	否
安徽理工大学	淮南煤炭学院	2002年	特色鲜明的高水平教学研究型大学	是
湖南科技大学	湘潭煤炭学院	2003年	特色鲜明的高水平综合性大学	否
黑龙江科技大学	鸡西矿业学院	2013年	特色鲜明的高水平应用型科技大学	否
中国石油大学（华东）	石油大学	2005年	石油学科世界一流、多学科协调发展的高水平研究型大学	否
西南石油大学	西南石油学院	2005年	以工为主,石油天然气及其配套学科世界一流、多学科协调发展的一流能源大学	否
东北石油大学	大庆石油学院	2010年	以工为主,多学科协调发展、石油石化学科专业优势突出、办学特色鲜明、国内外知名的高水平大学	是
西安石油大学	西安石油学院	2003年	特色鲜明的高水平教学研究型大学	否

续表

学校名称	曾用名（不完全）	现校名更名时间	发展目标定位	资源型城市
辽宁石油化工大学	抚顺石油学院	2002年	省内先进、国内外具有一定影响力的高水平行业特色教学研究型大学	是
常州大学	江苏石油化工学院	2010年	特色鲜明的高水平地方领军型大学	否
长江大学	江汉石油学院	2003年	优势突出、特色鲜明的高水平综合性大学	否
北京科技大学	北京钢铁学院	1988年	特色突出、国内一流、国际知名的高水平多科性研究型大学	否
武汉科技大学	武汉钢铁学院	1999年	国内高水平教学研究型大学	否
辽宁科技大学	鞍山钢铁学院	2006年	特色鲜明、水平较高、突出应用、国内知名的多科性大学	是
安徽工业大学	华东冶金学院	2000年	地方特色高水平大学	是
内蒙古科技大学	包头钢铁学院	2003年	自治区一流、国内知名、特色鲜明的多科性大学	是

资料来源：笔者根据相关文献自制。

1. 不同隶属关系的行业划转工科院校之间目标定位呈现类型与层次差异

作为资源依赖型组织，行业划转工科院校办学定位的选择往往受制于经费来源。随着体制转轨，由于隶属关系的不同，行业划转工科院校本身的资源配置模式、自身的结构与办学功能以及服务面向定位均发生了巨大的变化。加之"211工程"、"985工程"、"2011计划"、"双一流"建设等重点建设政策的导向作用，不同隶属关系的行业划转工科院校因发展水平的差距，在目标定位上的差异也愈加明显。从表6-1可以看出，部属的3所行业划转工科院校的战略定位均站在全球化、国际化的视角,更加突出自身的行业特色:中国矿业大学与中国石油大学(华东)分别提出"世界一流矿业大学"和"石油学科世界一流";北京科技大学也以"国际知名"为关键词,提出建设世界冶金、材料教育科研中心的战略目标。而划转地方的绝大多数行业院校则主要聚焦国内或者地方,发展目标定位中多见"国内一流、国内高水平、国内知名、省内先进"等字眼。在类型定位上,几所部属行业划转工科院校多定位为研究型大学,而行业划转地方工科院校则出现了研究应用型、应用研究型、创新型、教学研究型、应用型等多种定位。

2. 行业划转地方工科院校发展目标定位的特色化与综合化、行业性与区域性并存

体制转轨之后,行业划转地方工科院校的办学定位主要集中于"行业性"和"区域性"的选择上,并由此呈现特色化与综合化两种不同的发展趋向。随着高等教育大众化的推进,以及由专业教育向通识教育模式转变,行业划转地方工科院校学科专业结构的综合化非常明显,其发展战略定位也呈现重综合化、弱行业化的倾向。除西南石油大学与东北石油大学外,其他行业划转地方工科院校均未在目标定位中明确提出行业特色定位。而服务于石油行业的江汉石油学院和江苏石油化工学院更是以地名命名,分别更名为长江大学和常州大学,校名中"行业"的烙印则逐渐淡化甚至消失。同时,随着高等教育转向内涵式发展,资源配置方式逐渐向市场配置模式转变,各个行业划转地方工科院校开始强调错位竞争战略,在学科定位上更加注重学科资源的整合、方向的凝练,以优势学科为核心建构特色学科群,"特色鲜

· 143 ·

明""高水平"逐渐成为共识。

（三）行业划转工科院校的创新投入

1. 科研经费投入规模呈"倒 U 型"，竞争性资源比例增加

从投入规模来看，划转之初行业划转工科院校的经费投入下降趋势较为明显，但此后逐渐呈不断增长的态势，并在 2014 年达到峰值，之后呈下降趋势，整体呈"倒 U 型"。从具体的科研经费构成来看：划转前，在行业部门办学体制下，政府资金投入占了行业划转工科院校科研经费的近一半；而划转之后，企业资金投入增长明显，政府和企业成为行业划转工科院校最主要的经费来源。政府经费虽在划转之初呈下降趋势，但自划转以来整体呈缓慢增长趋势。而在近 20 年的发展历程中，在获得行业企业支持方面呈较为明显的"倒 U 型"。这种变化与各行业划转工科院校所服务的行业发展周期呈现较为明显的相关关系。但由于政府投入增长相对缓慢，为了满足资源需求，行业划转工科院校资金筹措渠道也更加多元化，企业与其他经费占总投入的比重均达 50%以上，2007 年甚至达到 74%（见图 6-1）。

为了获取更多的外部资源支持，更多的行业划转工科院校参与到政府科研经费中竞争性投入的部分、科研政策壁垒的竞争性准入等方面的资源优势竞争中。部分行业划转工科院校通过增加面向区域发展需求的学科专业，扩大本省的招生比例；签署省部共建、市校合作共建协议，共享制度优势与福利；主动在由国家主导的国家层面的重大工程、项目科研计划、工程示范项目、公共服务项目等方面的申请与资助上分得一杯羹。例如中国矿业大学借助"中德能源与矿区生态环境研究中心""江苏省老工业基地资源利用与生态修复协同创新中心""徐州生态文明建设研究

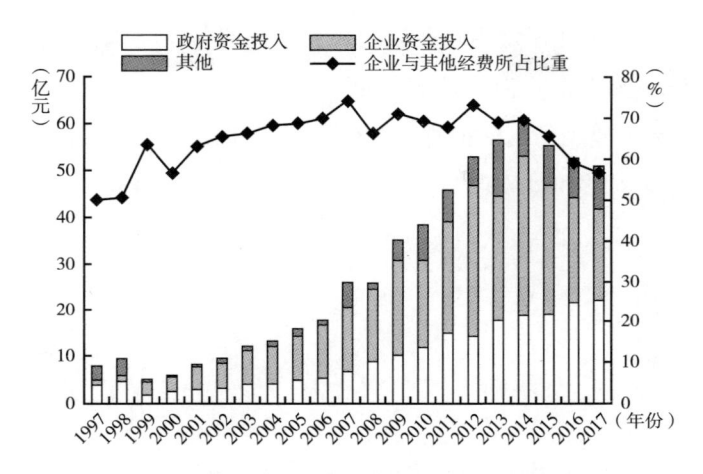

图 6-1 1997~2017 年 21 所行业划转工科院校科研经费总投入规模与构成

资料来源：笔者根据相关文献自制。

院"等科研创新平台，主持完成了徐州市采煤塌陷地生态修复规划、徐州矿区产业转型发展战略研究、徐矿集团存量土地资源再利用、潘安湖煤矿塌陷区治理等研究项目，为推动徐州资源型城市转型提供了矿大智慧与矿大方案，成为市校合作、互利共赢的经典案例。①

2. 科研经费投入的差异性突出

首先，表现为政策影响下的政府投入差距。受不同隶属关系以及重点建设政策的影响，行业划转地方工科院校之间的差距呈扩大趋势。以 6 所煤炭行业划转工科院校为例，政府科研经费投入的相关统计数据显示（见图 6-2），在划转之前，除中国矿业

---

① 曹蒴翔：《赞！"矿大智慧"助力徐州点亮世界！》，搜狐网，https://www.sohu.com/a/272512553_716551。

大学外，其他几所煤炭行业院校所获得政府科研经费投入基本维持在同一水平上。而自管理体制改革以来，尤其是近年来随着"双一流"建设的不断推进，其他4所行业划转地方工科院校与中国矿业大学和太原理工大学的差距逐渐呈扩大趋势。

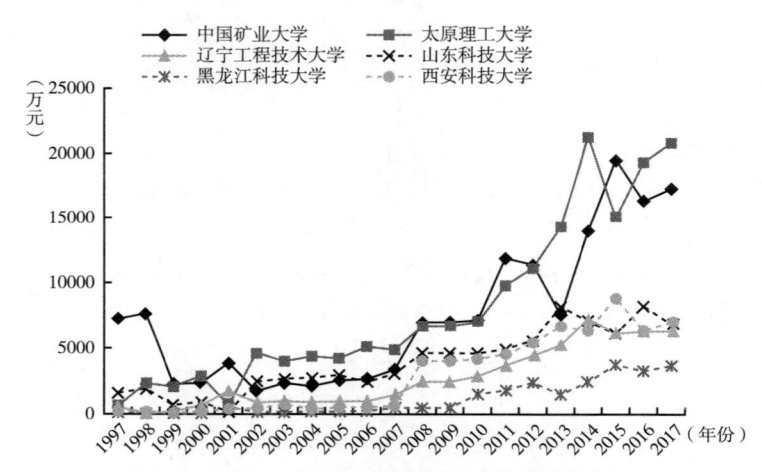

图 6-2　1997~2017 年 6 所煤炭行业划转工科院校
获得政府科研经费投入情况

资料来源：笔者根据相关文献自制。

其次，表现为不同区域的行业划转地方工科院校之间的差异。由于各省份高等教育发展理念、经济社会发展程度、文化制度背景等的差异，形成了不同的区域高等教育系统布局与资源配置。从图 6-2 来看，行业划转地方工科院校由于其所划归的省份不同，相互之间呈现较为明显的差异。

最后，表现为对企业资金吸纳能力的差异。对 21 年内 21 所行业划转工科院校获取的企事业单位委托资金情况进行统计发现，行业划转工科院校获得的企事业单位委托资金均呈现较大幅度的增长，但相互之间的差异也较为明显。具体来看，划归中央的几所行业院校包括北京科技大学、中国矿业大学、中国石油大学（华东）等的资金收入要远远超过其他行业划转地方工科院校（见表6-2）。同为钢铁行业划转地方工科院校，仅2014年北京科技大学所获得的企事业单位委托资金就是内蒙古科技大学当年获得资金的67倍多。马太效应的存在使得高水平行业划转工科院校在异质性资源的吸纳方面处于强势甚至垄断地位。就外部企业资金收入较少的几所行业划转地方工科院校来看，包括内蒙古科技大学、黑龙江科技大学、辽宁科技大学、辽宁石油化工大学、安徽工业大学等几所院校在内，在获得行业企业支持方面相对处于劣势。

3. 科研人员投入规模差异显著

依据《高等学校科技统计资料汇编》相关统计数据，对1998~2017年21所行业划转工科院校的科研人员投入情况进行分析（见图6-3）。在20年的办学实践中，21所行业划转工科院校科研人员的平均投入规模，尤其是全时当量人员与拥有高级职称的科学家与工程师整体呈现明显的上升趋势，表明专职从事科研的人员数量及素质均呈现不断提升的状态。而从各个行业划转地方工科院校的全时当量人员来看，差异性较为明显。首先表现为行业划转地方工科院校之间的差距。例如2017年，北京科技大学全时当量科研人员投入达到1627人，而西安石油大学仅为165人，前者是后者的近10倍（见表6-3）。其次是行业划转地方工科院校自身在个别年份波动较大。例如，2016~2017年西南石油大学、长江大学、辽宁科技大学等高校的全时当量人员数量呈现突增的状况。

表6-2　1997~2017年21所行业划转工科院校企事业单位委托资金收入情况

单位：万元

学校名称	1997年	1998年	1999年	2000年	2001年	2002年	2003年	2004年	2005年	2006年	2007年
北京科技大学	931.6	713.3	3413.9	4921.9	10435.7	9022.0	18553.7	18535.0	21440.8	20400.1	35255.9
中国矿业大学	1691.2	1969.3	5399.1	5410.6	7455.7	9140.7	10207.8	9976.5	14265.7	17474.9	21976.2
中国石油大学（华东）	3357.1	4490.6	4302.0	4144.0	6244.5	6570.8	8564.0	6993.6	5848.4	6531.7	7195.5
西南石油大学	803.5	1023.7	955.0	1296.0	1591.6	3782.6	5312.0	6893.3	7248.4	11022.5	10000.0
东北石油大学	1043.8	976.3	3435.3	4150.0	3863.6	3308.8	3475.9	5510.5	7932.3	8666.2	10000.0
长江大学	234.8	506.6	1667.0	1626.5	1970.1	2506.0	2285.0	1939.5	2553.8	3712.7	4327.6
河南理工大学	51.0	118.0	255.8	609.6	867.6	1050.6	1546.0	745.4	2053.7	0	4667.4
武汉科技大学	9.6	72.1	1490.2	2404.5	3479.7	3704.6	3998.1	5403.2	6293.4	6654.5	9144.7
太原理工大学	93.3	832.1	927.0	334.8	564.9	718.9	837.6	1187.7	1406.0	2189.4	3676.7
辽宁工程技术大学	268.9	130.4	704.6	532.5	807.6	1111.0	1301.8	1386.4	1624.6	2702.4	2648.2
山东科技大学	247.0	223.8	1029.4	1093.7	1418.9	1447.0	2179.8	3218.7	4039.7	4754.9	7231.5
西安科技大学	31.8	31.4	403.8	419.9	743.9	1386.3	1610.2	1881.4	2197.9	2865.5	3527.0
安徽理工大学	107.5	165.5	493.5	452.6	957.2	1150.5	2107.6	2967.9	3545.2	6439.2	4356.2
西安石油大学	429.2	429.4	446.0	733.0	721.5	2102.0	1317.1	2235.4	1875.4	3319.2	2651.1
常州大学	377.8	409.5	410.7	361.7	407.8	316.6	706.9	865.7	906.2	1036.8	1846.5
湖南科技大学	25.6	34.2	63.3	48.0	337.6	694.3	907.9	1460.9	1870.1	2352.3	2873.0
黑龙江科技大学	20.1	21.0	43.0	104.6	22.7	158.0	585.6	98.5	129.7	667.2	683.2
安徽工业大学	17.1	59.4	565.5	168.3	3479.7	1459.8	2383.0	2011.7	1867.2	1134.1	1084.5
辽宁石油化工大学	347.6	373.8	443.9	381.6	353.9	166.9	546.2	252.4	393.5	636.2	832.8
辽宁科技大学	78.3	52.9	486.4	506.8	910.2	1326.9	1551.5	3293.4	3274.1	7462.3	3429.6
内蒙古科技大学	7.1	9.6	177.6	146.1	217.0	263.8	217.3	1164.6	1452.6	3010.4	353.6

· 148 ·

续表

学校名称	2008年	2009年	2010年	2011年	2012年	2013年	2014年	2015年	2016年	2017年
北京科技大学	35255.9	39951.5	41353.6	36927.6	73853.8	26988.5	88566.8	42741.9	38953.3	33851.7
中国矿业大学	18927.4	39512.4	41090.8	48401.6	65988.0	36013.6	39623.0	29064.6	22800.0	18903.8
中国石油大学（华东）	8811.5	14710.0	14153.6	16917.8	28617.8	34440.8	43274.5	43513.0	37106.4	33800.2
西南石油大学	17762.4	18161.3	0	23548.0	30606.0	33156.9	34759.1	35944.4	30580.6	27776.3
东北石油大学	17749.5	23841.3	17504.2	16375.4	17422.9	14560.2	17484.2	17340.0	4878.8	5778.9
长江大学	5714.0	9545.0	10399.9	15294.4	20170.2	17150.3	17726.5	15182.2	13190.3	10723.5
河南理工大学	6251.0	11650.1	9276.3	12312.8	13256.4	12339.0	9457.7	6122.2	3815.6	3657.5
武汉科技大学	9772.5	10740.1	10870.5	11154.2	10890.7	11947.5	13110.9	13243.4	9856.3	8239.0
太原理工大学	3175.0	2565.3	2489.6	5936.5	8842.4	11146.2	11481.5	7519.4	10841.1	12643.5
辽宁工程技术大学	3459.9	3683.6	4050.1	5727.7	9939.4	8875.6	6062.6	7533.8	3168.9	2799.7
山东科技大学	6027.5	6369.8	8548.0	9060.0	1406.6	9716.0	10571.7	5315.0	913.7	2645.6
西安科技大学	4681.0	3152.0	5478.9	8752.0	8011.8	9691.1	6799.7	9802.9	8117.8	5553.7
安徽理工大学	4519.9	7174.3	6250.0	7337.2	9895.0	8917.8	7825.0	8136.0	5650.0	2926.0
西安石油大学	4121.2	4003.8	4161.1	6295.9	7730.0	9091.5	11008.4	12387.3	9660.9	0
常州大学	2842.6	2315.4	3505.9	2822.9	3522.1	7803.8	9220.1	8238.4	9357.1	9401.1
湖南科技大学	2660.4	2947.7	3153.8	3652.8	3987.6	3478.5	4351.0	4368.3	4521.9	5592.6
黑龙江科技大学	408.0	289.0	1865.0	2678.3	4210.0	5209.5	3437.4	1629.7	950.3	1493.1
安徽工业大学	1724.0	2492.0	2690.0	3228.0	3596.0	3368.0	3970.6	4100.5	4068.6	4152.0
辽宁石油化工大学	0	2264.7	1925.0	2944.6	2603.6	2303.4	2760.8	2179.0	1375.3	1283.7
辽宁科技大学	232.3	1011.5	1132.5	1872.6	1850.0	2105.0	1819.8	4020.9	6343.3	4298.1
内蒙古科技大学	4125.4	352.1	868.7	1490.1	505.3	872.4	1315.7	1053.0	1312.8	1669.6

注：表中部分年份缺失数据由数据拟合所得。

资料来源：笔者根据相关文献自制。

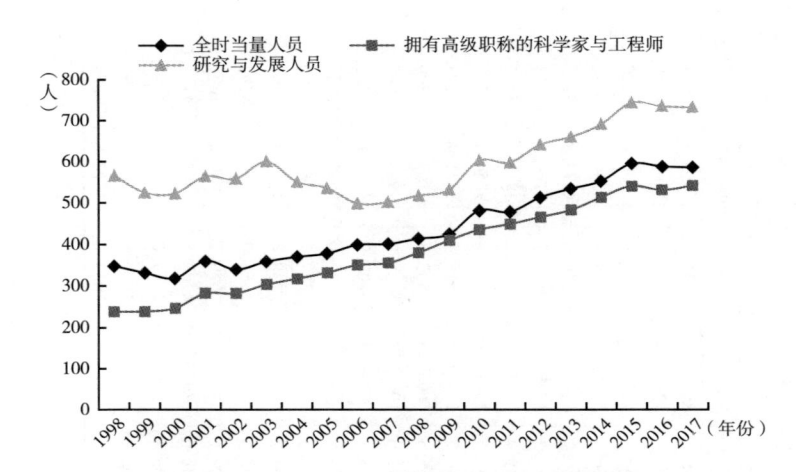

图 6-3　1998~2017 年 21 所行业划转工科院校科研人员投入年均值

资料来源：笔者根据《高等学校科技统计资料汇编》自制。

（四）行业划转工科院校的创新结构

1. 绝大多数行业划转地方工科院校的传统主干学科仍占据绝对优势

作为学术研究与知识创新的骨干与动脉，学科构成行业划转地方工科院校创新系统的"核"。创新结构以学科为寄生单位，形成了各种创新资源的生产、分配及转化方式。一门新兴学科从孕育期开始诞生，存在两种不同模式，即基础科学研究产生新的发现和社会萌发出新的市场需求。[①] 就行业划转工科院校来说，最初学科的创设多基于国家工业化建设需求，无论是其自身知识体系的建构、各个主干学科之间较强的支撑关系还是与产业链紧密相关的学科专业链条结构，都具有明显的行业特色和中国特色。

---

① 张松、张国栋、王亚光：《生命周期视角下新兴学科的生命发展评价研究》，《科学学研究》2018 年第 5 期，第 776~782 页。

表 6-3　1998~2017 年 21 所行业划转工科院校全时当量人员数量

单位：人

学校名称	1998年	1999年	2000年	2001年	2002年	2003年	2004年	2005年	2006年	2007年	2008年	2009年	2010年	2011年	2012年	2013年	2014年	2015年	2016年	2017年
北京科技大学	1153	862	633	811	558	812	859	874	1307	741	933	764	1000	1151	1225	1320	1328	1493	1708	1627
太原理工大学	737	985	850	847	868	769	988	1042	1041	1392	1188	1041	1035	714	885	910	867	921	941	800
中国石油大学(华东)	589	516	417	432	501	529	404	419	399	460	537	759	1108	1154	1512	1499	1477	1339	1241	1279
中国矿业大学	993	861	943	755	701	846	736	727	600	747	765	793	761	474	519	348	665	732	603	509
长江大学	546	536	511	589	585	589	681	703	914	683	544	692	650	652	646	599	543	521	541	604
东北石油大学	428	435	487	426	433	443	444	446	316	584	602	505	400	402	522	556	579	669	813	681
辽宁工程技术大学	259	230	265	296	356	353	414	456	508	553	526	616	628	661	640	670	623	623	542	513
西南石油大学	354	321	398	343	252	279	266	306	326	364	390	424	441	469	493	517	525	472	534	987
武汉科技大学	228	248	276	407	417	405	403	376	539	304	129	185	500	662	506	591	404	584	408	415
黑龙江科技大学	94	73	98	140	159	182	236	279	246	457	432	450	440	480	510	550	580	623	558	602
安徽理工大学	155	111	119	197	89	76	178	221	275	391	408	420	444	460	480	606	630	651	660	615
山东科技大学	288	292	279	408	461	445	439	404	349	61	388	467	117	158	159	169	119	526	935	692
安徽工业大学	167	213	140	407	163	268	279	283	314	274	319	316	447	389	451	490	529	555	562	567
湖南科技大学	183	192	166	146	146	150	184	198	239	271	314	263	309	332	402	460	550	574	607	630
内蒙古科技大学	49	56	66	113	251	127	147	151	56	217	217	319	450	475	536	400	540	723	378	351
辽宁科技大学	145	152	144	171	220	230	222	214	250	206	190	218	232	313	233	510	450	360	248	390
西安科技大学	205	205	189	228	214	301	168	158	54	92	128	142	466	398	302	310	308	320	288	287
西安石油大学	316	245	251	497	311	262	264	233	143	164	170	140	186	209	127	146	137	138	144	165
常州大学	116	135	150	72	143	151	197	205	319	250	267	135	150	146	293	279	303	231	204	204
辽宁石油化工大学	188	164	137	169	189	211	175	156	108	106	122	133	142	150	118	91	254	190	214	166
河南理工大学	107	118	160	103	101	89	68	71	56	89	106	123	185	172	188	166	168	217	192	184

注：表中部分年份缺失数据由数据拟合所得。

在这一学科专业布局之下,各行业院校汇集了来自全国的行业领域的专家学者,共同研究探讨行业生产实践中的理论与技术问题。尤其是20世纪80年代以来,随着各级重点学科的建设、科研管理机构及科研实体的成立、校办产业的发展,行业院校逐步建立起较为完善的科研体系。这一时期,在计划经济体制下,行业划转地方工科院校逐渐形成了较为深厚的学科专业基础和较为权威的学术研究团队及平台,具备了较强的行业领域的知识创新能力和技术突破能力。尽管随着体制转轨,行业院校与行业部门之间的隶属关系解绑,但行业特色作为其遗传基因已深深渗入创新活动的各个环节与要素,影响着学科专业的建构与演化,进而成为这一院校类群在知识创新领域、模式、规范上的类特色。从第四轮学科评估结果来看,21所行业划转工科院校参评学科总数达230个,其中工学类169个,占73.5%,而所参评学科获B类及以上的学科达101个,其中工学达80个,占79.2%,且大多数行业划转地方工科院校的最具优势学科仍集中于矿业工程、安全科学与工程、化学工程与技术、石油与天然气工程、冶金工程等与矿冶有关的学科(见表6-4)。同时对9所煤炭行业划转地方工科院校的国家特色专业进行统计(见表6-5),也发现煤炭行业划转地方工科院校的国家特色专业绝大多数为工科门类,主要集中于采矿工程、安全工程、测绘工程、土木工程等几个工程传统的因服务煤炭行业发展而设置的专业。

2. 多学科化、地方化、市场化成为创新结构的重要趋向

行业划转地方工科院校学科结构的转变主要集中于划转之后。一是划转过程中院校调整与合并形成的多学科,例如太原理工大学由山西矿业学院与太原工业大学合并而成,湖南科技大学

表 6-4　21 所行业划转工科院校在第四轮学科评估中的表现

单位：个

学校名称	参评数	B 类及以上学科
中国矿业大学	28	矿业工程;安全科学与工程;测绘科学与技术;地质资源与地质工程;机械工程;土木工程;化学工程与技术;管理科学与工程;数学;力学;电气工程;计算机科学与技术;环境科学与工程;公共管理;马克思主义理论;信息与通信工程;控制科学与工程;工商管理
太原理工大学	18	机械工程;化学工程与技术;矿业工程;安全科学与工程;电气工程;计算机科学与技术;环境科学与工程;土木工程
辽宁工程技术大学	9	安全科学与工程;测绘科学与技术;矿业工程
山东科技大学	13	矿业工程;安全科学与工程;测绘科学与技术;控制科学与工程;地质资源与地质工程;计算机科学与技术;机械工程;土木工程;管理科学与工程
黑龙江科技大学	2	无
西安科技大学	9	安全科学与工程;马克思主义理论;土木工程
湖南科技大学	11	马克思主义理论;应用经济学;机械工程
安徽理工大学	7	安全科学与工程;矿业工程;土木工程
河南理工大学	15	安全科学与工程;矿业工程;测绘科学与技术
中国石油大学（华东）	22	石油与天然气工程;地质资源与地质工程;化学工程与技术;安全科学与工程;马克思主义理论;机械工程;管理科学与工程;动力工程及工程热物理;计算机科学与技术;环境科学与工程;控制科学与工程;材料科学与工程;化学;地质学;地球物理学
西南石油大学	12	石油与天然气工程;化学工程与技术;机械工程;地质资源与地质工程
东北石油大学	7	石油与天然气工程;化学工程与技术;地质资源与地质工程
西安石油大学	3	无
辽宁石油化工大学	5	化学工程与技术
常州大学	6	化学工程与技术

续表

学校名称	参评数	B 类及以上学科
长江大学	5	地质资源与地质工程
北京科技大学	25	冶金工程;科学技术史;材料科学与工程;矿业工程;安全科学与工程;计算机科学与技术;环境科学与工程;控制科学与工程;机械工程;马克思主义理论;工商管理;土木工程;管理科学与工程;动力工程及工程热物理;化学;外国语言文学;数学;力学;物理学
武汉科技大学	15	化学工程与技术;机械工程;控制科学与工程;材料科学与工程;安全科学与技术
辽宁科技大学	7	化学工程与技术
安徽工业大学	9	无
内蒙古科技大学	2	冶金工程

资料来源:笔者根据相关文献自制。

表 6-5　9 所煤炭行业划转地方工科院校国家特色专业布点情况

单位:个

序号	专业名称	专业点数	学科门类	
1	安全工程	8	安全科学与工程类	工学
2	采矿工程	7	矿业工程类	工学
3	土木工程	5	土木工程类	工学
4	测绘工程	5	测绘类	工学
5	地质工程	4	地质类	工学
6	机械设计制造及其自动化	4	机械类	工学
7	化学工程与工艺	3	化工与制药类	工学
8	自动化	3	自动化类	工学
9	工程力学	2	力学类	工学
10	机械工程及自动化	3	机械类	工学
11	矿物加工工程	3	矿业工程类	工学
12	电气工程及其自动化	3	电气类	工学

续表

序号	专业名称	专业点数	学科门类	
13	电子信息工程	2	电子信息类	工学
14	计算机科学与技术	2	计算机类	工学
15	信息与计算科学	2	数学类	理学
16	环境工程	1	环境科学与工程类	工学
17	信息工程	1	电子信息类	工学
18	材料科学与工程	1	材料类	工学
19	勘查技术与工程	1	地质类	工学
20	资源勘查工程	1	地质类	工学
21	材料成型及控制工程	1	机械类	工学
22	弹药工程与爆炸技术	1	兵器类	工学
23	软件工程	1	计算机类	工学
24	信息管理与信息系统	1	管理科学工程类	管理学
25	会计学	1	工商管理类	管理学
26	化学	1	化学类	理学
27	经济学	1	经济学类	经济学

资料来源：笔者根据相关文献自制。

由湘潭工学院与湘潭师范学院合并而成。尤其后者文科与工科的融合，使其多学科化更为明显。从第四轮学科评估来看，湖南科技大学最具优势学科为马克思主义理论、应用经济学以及机械工程，而矿业工程以及安全科学与工程的优势相对弱化。二是在多重政策影响下，行业划转地方工科院校的自主选择。20世纪与21世纪之交，为了响应管理体制改革的号召，改变条块分割的部门办学体制之下过于单一的学科模式，以及过分强调"专业对口"的专业教育理念，多学科化成为行业院校划转之后迎合国家政策导向的重要战略行为趋向。为了提升高校自身的资源吸引力，解决划转前长期投入不足、办学条件相对落后的遗留问题，恰逢高等教育大众化的推进期，行业划转地方工科院校不断扩大办学规模，增加学科专业数量。在原有的、具有鲜明行业特色的主干学科专业基础上，一些新兴学科专业，尤其是金融学、市场营销、会计学、法学等一批建设成本相对较低的专业迅速崛起。据统计，在 21 所行业划转工科院校国家特色专业的布点中，经济学、会计学、信息管理与信息系统等管理学、经济学专业发展成为部分行业划转地方工科院校的专业建设特色与优势。据不完全统计，山东科技大学在 2003~2005 年新增专业数量达到 22 个。辽宁工程技术大学基于服务地方需求而新增荒漠化治理、宝石鉴定等专业。以专业为基础，各行业划转地方工科院校的学科规模也迅速拓展。同时随着知识经济的发展，知识的社会化以及知识的指数级增长，不断设置新的学科专业、促进学科间的交叉融合也成为高校适应知识生产模式转变的重要途径。由此行业划转地方工科院校逐渐由学科专业结构较为单一的院校向学科门类齐全的多科化、综合性的大学转变。以 7 所煤炭行业划转地方工科院校为例（见图 6-4），从 1997 年到 2018 年的 20 余年间各个院校的二级学科博士点数量均呈现较大幅度的增长。随着行业划转地方工科院校学科体系的不断拓展，创新领域、服务空间和辐射范围均得以扩展，并呈现由点到线再到面，甚至网络化的发展趋势。

（五）行业划转工科院校的创新产出

1. 行业划转工科院校的科研创新对行业发展具有较强的支撑作用

随着部门办学体制的结束，行业划转地方工科院校与划归中央所属的行业划转地方工科院校之间因发展梯次的差异，逐渐演变为服务水平的差距。从各类行业科技进步奖的获奖情况来看，自划转以来，隶属于教育部的中国矿业大学、中国石油大学

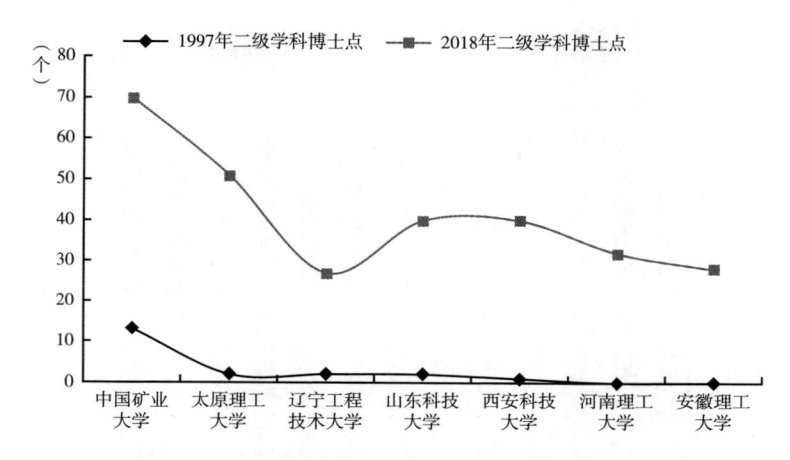

图 6-4　7 所煤炭行业划转地方工科院校 1997 年与
2018 年二级学科博士点数量对比情况

资料来源：笔者根据相关文献自制。

（华东）、北京科技大学在服务行业创新发展方面占据着绝对优势。而从相对数量上来看，几所煤炭行业划转地方工科院校在行业科技进步奖的比重最高，石油行业划转地方工科院校次之，而钢铁行业划转地方工科院校则相对处于劣势。这可能也与科技进步奖的行业协会性质有关。冶金科学技术奖由中国钢铁工业协会与中国金属学会合作主办，因而所涉及的范围更广。从比重值来看，2005~2017 年 9 所煤炭行业划转地方工科院校所获煤炭行业科技进步奖的比例基本维持在 35%~55% 之间。说明煤炭行业划转地方工科院校在推动行业发展方面仍起着重要的支撑作用。就行业划转地方工科院校在服务行业发展需求方面，河南理工大学、山东科技大学、西安科技大学、东北石油大学、西南石油大学、安徽工业大学等几所院校表现更为出色（见图 6-5~图 6-7）。

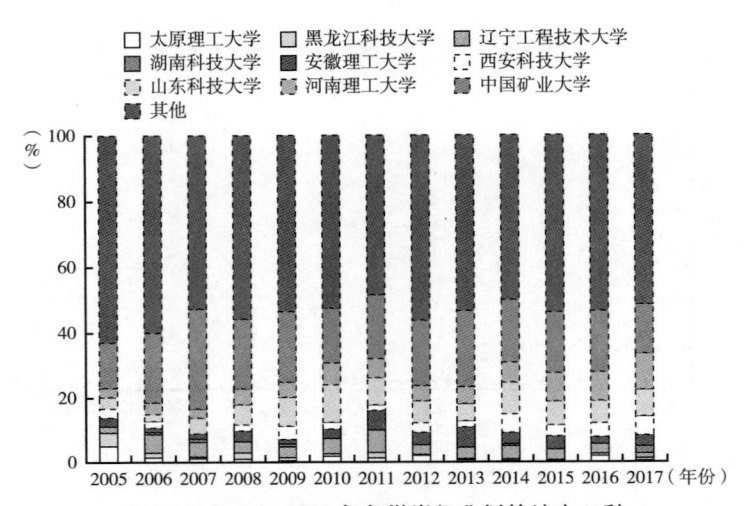

图 6-5 2005~2017 年各煤炭行业划转地方工科
院校所获煤炭行业科技进步奖情况

资料来源：笔者根据相关文献自制。

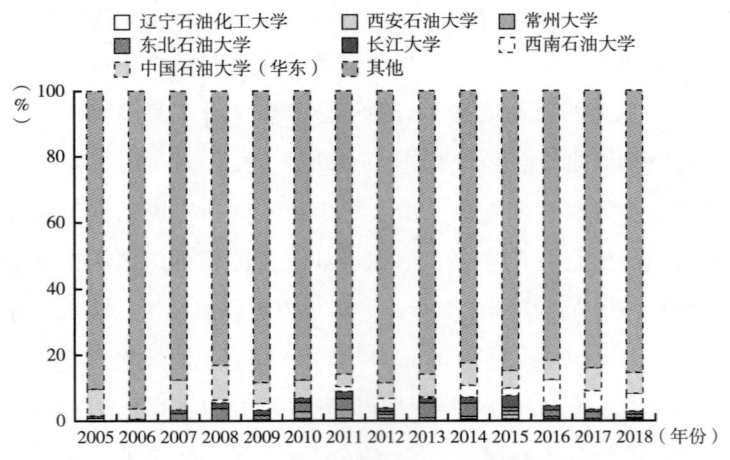

图 6-6 2005~2018 年各石油行业划转地方工科
院校所获石油行业科技进步奖情况

资料来源：笔者根据相关文献自制。

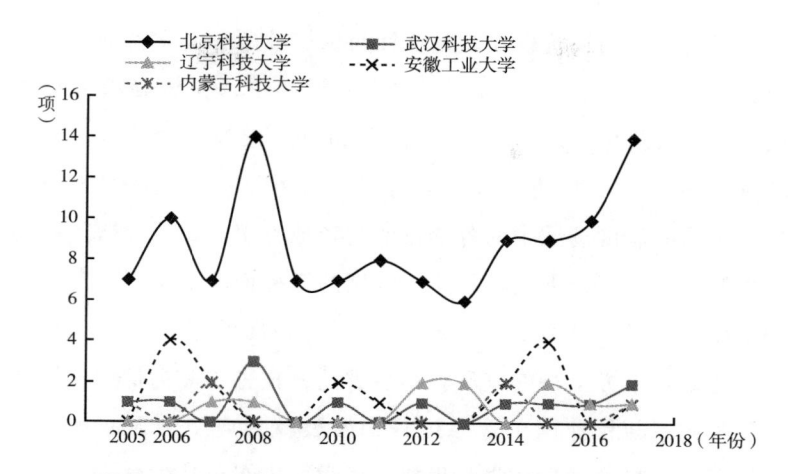

图 6-7　2005~2017 年 5 所钢铁行业划转地方工科院校所
获冶金行业科技进步奖情况

资料来源：笔者根据相关文献自制。

2. 行业划转工科院校之间区域服务能力呈现较大的差异性

随着体制转轨后地方拨款成为学校办学的主要经费来源，原先以行业为轴心形成的单一性、系统性、全国性的服务场域与服务重心逐渐收缩与下移，为区域经济与社会发展培养人才、组织科学研究、进行社会服务，带动区域的文化传承与创新，已经成为地方政府赋予这类高校新的功能与使命。为了扩大区域的服务空间与辐射范围，增强自身的创新服务能力，行业划转工科院校主动寻求专业建设与区域经济的契合点，主动对接区域需求，提升在区域创新体系中的贡献度，主动依托自身智力与人才优势，融入地方经济建设主战场。

各个行业划转地方工科院校尤其是部分行业划转地方工科院校在近 20 年的发展历程中逐渐形成了行业与区域两个服务重心。

行业划转地方工科院校在其行业性与区域性两种办学特征或此消彼长或此消彼不长或激励相容的不断博弈中,积极寻求最优发展,建构最优位势。由于20世纪与21世纪之交院校管理体制改革过程中,以"共建、调整、合作、合并"八字方针为指导,处于不同的制度场域中的各个行业划转地方工科院校经历了不同的体制转轨过程,因而在行业与区域的服务面向的选择上逐渐呈现个体性差异,进而发展为各个院校不同的创新生态。以几所煤炭行业划转地方工科院校所获得各省的科技进步奖为例,选取了在服务区域与行业两个重心过程中发展较为典型的太原理工大学、湖南科技大学、辽宁工程技术大学、山东科技大学和河南理工大学。从相关统计数据来看,太原理工大学作为一所与教育部共建的高水平大学,因其在体制转轨过程中与太原工业大学的合并经历,其自身的煤炭行业特色在某种程度上被稀释。相比于中国矿业大学在煤炭行业科技进步奖上的获奖数量,太原理工大学则逊色不少,甚至要落后于河南理工大学、山东科技大学等一些地方行业划转地方工科院校。而同样具有合并经历的还有湖南科技大学,湘潭工学院与湘潭师范学院的合并,使原先单一的学科专业结构被综合化,其行业特色也在某种程度上被淡化。从图6-8、图6-9可以看出,两所行业划转地方工科院校在服务区域方面的偏重。而相较而言,辽宁工程技术大学、河南理工大学、山东科技大学则相对更偏重创新成果的行业性,在创新成果的输出方面更侧重满足行业需求。而受地域环境的影响,辽宁工程技术大学地处较为偏远的资源枯竭型城市,受地域的限制,对区域外行业资源的依附程度相对更高,使得其对行业发展周期变化显得更为敏感(见图6-10)。而正如前文所述,河南理工大学所处地域资源禀赋较好,因而在对行业周期性影响方面则显得更具适应性(见图6-11)。

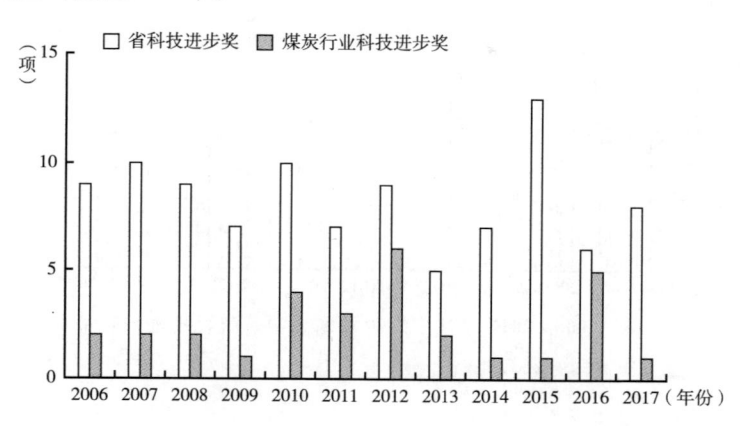

图6-8 2006~2017年太原理工大学所获科技进步奖情况

资料来源:笔者根据相关文献自制。

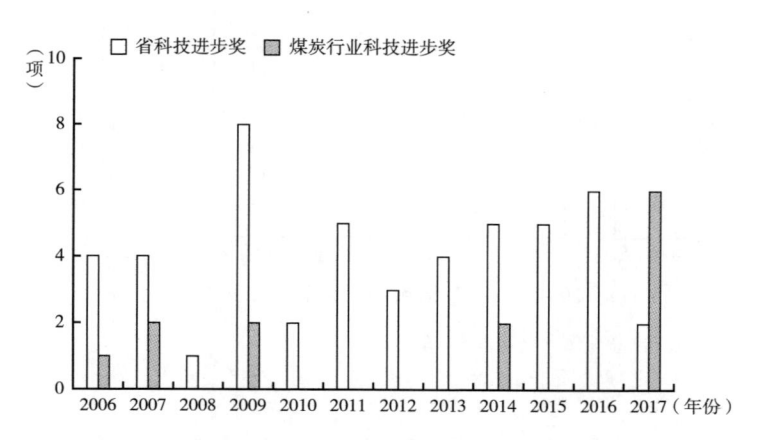

图6-9 2006~2017年湖南科技大学所获科技进步奖情况

资料来源:笔者根据相关文献自制。

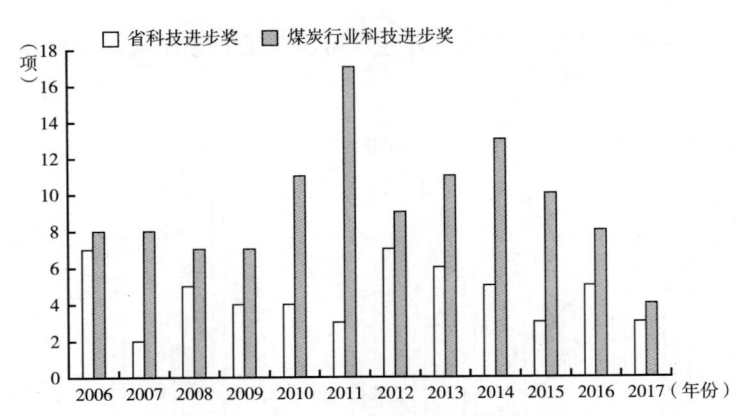

图 6-10　2006~2017 年辽宁工程技术大学所获科技进步奖情况

资料来源：笔者根据相关文献自制。

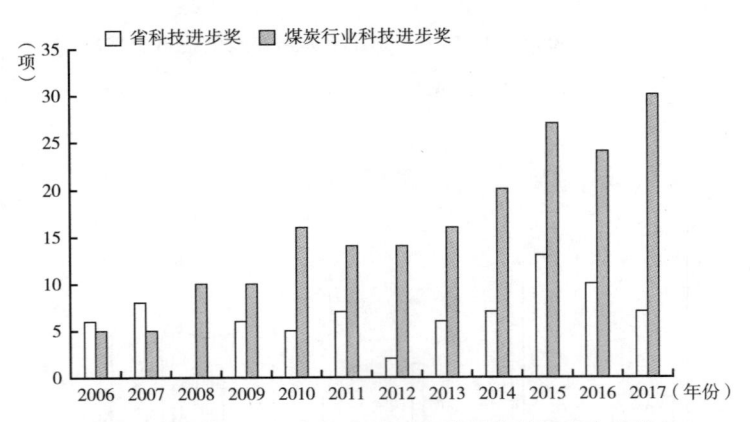

图 6-11　2006~2017 年河南理工大学所获科技进步奖情况

资料来源：笔者根据相关文献自制。

二　行业划转工科院校科研创新存在的问题

（一）外部资源投入力度不足，投入渠道匮乏

行业部门办学体制时期，在特殊的产生背景下，以服务需求

为价值旨归，形成了行业划转工科院校过度依赖外部资源供给的办学惯性。体制转轨前，通过保持与行业需求之间的同步关系，行业划转工科院校获得了来自行业的垄断性资金支持。这一时期，受中央各部委管辖的行业院校主要为本行业在全国的发展提供相应的智力支持，这种发展模式并不能对地方经济发展做出直接贡献，因而基本无法得到地方政府的直接支持。体制转轨之后，尽管隶属关系转变，带来资源配置方式的变化，但在计划经济时期形成的办学惯性下，部分行业划转地方工科院校仍延续了"等、靠、要"被动的资源获取方式，主动获取外部社会资源的能力相对较弱。而划转之后部分行业划转地方工科院校在很长一段时间内，因无法在短时间内融入既有的较为完善的区域高等教育系统而被边缘化，无法获得充分的地方政府政策与经费支持。

基于前文的分析，对于绝大多数行业划转工科院校而言，传统主干学科仍占据绝对的特色优势，行业仍是其最关键的服务领域与资金获取渠道。但随着我国经济发展方式逐渐由规模速度型粗放增长转向质量效益型集约增长，在供给侧结构性改革尤其是去产能、调结构的能源革命背景下，传统行业产业正面临着巨大的转型甚至淘汰危机。而服务于煤炭、石油、钢铁行业的行业划转地方工科院校多依附于资源型城市而兴，所在城市也多因资源枯竭或行业萧条而面临城市转型，因而在某种程度上更加剧了这些行业划转地方工科院校资源供给的乏力。

（二）外向型创新结构限制行业划转工科院校创新能力

行业部门办学体制时期，以为国家的工业化建设提供人才与技术服务为前提，形成了行业院校学科专业结构与特定行业之间紧密的连接与匹配关系，学科建构并非始于形成科学的学术体系的需要，而是以满足国家社会经济发展需求为驱动[1]，创新结构所呈现的应用性与外向性明显。在学科发展方向尤其是外延扩展等方面往往受行业需求范围和支持力度的限制，发展重心更加重视适用于行业的应用类专业建设和发展，对作为专业依托和后盾的学科建设力度相对薄弱。[2] 由此外向型的学科专业结构下，其本身的创新能力更多表现为对所服务行业的工程实践问题的解决能力和技术创新与改造能力。由于计划经济时期所服务的特定行业多属于传统的行业产业，尤其是煤炭、钢铁、石油等资源依赖性的行业，在资源消耗大、劳动力密集的粗放型生产经营模式下，大多数企业的战略能力和竞争优势仍然主要表现为成本控制和营销网络构建，对知识生产机制的需求与关注并未达到迫切的程度，本身的创新动力以及对知识创新的吸纳能力相对薄弱。因而，大多数行业划转工科院校对特定行业的知识性服务主要集中于生产价值链中低端的过程与技术创新。而划转之后，在学科结构不断扩张的过程中，外向型的工科类传统应用性学科，与新兴学科之间的内在关联性、互补性较弱。学科专业结构的单一性也在某种程度上限制了这部分行业划转地方工科院校尤其是行业划转地方工科院校突破性创新乃至颠覆性创新的能力。

（三）行业划转工科院校在适应外部需求方面呈现相对的迟滞性

20世纪末，随着知识生产模式的转型，知识创新也由单

---

[1] 荀振芳、汪庆华：《试析高水平行业大学的学科发展路径》，《高等教育研究》2013年第4期，第40~45页。
[2] 吴东照、王运来：《产教融合背景下科教资源低丰度地区高等教育园区建设的策略研究》，《复旦教育论坛》2020年第1期，第91~96页。

向度的线性模式转向多向度的非线性模式。现代非线性创新模式下，不再是传统的"大学基础研究—大学相关中介组织的应用研究—企业将应用研究转化为实验开发—商业市场应用"线性知识及技术生产流程①，而逐渐转变为基于国家战略与社会需求，以问题为导向，强调跨学科性及应用性，由多种因素作用与制约，不同创新主体之间协同互动的知识生产模式。

而这一时期的行业划转工科院校在经历体制转轨之后，与行业之间的连接关系解绑，原有的对知识垄断与权威地位逐渐消解。在大众化以及通识教育模式影响下，行业划转工科院校不断增加学科专业，更加注重学科评估，博硕点的审批，重点实验室、重点基地等各种学科平台的建设，学术团队的建设，等等。因此，在学科结构去行业化、综合化的趋向下，行业划转工科院校以学科为知识创新单位，所形成的学科壁垒逐渐与基于问题和需求导向的现代知识生产模式脱轨，导致学科与应用需求之间的割裂。行业划转工科院校忙于学科建设，相对忽视对行业需求的回应，逐渐导致在创新链上的供给与需求脱节，科研成果转化率不高的短板问题明显。在适应技术市场及所服务行业的快速变迁上，其往往处于一种被动而不是引领状态。②

而随着我国社会转型加速，经济社会的跨越式发展打乱了高

---

① V. Bush, *Science, the Endless Frontier*, United States Government Printing Office, 1945, p. 31.
② 〔美〕希拉·斯劳特、〔美〕拉里·莱斯利：《学术资本主义》，梁骁等译，北京大学出版社，2014，第56页。

校知识创新自然进化的秩序，导致国家需求与社会需求、学生需求、学术界研究范式之间形成一种漂移于传统旧模型与现代新模型之间的交叉状态或过渡状态。

第二节　行业划转工科院校科研创新能力的动态演化

一　行业划转工科院校科研创新能力评价指标体系构建

（一）评价指标体系的设计原则

根据整体的研究框架与思路，在设计评价指标时，既考虑到行业划转工科院校科研创新与其他高校个体科研创新的共性，也关注到行业划转工科院校作为一个独特的院校类型所体现的独特性与典型性。评价指标体系的设计，主要将表征行业划转工科院校的科研创新能力的各个维度、指标进行逐层分解，具体设计过程主要遵循以下几个原则。

1. 科学性原则

评价指标的科学性原则主要表现为在评价指标的选取过程中，应以事实为基础，保证各个指标之间的协调统一，并尽可能以最少的表征指标反映行业划转工科院校科研创新能力的构成及内涵。指标的设置须以现代科学统计理论为基础，并参考现有成熟研究的指标体系，以优化指标设置，并为指标体系的构建提供一定的理论指导。选取公开的统计年鉴、资料汇编、论文数据库等较为权威的数据获取平台和渠道，以保证数据来源的真实可信。

2. 可行性和可比性相结合的原则

以高校个体为研究基本单位，研究 1998～2017 年 21 所行业划转工科院校科研创新能力的变化。研究的时间跨度较大，研究样本的实际状况及影响因素较为复杂，在表征指标的选取上具有一定的难度。因而，指标选择主要遵循可行性和可比性相结合的原则。可行性主要是从数据的可获得性方面考量，尽量保证指标的可量化性。同时在指标的选取上要保证指标的可延展性及发展实际的动态性，既确保指标在过去与现在的表征意义，也要兼顾科研创新能力未来的发展趋势。而可比性则是从指标的统一性方面考虑，以确保服务于不同行业或者隶属关系不同的行业划转工科院校之间具有可比性。以指标数据标准的一致性、准确性来确保评价结果客观性和准确性。

3. 系统性原则

科研创新能力的生成与演化牵涉多个要素、多个主体、多种结构的交互作用，因而在指标体系的设计过程中，需要遵循系统性、整体性及层次性相结合的原则。依据行业划转工科院校科研创新能力的生成机制，反映行业划转工科院校科研创新与外部环境交互过程中，由外而内，再由内而外的能量的传输、转化及耗散过程。重点关注各个指标之间的独立含义与相互关系，以充分表征科研创新能力的系统性过程。

（二）典型指标体系回顾与启示

已有的关于高校科研创新活动的评价，多从创新能力与创新效率的评价展开。在前文文献综述部分对相关研究梳理的基础上，选取了几个较为典型的指标体系进行深入分析，为研究指标体系的设置提供借鉴与参考。从国内官方渠道发布的较为权威的相关评价体系来看，主要有《中国普通高校创新能力监测报告2016》和全国第四轮学科评估指标体系。为了使数据能客观反映近年来我国高校科技创新发展状况以及在国家创新体系中发挥的作用，2015年，教育部、科技部组织中国教育科学研究院、中国科技发展战略研究院联合开展了全国普通高校创新调查，采集了全国1762所高校、3626名校企合作项目负责人的数据，首次获得了一批反映高校与企业联合培养人才、参与产学研合作、科技成果扩散与转化等状况的数据，由此形成了《中国普通高校创新能力监测报告2016》。[①] 该监测报告以2005~2014年全国普通高校统计数据为基础，从高校创新情况、创新人才培养、研发活动、科技成果转化和产学研合作5个维度，建立了包括81个二级指标的全国普通高校创新能力监测框架。其中高校研发活动主要从人力与经费投入展开，包括R&D人员数量与结构、R&D经费规模、R&D经费类型、R&D经费来源等13个二级指标。而在科技成果转化维度，主要包含论文、专利、课题等21项指标。[②] 从总体来看，该监测框架的指标体系中所设计涵盖的范围较为广泛，大体量的指标设置能够对全国高校创新能力的总体状况与基本特征进行较为全面的把握，但指标体系设计的统计功能要重于评价。虽然适用性较强，但过于宏观与静态化，部分指标之间可能存在较为明显的重叠性与较强的相关性，且对不同类型高校的差异并未明显在指标设置中体现。

[①] 谢沂楠：《科技部、教育部首次发布〈中国普通高校创新能力监测报告〉》，中华人民共和国教育部，http://www.moe.gov.cn/s78/A16/moe_789/201710/t20171012_316131.html，最后检索日期：2019年6月12日。

[②] 中华人民共和国教育部、中华人民共和国科学技术部编《中国普通高校创新能力监测报告2016》，科学技术文献出版社，2016，第5页。

2016年4月，教育部学位与研究生教育发展中心启动了第四轮学科评估，并于2017年12月发布评估结果。从第四轮学科评估指标体系来看，其中包括"师资队伍与资源""人才培养质量""科学研究水平""社会服务与学科声誉"4个一级指标框架，并设置人文、社科、理工、农学、医学、管理、艺术、建筑、体育9套指标体系框架。① 其中，科学研究水平主要包括了科研成果、科研获奖、科研项目3个二级指标。武汉大学中国科学评价研究中心的邱均平等则着眼于高校科研竞争力的评价，采取分类评价的原则，从投入、产出、效益3个维度分别构建高校科技创新竞争力与人文社会科学研究竞争力的评价指标体系，并对国内所有本科院校（不含港澳台高校）开展测评。由于指标设置均为客观指标与客观数据，一定程度上避免了人为主观因素的影响。② 在此基础上，该团队推出了世界一流大学及学科科研竞争力评价，从科研生产力、科研影响力、科研创新力、网络影响力4个维度出发，以美国的基本科学指标数据库（Essential Science Indicators，ESI）以及德温特专利数据库（Derwent Innovations Index，DII）作为主要的数据来源，对"985工程"高校的科研竞争力进行评价。③ 该评价在指标的设置上主要偏重

---

① 教育部学位与研究生教育发展中心：《全国第四轮学科评估工作概览》，中国学位与研究生教育信息网，http://www.cdgdc.edu.cn/xwyyjsjyxx/xkpgjg/283494.shtml#3，最后检索日期：2019年5月30日。
② 邱均平、赵蓉英、余以胜：《中国高校科研竞争力评价的理念与实践》，《高教发展与评估》2005年第1期，第31~35页。
③ 邱均平、欧玉芳：《面向世界一流大学建设的"985工程"高校科研竞争力评价分析——基于"十二五"期间RCCSE世界一流大学及学科竞争力评价报告》，《中国高教研究》2016年第4期，第57~63页。

以论文与专利为主的成果产出，而缺乏对投入及效益维度的测评。

国外关于高校科研评价，除了 QS 世界大学排名、英国《泰晤士高等教育》的大学排名、《美国新闻与世界报道》杂志的世界大学排行榜等几个较为著名的大学排行榜外，英国的大学科研评价体系是较为权威的一个评估框架。英国科研评价（Research Assessment Exercise，RAE）始于 1986 年，作为"撒切尔计划"中公共开支问责制的一部分[1]，成为大学科研水平及研究生教育质量的衡量标准，并直接与大学科研拨款相挂钩。[2] 但由于这一评价体系建立在同行评议基础上，同行评议的主观性，导致科研经费过于集中在评价等级较高的机构，由此产生的马太效应，不利于新型交叉学科的发展，也使一些新成立的大学的科研活动受到制约。[3] 为了化解人们对 RAE 带来的评估效果的质疑，英国高等教育基金委员会在 2008 年第六次评价活动结束后，决定建立新的评价体系——科研卓越框架（Research Excellence Framework，REF）。REF 的科研评价体系受到澳大利亚、芬兰、德国以及法国等国家的效仿与借鉴，并由此引发了全球效应。[4] 2019 年 1 月，科研卓越框

---

[1] 〔英〕马尔科姆·泰特：《英国科研评估及其对高等教育的影响》，李梦洋译，《北京大学教育评论》2012 年第 3 期，第 35~46 页。

[2] 耿迪：《高校科技创新能力评价研究》，博士学位论文，武汉理工大学，2013，第 3 页。

[3] 栾明香：《英国高校科研评价政策及其借鉴意义》，《北京行政学院学报》2011 年第 3 期，第 107~110 页；刘莉：《英国大学科研评价改革：从 RAE 到 REF》，《科学学与科学技术管理》2014 年第 2 期，第 39~45 页。

[4] S. Harnad, "UK Research Evaluation Framework: Validate Metrics Against Panel Ranking," June 15, 2013, http://openaccess.eprints.org/index.php?/archives/333-UK-Research-Evaluation-Framework-Validate-Metrics-Against-Panel-Rankin-gs.html；宋丽萍：《REF 与科研评价趋向》，《图书情报工作》2011 年第 22 期，第 60~63 页。

架 2021（Research Excellence Framework 2021，REF2021）的评估指南、评估标准等文件陆续发布[①]，新的评价体系仍主要基于科研产出、科研影响以及科研环境三个要素展开（见表 6-6）。[②]

表 6-6　英国 REF2021 评估要素及内容

评估要素/权重	评估内容	评估标准
科研产出/60%	出版物（期刊文章、书籍、专著）、被引次数、设计作品、展览或者其他人工制品等	原创性、重要性和严谨性
科研影响/25%	对除学术以外的经济、社会、文化、公共政策、服务、健康、环境、生活质量等方面的影响力	影响范围和重要性
科研环境/15%	科研发展环境、科研资源（科研人员、科研经费、科研设备）、科研管理制度、基础设施等	活力和可持续性

资料来源：笔者根据相关文献自制。

任何评估都是基于一定的价值取向与目的的价值判断过程，都具有一定的适用范围。指标的主观性与客观性的平衡、评价方法的选择与评价对象的限定，使得评价本身存在一定的局限性。就目前来看，国内外的大多数大学排行榜，例如 QS 世界大学排名、英国《泰晤士高等教育》的大学排名、《美国新闻与世界报道》杂志推出的世界大学排行榜等多为营利性机构制作，旨在从社会舆论的角度为学生和家长在选择大学时提供参考标准和建议。而包括教育部等官方渠道的高校创新能力监测及学科评估，

[①] 胡科、陈武元、段世飞：《英国高校科研评估改革的新动向——基于"科研卓越框架 2021"的分析》，《中国高教研究》2019 年第 8 期，第 54~61 页。

[②] HEFCE, "Panel Criteria and Working Methods of REF2021," February 25, 2019, https://www.ref.ac.uk/media/1084/ref-2019_02-panel-criteria-and-working-methods.pdf.

多从管理的角度，基于事实测量以实现对高校发展的价值判断与过程控制。从评价体系维度设置看，在评价体系的构建过程中，多以投入、产出及效益为基本维度或根据高校的职能，以知识生产、传播及应用为主线。本书对这些经典的高校科研创新相关评价体系的研究，能够为行业划转地方工科院校科研创新能力评价体系的指标设置提供重要的参考。

（三）评价指标的理论预选

以资源投入与平台建设、成果产出与转化2个为一级指标，以资源投入、平台建设、成果产出、成果转化4个指标为基础，在具体指标的筛选方面，部分评价体系在指标设置上更强调指标对所有评估高校的适用性，更关注所评估主体的综合实力。而研究主要以工科类的行业划转地方工科院校为研究对象，因而更加突出了科技创新成果的社会综合影响，在评价指标的设置上更偏重于与企业专利合作数量、技术转让签订合同数等测量高校对行业发展贡献度的指标。借鉴国内外权威机构、评估中心的相关经典评价体系以及典型文献中关于高校科技创新能力的评价指标，筛选出以高校个体为统计单位，出现频次较高且数据可获得的指标（见表6-7）。

表6-7 行业划转工科院校科研创新能力评价指标体系

一级指标	二级指标	三级指标	参考文献
资源投入与平台建设	资源投入	资金总投入	程鹤[1];汪凡等[2]
		政府资金投入	教育部等[3];汪凡等[2]
		企事业单位资金投入	沈能等[4];汪凡等[2]
		其他科技经费	汪凡等[2]
		当年内部支出	汪凡等[2]

续表

一级指标	二级指标	三级指标	参考文献
资源投入与平台建设	平台建设	研究与发展人员投入	何平[5];教育部等[3];汪凡等[2];程鹤[1]
		拥有高级职称的科学家与工程师数量	汪凡等[2]
		全时当量人员	何平[5];沈能等[4];王晓珍等[6];教育部等[3];汪凡等[2];程鹤[1];邱均平等[7]
		一级学科博士点数	程鹤[1];邱均平等[7]
		部级以上重点实验室数量	邱均平等[7]
成果产出与转化	成果产出	发表论文数量	刘兴凯等[8];王晓珍等[6];教育部等[3];汪凡等[2];程鹤[1]
		SCI论文检索数	教育部等[3];邱均平等[7];王莉亚[9];高宏利[10]
		SSCI论文检索数	邱均平等[7];高宏利[10]
		EI论文检索数	邱均平等[7];王莉亚[9];高宏利[10]
		CSSCI论文检索数	邱均平等[7];高宏利[10]
		出版著作数量	刘兴凯等[8];程鹤[1];汪凡等[2];邱均平等[7];高宏利[10]
		课题总数	邱均平等[7];程鹤[1];汪凡等[2]
		科技课题当年投入人数	汪凡等[2]
		科技课题当年拨入经费	汪凡等[2]
		科技课题当年支出经费	汪凡等[2]
		国家自然科学基金项目数量	程鹤[1];邱均平等[7];王莉亚[9]
		国家社科基金项目数量	邱均平等[7]
		专利申请数量	何平[5];沈能等[4];王晓珍等[6];教育部等[3];程鹤[1];邱均平等[7];高宏利[10]

续表

一级指标	二级指标	三级指标	参考文献
成果产出与转化	成果转化	技术转让签订合同数	教育部等[3];汪凡等[2];程鹤[1]
		技术转让当年实际收入	刘兴凯等[8];教育部等[3];汪凡等[2];程鹤[1];邱均平等[7]
		专利合作数量	教育部等[3]
		SCI论文被引量	邱均平等[7];王莉亚[9]
		SSCI论文被引量	邱均平等[7]
		CSSCI论文被引量	邱均平等[7]
		国家科技进步奖数量	沈能等[4];程鹤[1]
		科技成果奖数量	汪凡等[2]
		鉴定成果数	汪凡等[2]

注：①程鹤：《省域高校科技创新能力评价及其演化研究》，博士学位论文，大连理工大学，2017，第41页。

②汪凡、白永平、周亮、张永凯、乔富伟、纪学朋：《中国高校科技创新能力时空格局及影响因素》，《经济地理》2017年第12期，第49~56页。

③中华人民共和国教育部、中华人民共和国科学技术部编《中国普通高校创新能力监测报告2016》，科学技术文献出版社，2016，第5页。

④沈能、宫为天：《我国省区高校科技创新效率评价实证分析——基于三阶段DEA模型》，《科研管理》2013年第S1期，第125~132页。

⑤何平：《我国高技术产业技术创新能力评价研究》，博士学位论文，哈尔滨工程大学，2018，第42页。

⑥王晓珍、蒋子浩、郑颖：《高校创新效率动态演进分析及影响因素识别——基于非参数核密度估计和SFA模型》，《统计与信息论坛》2018年第9期，第81~87页。

⑦邱均平、赵蓉英、余以胜：《中国高校科研竞争力评价的理念与实践》，《高教发展与评估》2005年第1期，第31~35页。

⑧刘兴凯、左小娟：《我国高校科研效率的区域性特征及影响因素分析——基于三阶段DEA方法的实证研究》，《国家教育行政学院学报》2015年第5期，第77~83页。

⑨王莉亚：《高校科研竞争力评价系统研究》，硕士学位论文，武汉大学，2005，第11页。

⑩高宏利：《省属高校科研竞争力评价研究》，博士学位论文，大连理工大学，2014，第10页。

资料来源：笔者根据相关文献自制。

(四)评价指标体系的定量筛选

1. 评价指标的相关性分析

秩相关分析方法筛选指标体现的是评价指标间相互独立、信息不重复的定量筛选思路。计算同一准则层内两指标之间的秩相关系数:若秩相关系数绝对值小于等于根据经验选定的临界值,说明这两个指标间信息重复性较小,则保留两指标;若两个指标间的秩相关系数绝对值大于临界值,两指标呈高度相关,则需要删除其中一个。基于2017年21所行业划转工科院校的样本数据,通过相关性分析进一步优化指标体系,删除不符合要求的指标。运用SPSS19.0进行指标的相关性分析。将原始数据标准化之后,先对既有指标数据进行总体分布检验。若指标数据具体分布为正态的,可以用参数统计方法进行指标筛选,否则需要用非参数统计的方法。由于研究样本量仅为21个,属于样本容量较小的样本检验,采用Shapiro-Wilk法对指标进行数据的正态检验。运用SPSS进行操作,发现有3项指标数据并不服从正态分布。因此,选用Spearman秩相关性分析方法对指标进行相关分析。根据经验与已有研究,设定相关系数阈值或临界值为0.8,以此对相关性高于0.8的指标进行筛选。在指标筛选过程中,只对同一维度下的指标进行相关性分析,对指标的删减也必须是同一维度内的指标。虽然不同维度的指标间也存在相关性,但是不同维度的指标所衡量的科研创新能力的内容是不一样的。[1]

2. 指标的鉴别力分析

对于指标的鉴别力分析,一般通过求取变异系数来判断。作

---

[1] 胡天天:《我国公立医院财务风险评价及防控策略研究》,硕士学位论文,华中科技大学,2016,第40页。

为刻画指标区分度的一种方法,指标的鉴别力强弱,值越大,说明指标的鉴别力越强,否则表示鉴别力越低。通常变异系数 V 如式(6-1)所示:

$$V = \frac{\sigma}{u} \qquad (6-1)$$

式(6-1)中:u 为均值,$u = \frac{1}{n}\sum_{i=1}^{n} x_i$。$\sigma$ 为标准差,$\sigma = \sqrt{\sum_{i=1}^{n}(x_i - u)^2/n}$。

采用 SPSS19.0 软件进行操作,依据计算结果,删除鉴别力小于阈值或临界值的指标。由于研究数据均来自官方统计数据,高校之间在各指标上的差异明显,将鉴别力临界值设定为 0.7。选取各指标数据差距相对较小的 18 所 2017 年行业划转地方工科院校的样本数据进行分析。由此通过相关性及鉴别力分析删除了 15 项指标(见表 6-8)。

表 6-8 相关性与鉴别力分析删除指标一览

删除指标	变量标识	最大相关系数	变异系数
资金总投入	x_1	0.923	—
当年内部支出	x_5	0.971	—
科技课题当年投入人数	x_{25}	—	0.58
EI 论文检索数	x_{23}	0.894	—
科技课题当年支出经费	x_{29}	0.966	—
全时当量人员	x_{17}	0.847	—
拥有高级职称的科学家与工程师数量	x_{16}	—	0.54
鉴定成果数	x_{14}	0.817	—
技术转让签订合同数	x_6	0.908	—
科技成果奖数量	x_{13}	—	0.63

续表

删除指标	变量标识	最大相关系数	变异系数
SCI 论文被引量	x_9	0.986	—
SSCI 论文被引量	x_{10}	0.811	—
CSSCI 论文被引量	x_{11}	0.905	—
科技课题当年拨入经费	x_{27}	0.930	—
专利合作数量	x_8	0.801	—

资料来源：笔者根据相关文献自制。

（五）评价指标体系的构建

1. 评价指标体系的确定

经过指标筛选之后，得到包含资源投入与平台建设、成果产出与转化 2 个一级指标、4 个二级指标、17 个三级指标的行业划转地方院校科研创新能力评价体系（见表 6-9）。为了后续研究的开展，需要对评价体系所包含的指标及其数据来源做进一步的说明。

2. 指标说明

（1）资源投入与平台建设指标

一是资源投入指标。现有文献多以创新经费投入作为创新资源的主要表征。为了更好地反映研发资源投入的结构与特征，将行业划转地方工科院校创新经费的两个主要来源——政府资金投入与企事业单位投入——作为两个独立的变量。其中：政府资金投入主要是指以高校个体为单位当年拨入的 R&D 经费中来自各级政府部门的各类资金，包括财政科学技术拨款、科学基金、教育等部门事业费，以及政府部门预算外资金的实际支出；而企事业单位委托经费则是指学校从校外企、事业单位获得的研究经费。

表 6-9 行业划转工科院校科研创新能力评价指标体系

一级指标	二级指标	三级指标	变量标识
资源投入与平台建设	资源投入	政府资金投入	x_2
		企业资金投入	x_3
	平台建设	研究与发展人员投入	x_{13}
		一级学科博士点数	x_{16}
		部级以上重点实验室数量	x_{17}
成果产出与转化	成果产出	发表论文数量	x_{18}
		SCI 论文检索数	x_{19}
		SSCI 论文检索数	x_{20}
		EI 论文检索数	x_{21}
		CSSCI 论文检索数	x_{22}
		出版著作数量	x_{23}
		课题总数	x_{24}
		国家自然科学基金项目数量	x_{28}
		国家社科基金项目数量	x_{29}
		专利申请数量	x_{30}
	成果转化	技术转让当年实际收入	x_7
		国家科技进步奖数量	x_{12}

资料来源：笔者根据相关文献自制。

与其他研究更关注 R&D 经费支出相比[1]，本书更关注行业划转工科院校对创新资源的吸引力，因而借鉴王烨等人的研究，均选取行业划转工科院校当年的拨入经费作为创新资源的表征变量。[2] 两个指标均选用《高等学校科技统计资料汇编》中的

---

[1] 黄青：《产学研合作政策与高校知识创新链关系的研究》，硕士学位论文，浙江理工大学，2016，第 42 页。

[2] 王烨、陈光华：《科研投入对高校双元产出的影响》，《科技管理研究》2018 年第 19 期，第 101~107 页。

统计数据。

二是平台建设指标。将研究与发展人员作为行业划转地方工科院校本身所具备的科研创新的平台建设基础。研究与发展人员是指统计年度内，从事研究与发展工作时间占本人教学、科研总时间10%以上的"教学与科研人员"。该指标选用《高等学校科技统计资料汇编》中的统计数据。另外，从学科建设的角度，选取表征行业划转地方工科院校创新组织机构的建设水平的指标。从数据的可获得性考虑，主要选取了一级学科博士点数、部级以上重点实验室数量2个指标。其具体数据主要来源于各个学校的官网、教育部网站、中国学位与研究生教育信息网、各地区教育统计年鉴等。

（2）成果产出与转化指标

一是成果产出指标。借鉴王烨和陈光华[①]、王晓珍和蒋子浩等人[②]、于志军[③]的研究，主要选取发表论文数量（包括SCI、SSCI、CSSCI、EI论文检索）、出版著作数量、课题总数（包括国家自然科学基金项目、国家社会科学基金项目）以及专利申请数量等为表征指标。其中：发展论文数量、课题总数的相关数据均来源于《高等学校科技统计资料汇编》；而SCI、SSCI、CSSCI、EI论文检索数量则来源于Web of Science、中国知网、

---

① 王烨、陈光华：《科研投入对高校双元产出的影响》，《科技管理研究》2018年第19期，第101~107页。
② 王晓珍、蒋子浩、郑颖：《高校创新效率动态演进分析及影响因素识别——基于非参数核密度估计和SFA模型》，《统计与信息论坛》2018年第9期，第81~87页。
③ 于志军：《创新价值链视角下高校科技创新效率研究》，博士学位论文，合肥工业大学，2016年，第39页。

EI Village 等论文检索数据库，用以代表学术论文的产出质量。而国家自然科学基金项目、国家社会科学基金项目则分别来源于国家自然科学基金共享服务网、国家社科基金项目数据库，用以表征各行业划转工科院校获批课题项目的质量。

二是成果转化指标。研究基于数据的可得性以及数据筛选结果，最终选取了技术转让当年实际收入，国家科技进步奖数量，与企业合作开发专利，来自 SCI、SSCI、CSSCI 三大权威学术论文检索的学术论文被引量等 6 项指标。在现有相关研究中，技术转让签订合同数、技术转让当年实际收入是两个比较常用的衡量高校科研成果转化情况的指标。[1] 借鉴相关研究，在指标筛选的基础上，保留了技术转让当年实际收入这一指标。同时，成果输出势代表了行业划转工科院校学术成果与社会需求之间的交集。其中：国家科技进步奖数量是针对突出科研贡献的研究项目的评估，且多为多个单位、机构之间协同完成，因而在高校学术成果应用价值实现的表征上具有较强的参考价值；而也可以作为行业划转地方工科院校输出势的一个重要的衡量指标。相关数据主要来源于《高等学校科技统计资料汇编》、国家科学技术奖励工作办公室官网。

二 行业划转工科院校科研创新能力评价模型构建

（一）评价方法的选择

TOPSIS（Technique for Order Preference by Similarity to an

---

[1] 于志军：《创新价值链视角下高校科技创新效率研究》，博士学位论文，合肥工业大学，2016，第 39 页；段昌伟、倪红卫：《高校开展校企科技合作的实践研究》，《科技进步与对策》2006 年第 4 期，第 155~156 页。

Ideal Solution）法是一种根据有限个评价对象与理想化目标的接近程度进行排序，进而在现有的对象中进行相对优劣的评价方法。[①] TOPSIS法的基本原理是通过检测评价对象与最优解及最劣解的距离来进行排序：若评价对象靠近最优解同时又远离最劣解，则为最好；否则不为最优。这里的最优解为各指标值都达到各评价指标的最优值，最劣解为各指标值都达到各评价指标的最差值。通常评价对象包含多个指标，各指标对评价对象的重要程度不同。评价时需要对各指标赋予不同权重，不同的权重会导致不同的评价结果。TOPSIS法因其原理相对简单，对于要评价的对象的样本数量及评价指标设置的多少并无严格的限制，既可以从横向上对不同评价对象进行对比，也可以从纵向上对同一评价对象不同时期的表现进行分析。计算的简便性、原始数据信息的充分利用，使得该方法广泛应用于创新绩效、创新能力、创新效率、创新贡献度等相关的研究中。例如熊国经等人运用E-TOPSIS改进因子分析法对泛珠三角洲区域高校科技创新能力进行评价[②]，张欣等人运用改进TOPSIS法对高校创新人才培养模式进行综合评估。[③]

本书在传统TOPSIS模型的基础上，运用熵值赋权法，由此建构行业划转地方工科院校科研创新能力的熵权TOPSIS评价模

[①] Ching-Lai Hwang, Kwangsun Yoon , *Multiple Attribute Decision Making*: *Methods and Applications a State-of-the-Art Survey*, Springer-Verlag, 1981, pp. 128–140.

[②] 熊国经、熊玲玲、陈小山：《泛珠三角洲区域高校科技创新能力评价——基于E-TOPSIS改进因子分析法的实证研究》，《科技管理研究》2018年第22期，第86~91页。

[③] 张欣、钟晓兵：《基于改进Topsis法的高校创新人才培养模式研究》，《西安电子科技大学学报》（社会科学版）2012年第6期，第120~126页。

型。就其本质属性而言，科研创新能力是个相对的概念。而运用熵权 TOPSIS 法根据研究个体与理想目标之间的差异对各行业划转地方工科院校的科研创新能力进行评价，也是一种相对的比较与排序，因而符合能力高低的应有之义。

（二）基于熵权 TOPSIS 的评价模型构建

将熵值赋权法与 TOPSIS 法结合形成的熵权 TOPSIS 法能够准确、客观地评价各对象的优劣。熵权 TOPSIS 法的基本思路：第一，由各评价对象和各对象的评价指标构建评价矩阵，并对构建的评价矩阵规范化处理；第二，利用熵值赋权法对各评价指标的权重进行求解计算；第三，利用求得的权重计算最优解和最劣解；第四，计算各评价对象与最优解和最劣解的距离，进一步求得各评价对象的相对贴近度；第五，根据相对贴近度排序确定各个评价对象的优劣。具体的计算步骤如下。

第一步，确定初始评价矩阵，假设有 s 个评价对象，每个评价对象包含有 t 个评价指标，所得评价矩阵 X 如式（6-2）所示：

$$X = (x_{ij})_{s \times t} = \begin{bmatrix} x_{11}, & x_{12}, & \cdots, & x_{1t} \\ x_{21}, & x_{22}, & \cdots, & x_{2t} \\ \vdots & \vdots & \vdots & \vdots \\ x_{s1}, & x_{s2}, & \cdots, & x_{st} \end{bmatrix} \quad (6-2)$$

第二步，各评价指标可能存在数量级差异，为防止各评价指标数量级差异导致部分指标失效，对初始评价矩阵进行规范化处理。

根据评价指标的正向性和逆向性将各指标进行最大值-最小值标准化处理：

$$y_{ij} = \begin{cases} \dfrac{x_{ij} - \min(x_{1j}, x_{2j}, \cdots, x_{sj})}{\max(x_{1j}, x_{2j}, \cdots, x_{sj}) - \min(x_{1j}, x_{2j}, \cdots, x_{sj})}, \text{正向指标} \\ \dfrac{\max(x_{1j}, x_{2j}, \cdots, x_{sj}) - x_{ij}}{\max(x_{1j}, x_{2j}, \cdots, x_{sj}) - \min(x_{1j}, x_{2j}, \cdots, x_{sj})}, \text{逆向指标} \end{cases} \quad (6-3)$$

式（6-3）中 $\min(x_{1j}, x_{2j}, \cdots, x_{sj})$ 和 $\max(x_{1j}, x_{2j}, \cdots, x_{sj})$ 分别为 s 个评价对象的第 j 项指标的最小值和最大值。

熵值计算时存在对数运算，因此各指标值不能为零，同时为避免因为归一化处理后的最优指标"1"使熵值计算时的 $y_{ij} \ln y_{ij} = 0$ 与实际情况不符，将标准化结果进一步修正，如式（6-4）所示：

$$f_{ij} = \dfrac{1 + y_{ij}}{\sum_{i=1}^{s}(1 + y_{ij})} \quad (6-4)$$

式（6-4）中：$i = 1, 2, \cdots, s$；$j = 1, 2, \cdots, t$。

第三步，计算修正评价矩阵 f_{ij} 的信息熵，如式（6-5）所示：

$$H_j = -\dfrac{1}{\ln s}\left(\sum_{i=1}^{s} f_{ij} \ln f_{ij}\right) \quad (6-5)$$

第四步，计算各评价指标的熵权 Q_j，如式（6-6）所示：

$$Q_j = \dfrac{1 - H_j}{\sum_{j=1}^{t}(1 - H_j)} \quad (6-6)$$

式（6-6）中：$j = 1, 2, \cdots, t$，$\sum_{j=1}^{t} Q_j = 1$。

第五步，构建加权评价矩阵及确定最优解和最劣解。

将每一评价指标的权重与对应的规范化矩阵式（6-4）中元素相乘得到加权评价矩阵，如式（6-7）所示：

$$F_{ij} = [Q_j \times f_{ij}]_{st} \quad (6-7)$$

确定最优解为：

$$F_j^+ = \max(F_{1j}, F_{2j}, \cdots, F_{sj}), j = 1, 2, \cdots, t \quad (6-8)$$

确定最劣解为：

$$F_j^- = \min(F_{1j}, F_{2j}, \cdots, F_{sj}), j = 1, 2, \cdots, t \quad (6-9)$$

第六步，计算各评价对象与最优解和最劣解的距离。

利用加权欧氏距离计算各个评价对象与最优解的距离 d_i^+ 和最劣解的距离 d_i^- 分别为：

$$\begin{cases} d_i^+ = \sqrt{\sum_{j=1}^{t}(F_{ij} - F_j^+)^2}, i = 1, 2, \cdots, s \\ d_i^- = \sqrt{\sum_{j=1}^{t}(F_{ij} - F_j^-)^2}, i = 1, 2, \cdots, s \end{cases} \quad (6-10)$$

d_i^+ 是评价对象与最优解的距离，d_i^+ 越小说明评价对象与最优解越接近；d_i^- 是评价对象与最劣解的距离，d_i^- 越大说明评价对象与最劣解越远。

第七步，计算各评价对象的相对贴近度。

d_i^+ 和 d_i^- 均是从单方面确定评价对象的优劣，为了能综合反映评价对象的优劣，采用相对贴近度 C_i 来评定，如式（6-11）所示：

$$C_i = \frac{d_i^-}{d_i^- + d_i^+}, i = 1, 2, \cdots, s, 0 \leq C_i \leq 1 \quad (6-11)$$

式（6-11）中 C_i 越大说明评价对象的综合表现越好，C_i 越小说明评价对象的综合表现越差。

第八步，评定各对象的优劣。

基于贴近度 C_i 按照降序排列各评价对象，该排序即为各评价对象由最优到最差。

三　行业划转工科院校科研创新能力评价的实证研究

（一）研究对象选择与编码

本书选取服务于煤炭、石油、钢铁三个资源类行业的 21 所行业划转工科院校作为研究样本，其中 18 所行业划转地方工科院校为主要研究对象，3 所部属高水平行业特色型大学则作为对照组。以院校管理体制改革为时间节点，选择 1998～2017 年这一时间段。按行业进行编码，将服务于煤炭行业的 9 所院校以 M 开头进行 M_1～M_9 的编码，同样对服务于石油和钢铁行业的院校分别以首字母 S、G 进行编码。同时为了增加数据分析的可参考性，对 21 所行业划转工科院校按所在地区、隶属关系以及是否为一流学科建设高校等属性进行进一步区分（见表 6-10）。

表 6-10　21 所行业划转工科院校具体编码情况

学校	隶属关系	所在地区	学校	隶属关系	所在地区
M_1*	部属	东部	S_3	地方	东北
M_2*	地方	中部	S_4	地方	西部
M_3	地方	东北	S_5	地方	东北
M_4	地方	东部	S_6	地方	东部
M_5	地方	东北	S_7	地方	中部
M_6	地方	西部	G_1*	部属	东部
M_7	地方	中部	G_2	地方	中部
M_8	地方	中部	G_3	地方	东北
M_9	地方	中部	G_4	地方	中部
S_1*	部属	东部	G_5	地方	西部
S_2	地方	西部			

注：带 * 为一流学科建设高校。
资料来源：笔者根据相关文献自制。

（二）数据来源及处理

1. 数据来源及标准化

本书选择了1998~2017年21所行业划转工科院校的相关统计数据进行分析。在时间段的选择上主要考察行业院校自划转以来20年的发展变迁。由于时间跨度较长，所涉及的高校数量较多，目前的各类统计年鉴、统计报表等对学校个体的相关数据的公开程度有限，为了保证统计口径的一致性和数据的权威性，本书选取的指标数据多从各类统计年鉴，教育部、科技部等官网公开政策文件，各类论文、专利等数据共享平台，数据库，各个学校的官网等渠道获得。

相关数据主要来源于《高等学校科技统计资料汇编》、国家科学技术奖励工作办公室官网、国家知识产权局专利检索及分析数据库、Web of Science、中国知网等。由于数据搜索渠道的有限性，笔者运用插值法对2004年、2005年部分缺失数据进行了拟合，以保证相关数据分析的连续性。由于反映行业划转工科院校科研创新能力的各项具体指标的数据量纲及数量级差距较大，笔者遵循可比性原则，在进行相关评价时需要对不同指标进行无量纲化处理，以消除原始数据不同单位和统计数量级的影响。运用公式（6-3）进行数据标准化的处理。

2. 评价指标体系权重确定

各级权重的计算过程如下。

第一步，计算1998~2017年各高校的三级指标均值，将计算均值按照公式（6-2）构建评价矩阵，利用公式（6-4）~（6-6）求得各三级指标的权重。

第二步，将三级指标权重与三级指标均值数据相乘得到加权后的三级指标均值评价体系数据，并将其按照二级指标包含项目相加得到二级指标均值数据。

第三步，将二级指标均值数据按照公式（6-2）构建评价矩阵，利用公式（6-4）~（6-6）求得各二级指标的权重。

第四步，将二级指标权重与二级指标均值数据相乘得到加权后的二级指标均值评价体系数据，并将其按照一级指标包含项目相加得到一级指标均值数据。

第五步，将一级指标均值数据按照公式（6-2）构建评价矩阵，利用公式（6-4）~（6-6）求得各一级指标的权重。

权重体系结果如表 6-11 所示。

表 6-11 行业划转工科院校科研创新能力评价指标体系权重及结果

一级指标	二级指标	三级指标	权重
资源投入与平台建设	资源投入	政府资金投入/千元	0.046
		企业资金投入/千元	0.062
	平台建设	研究与发展人员投入/人	0.059
		一级学科博士点数/个	0.064
		部级以上重点实验室数量/个	0.051
成果产出与转化	成果产出	发表论文数量/篇	0.047
		SCI 论文检索数/篇	0.058
		SSCI 论文检索数/篇	0.047
		EI 论文检索数/篇	0.073
		CSSCI 论文检索数/篇	0.060
		出版著作数量/部	0.057
		课题总数/项	0.072
		国家自然科学基金项目数量/项	0.058
		国家社科基金项目数量/项	0.045
		专利申请数量/件	0.067
	成果转化	技术转让当年实际收入/千元	0.073
		国家科技进步奖数量/项	0.061

资料来源：笔者根据相关文献自制。

基于熵权 TOPSIS 法，运用 Matlab 软件，在求得各指标权重的基础上，利用公式（6-2）~（6-11）对 21 所行业划转工科院校的科研创新能力进行评价。

四 行业划转工科院校科研创新能力纵向演化态势分析

（一）行业划转工科院校科研创新能力演化的总体趋势分析

从整体得分的年均值来看，在 1998~2017 年 20 年的发展周期内，21 所行业划转工科院校科研创新能力总体呈现上升状态（见图 6-12）。以 2014 年为节点：2014 年之前行业划转工科院校科研创新能力、资源投入与平台建设、成果产出与转化三者之间的变化趋势相对一致；但 2014 年之后，资源投入二级指标得分呈现明显的下降趋势，而平台建设与成果产出两个二级指标均呈现增长趋势（见图 6-13），这可能与这一时期中国经济进入新常态，21 所行业划转工科院校主要服务的煤炭、石油以及钢铁行业先后进入改革与转型期，对这些高校的资源支持明显缩减有关，而如图 6-13 所示，科研成果产出维度上升趋势明显，尤其自 2010 年以来进入一段高速增长时期，表明这一时期的行业划转工科院校进入了一段科研平台建设规模与成果产出数量激增的时期。除了高校自身的发展及科研创新效率提升外，这与《国家中长期教育改革和发展规划纲要（2010—2020 年）》的出台、"2011 计划"的实施、全国第三轮学科评估等政策激励下，形成的一种以学术产出数量、等级与利益分配挂钩的"学术锦标赛制"有关。

（二）行业划转工科院校科研创新能力演化的阶段性分析

行业划转工科院校科研创新能力的动态变化与科研创新方向

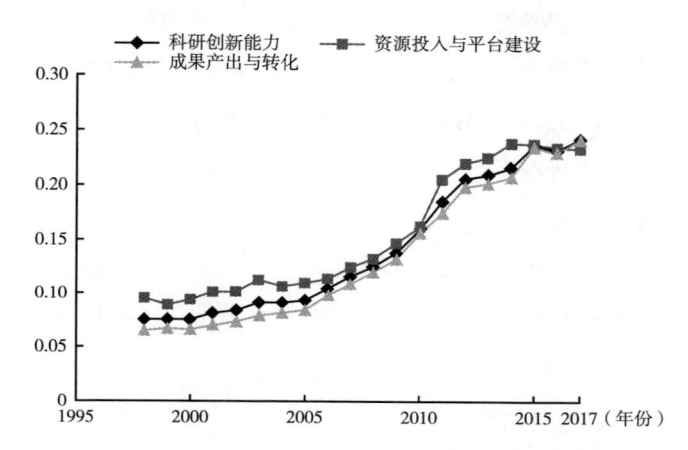

图 6-12　1998~2017 年 21 所行业划转工科院校
科研创新能力演化情况

资料来源：笔者根据相关文献自制。

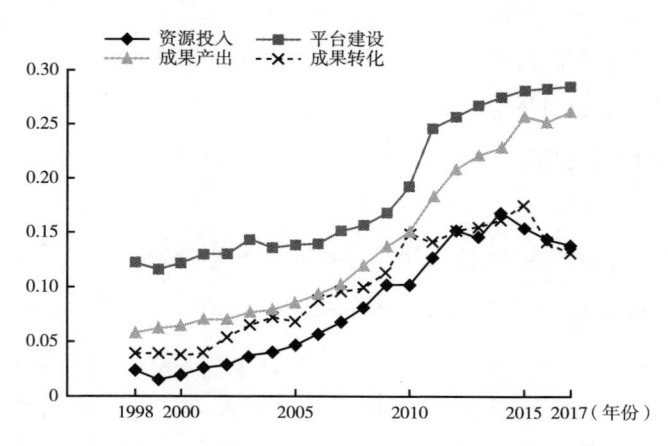

图 6-13　1998~2017 年 21 所行业划转工科院校
科研创新能力二级指标得分情况

资料来源：笔者根据相关文献自制。

及服务领域的选择密切相关,并深受制度变迁与所服务行业的经济发展形势的影响,呈现明显的阶段性特征。迈尔斯(Miles)和卡梅伦(Cameron)曾提出组织在面对动荡的外部环境时,往往采取"领域防御""领域进攻""领域创造"三种递进式的战略来适应组织环境的变迁。其中:"领域防御"战略,通过设计来增强组织的合法性,并缓冲环境的冲击作用;"领域进攻"战略,旨在充分利用环境,扩大目前的专业领域;"领域创造"战略则是在最小化风险的前提下,拓展到更安全的区域或环境中。[①] 而综观行业划转工科院校科研创新能力的整体演变过程可以发现,受外部环境的影响,其同样经历了由领域防御到领域进攻再到领域创造的发展阶段:1998~2002年体制转轨的过渡期、2003~2012年快速增长的扩张期、2013~2017年增速减缓的内涵发展期。以各个时间段内21所行业划转工科院校的资源投入与平台建设、成果产出与转化均值分别作为这一时期在两个维度上的平均水平,由此划分为四个象限(见图6-14、图6-15、图6-16)。

体制转轨期:"防御"状态下科研创新能力处于较低水平。1998~2002年,以"共建、调整、合作、合并"八字方针为指导,行业划转工科院校经历了体制转轨的剧烈变革时期。随着行业部门办学体制的结束,这些高校多被划转至教育部或地方管理。面对制度的强制性变迁,行业划转工科院校多处于被动适应的"防御"状态。被动适应创新资源分配方式的变化,适应多校合并带来的创新资源要素的重组,适应创新资源的吸纳和消除

[①] R. H. Miles, *Coffin Nails and Corporate Strategies*, Prentice Hall, 1982, pp. 298-300.

第六章 | 行业划转工科院校科研创新能力演化分析

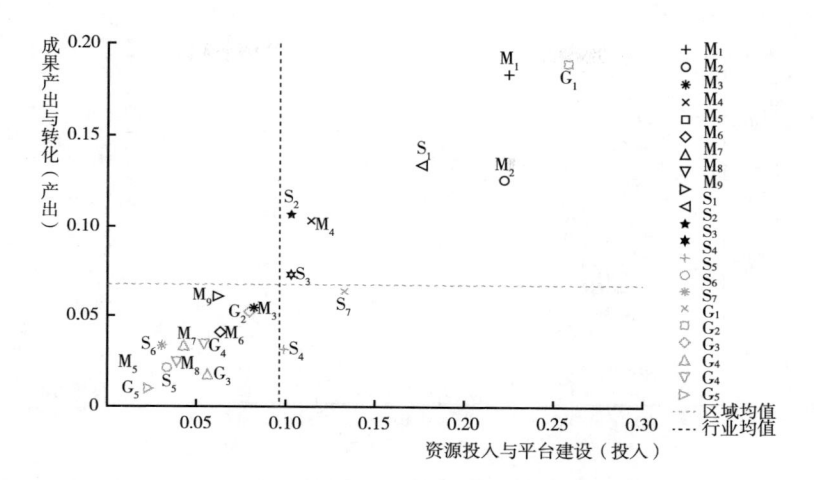

图 6-14　1998~2002 年 21 所行业划转工科院校科研创新能力的分布情况

资料来源：笔者根据相关文献自制。

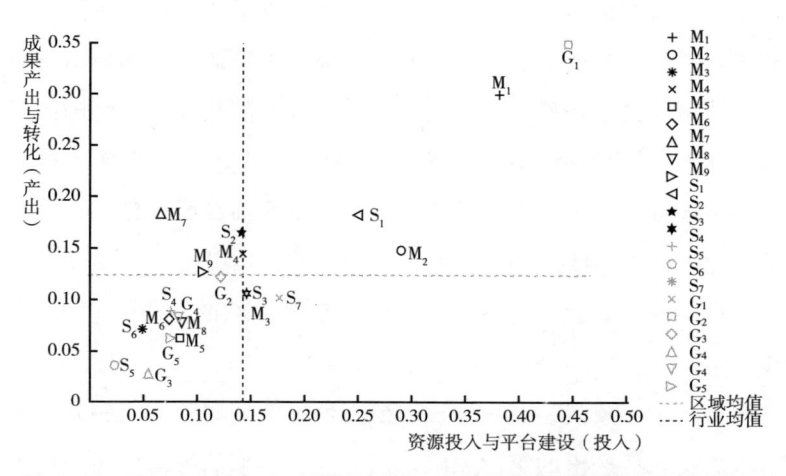

图 6-15　2003~2012 年 21 所行业划转工科院校科研创新能力的分布情况

资料来源：笔者根据相关文献自制。

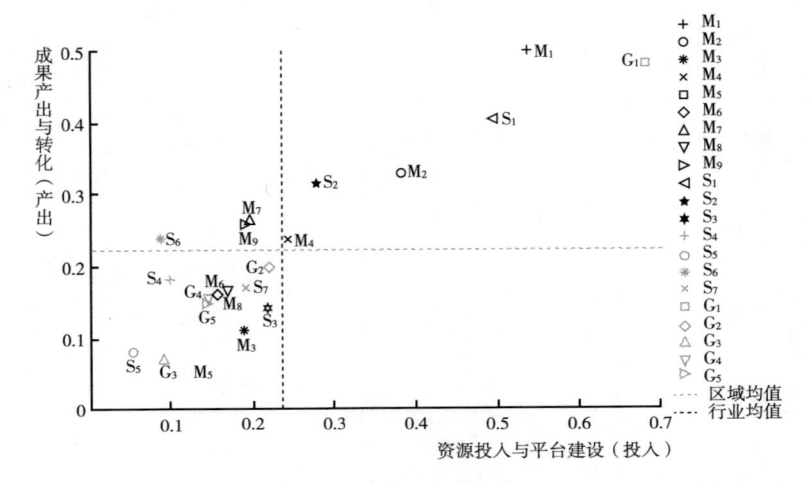

图 6-16 2013~2017 年 21 所行业划转工科院校科研创新能力的分布情况

资料来源：笔者根据相关文献自制。

行业的垄断性壁垒，以及行业壁垒打破后产学研合作链条的疏散甚至断裂。创新成果的服务领域也因隶属关系的转变逐渐由行业向区域拓展甚至迁移，并被置于与其他各类院校在更大范围内竞争性准入的技术环境中。从图 6-14 可以看出，行业划转工科院校的象限分布呈现较为松散的状态，大多聚集在第三象限，科研投入与产出的均值分别为 0.096、0.068，均处于较低的水平。且各高校的科研能力之间的差距相对较小，标准差为 0.056。除 M_1、M_2、G_1、S_1 4 所"211"工程建设高校外，S_2、M_4、S_3 也顺利进入第一象限，而 S_4、S_7 2 所石油行业划转地方工科院校则落入高投入低产出的第四象限。而从这一时期的外部创新环境来看，这一时期受亚洲金融危机以及国内经济体制转轨和经济结构转换的影响，国民经济处于亟待复苏的阶段，生产水平还较低。

资源依赖性强的煤炭、石油、钢铁等传统行业，对人才与技术服务需求也处于较低的水平。而受经济发展水平的影响，长期投入不足，办学条件相对落后的状况也在一定程度上限制了这部分高校创新成果的产出效率。总体来看，这一时期外部环境的驱动力不足，内部结构的大规模调整，大多数行业划转工科院校的创新系统陷入短暂的无序与混沌状态，整体科研创新能力水平较低，呈现在第三象限底部聚集状态。

规模扩张期："进攻"机遇下科研创新能力大幅提升、综合化趋向明显。2003~2012年，随着高校办学自主权的扩大，行业划转工科院校主动作为的制度空间得以释放，以规模扩张为代表，逐渐进入创新领域的进攻战略期，对外部环境的影响力与支配力不断增强。通过主动调整适应体制转轨带来的创新系统的失序状态，行业划转工科院校实现了科研创新能力在这一时期的快速增长。从图6-15可以看出，这一时期行业划转工科院校整体的科研创新能力提升明显，科研投入及科研产出的均值分别达到0.144、0.123。相较于上一时期，行业划转工科院校整体呈现由低投入低产出的第三象限底部向其他象限移动的趋势，多数聚集在两个维度的平均水平线附近。从内部动力来看，体制转轨的适应期与高等教育大众化进程的推进期重合，行业划转工科院校为拓宽外部资源的获取渠道，扩大服务空间和辐射范围，以在既有的区域创新系统格局中争得一席之地，逐渐由单一的学科体系、单一的行业服务面向向多学科、综合化、地方化转变。这一时期包括博硕士点数量、科研从业人员数量等在内的平台建设水平均呈现较快增长。例如相较于1998年，2012年M_1、M_2、G_1一级学科博士点数量增长均超过10个，M_4、M_3、M_6、G_2等地方行业划转工科院校的一级学科博士点也均超过5个。从外部需求来看，随着社会主义市场经济体制的建立，包括煤炭、石油、钢铁等行业逐渐复苏，并迎来规模扩张及产能增加的黄金发展时期。经济需求转化为科技需求，由此也带动了行业划转工科院校的科研创新。这一时期行业划转工科院校与外部环境之间的互动更为频繁，大多数高校成果产出及转化能力提升明显。例如 M_7、M_9 的产出维度表现较好，并在这一阶段顺利由第三象限过渡到第二象限。S_7、M_3、S_3 则落入投入多产出少的第四象限。究其原因可能与创新及服务领域的泛化有关。尤其是 S_7，2003 年与其他院校合并、改名，逐渐将服务重心转移到区域，并逐渐扩展成为一所综合性大学。大多数行业转地方工科院校传统优势学科相对较为单一，而在其学科专业的外延式扩张过程中，过于注重学科专业布局的综合功能与"地方特色"，与原有的单一优势学科之间的内在关联和互补性较弱，其很难短时间内在区域高等教育系统中占据服务优势。同时在创新资源有限的前提下，创新领域的扩展对其原有的行业特色优势形成一定的稀释作用。

总体来看，这一时期是行业划转工科院校主动作为，不断融入所服务的区域创新系统以及行业技术创新系统的过程。随着学科专业数量不断增加，创新服务领域的不断拓展，办学定位的区域性更加明显。行业划转工科院校科研创新领域的宽度也不断增加，并与地方逐渐形成较为稳定的互动发展机制。但相对而言，这一时期进入第一象限的均为"211 工程"建设高校，各行业划转工科院校科研创新能力的标准差为 0.083，高校之间的科研创新能力分布差异有增大的趋势。

内涵发展期：科研创新能力增速减缓、不均衡化明显。2013

年，教育部发布教育《教育部关于2013年深化教育领域综合改革的意见》，随着高等教育领域综合改革的不断深化，我国正处于从高等教育大国向高等教育强国转轨、由外延扩张向内涵式发展转变的特定历史时期。以获取外部政策支持以及竞争异质性资源为动机，行业划转工科院校也逐渐进入创新领域的创造期。2012年以来，煤炭、钢铁及石油行业经过一段时间依赖资源的粗放型的快速增长之后，逐渐进入萧条期。处于发展瓶颈期的传统行业面临产业转型。行业划转工科院校作为供给侧，其创新要素与结构同样面临着更深层次的改革，科研创新能力整体呈现增速减缓的迹象。而处于更具竞争性的环境中，行业划转工科院校逐渐步入更加注重发展特色凝练的时期，科研创新效率也明显提高，没有高校落入高投入低产出的第四象限（见图6-16）。除M_7、M_9之外，S_6的产出能力提升尤为明显，进入低投入、高产出的第二象限。同时高校之间的差距与分层也更为明显，科研创新能力的标准差达到了0.126，差异进一步扩大。5所一流学科建设高校稳居高投入与高产出的第一象限，M_4也由第二象限转入第一象限。包括M_5、G_3、S_5在内的3所高校则仍位于低投入、低产出的第三象限底部，构成科研创新能力整体较低的第三阶层，而其余的行业划转地方工科院校则更加集中在科研创新能力平均水平线附近，构成第二阶层。

五　行业划转工科院校之间科研创新能力横向演化差异分析

（一）行业划转工科院校科研创新能力演化的类型差异

根据21所行业划转工科院校科研能力在三个发展阶段内的

象限分布变化,将其分为领先型、发展型、缓退型、迟滞型四种类型(见表 6-12)。其中,领先型是指始终处于第一象限的高校,主要包含 G_1、M_1、S_1、M_2 四所"211 工程"建设高校,其年均科研创新能力均在 0.23 以上。而 S_2、M_4、M_7、M_9、S_6 几所高校的科研创新能力整体呈现向第一象限及第二象限跃升的状态,这几所行业划转地方工科院校顺利完成了体制转轨的过渡调整期,在较长的办学实践中形成了较为深厚的学科专业基础、较为成熟的学术队伍、学术机制与学术文化,属于较有发展潜力的发展型高校。而缓退型则是指由其他象限退回至第三象限的高校,主要包括 S_3、S_7、S_4、M_3。尤其是 S_3,作为一所东北地区的高校,逐渐由第一象限到第四象限再到第三象限,相对而言,其科研创新能力的弱化倾向明显。G_2、M_6、M_8、G_4、G_5、M_5、

表 6-12 21 所行业划转工科院校科研创新能力的象限分布及分类情况

高校	第一阶段	第二阶段	第三阶段	类型	高校	第一阶段	第二阶段	第三阶段	类型
M_1	1	1	1	领先型	S_4	4	3	3	缓退型
M_2	1	1	1	领先型	M_3	3	4	3	缓退型
S_1	1	1	1	领先型	G_2	3	3	3	迟滞型
G_1	1	1	1	领先型	M_6	3	3	3	迟滞型
S_2	1	2	1	发展型	M_8	3	3	3	迟滞型
M_4	1	2	1	发展型	G_4	3	3	3	迟滞型
M_7	3	2	2	发展型	G_5	3	3	3	迟滞型
M_9	3	2	2	发展型	M_5	3	3	3	迟滞型
S_6	3	3	2	发展型	G_3	3	3	3	迟滞型
S_3	1	4	3	缓退型	S_5	3	3	3	迟滞型
S_7	4	4	3	缓退型					

资料来源:笔者根据相关文献自制。

G_3、S_5几所高校的科研创新能力则一直处于第三象限，属于科研创新能力提升较慢的迟滞型，尤其是后四所高校，其本身的发展基础较为薄弱，各个维度的得分均在较低水平，年均科研创新能力均基本处于 0.07 以下，在近 20 年的办学实践中均基本呈现匍匐前进的演化状态。

（二）服务不同行业的行业划转工科院校之间的科研创新能力呈现相持不下的状态

从图 6-17 来看，在近 20 年的发展历程中，煤炭、石油、钢铁三类行业划转工科院校的科研创新能力呈现交错发展的格局，整体均呈明显上升趋势。相对而言，2002~2014 年石油行业划转工科院校的科研创新能力整体上要稍低于其他两类。从三类行业划转工科院校的发展演变来看，在 1998~2002 年，以及 2012 年之后两个时间段内 3 类行业划转工科院校均处于增速减缓、波动较为频繁的阶段。前一阶段可能与这些高校经历体制转轨带来的合并、划转、调整等政策波动以及三个行业正处于发展的低谷期有关。而后一时期三个行业先后经历市场容量萎缩、产能过剩的下行期。尤其随着 2015 年左右我国经济发展进入新常态，供给侧结构性改革带来包含三个行业在内的去产能、调结构的能源革命。这一时期 21 所行业划转工科院校的科研创新能力均先后经历了较为明显的增速趋缓状态。但自 2016 年以来，钢铁与石油行业划转工科院校的科研创新能力再次呈现上扬的态势。

（三）不同发展梯次的行业划转工科院校科研创新能力差异呈现扩大趋势

从图 6-18 可以看出，包括 G_1、M_1、S_1、M_2、S_2 5 所世界一

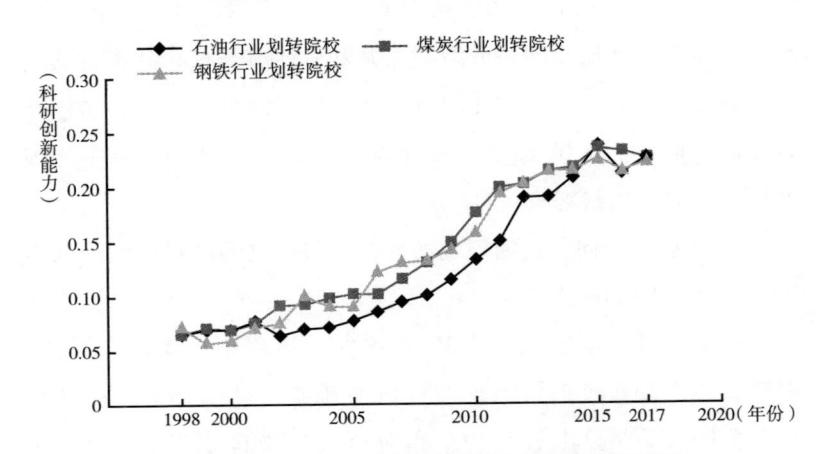

图 6-17　1998~2017 年不同类型行业划转工科院校
科研创新能力的差异性

资料来源：笔者根据相关文献自制。

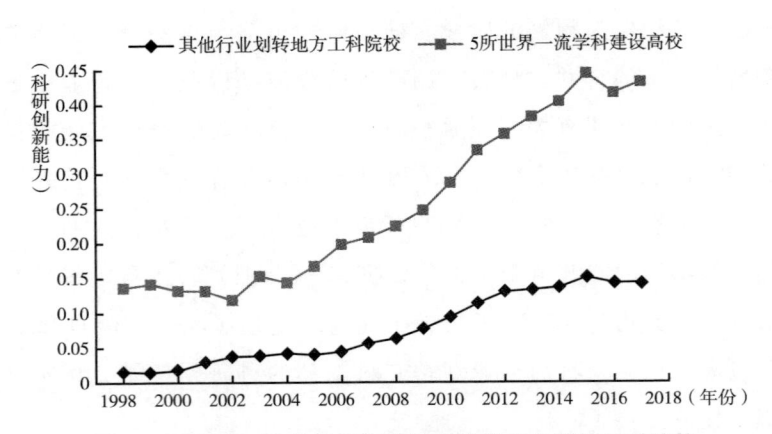

图 6-18　1998~2017 年不同发展梯次的行业划转工科院校
科研创新能力的差异性

资料来源：笔者根据相关文献自制。

流学科建设高校与其他行业划转地方工科院校的科研创新能力整体呈现明显的上升趋势，但两者之间的差异明显。尤其是2010年以来，划入"世界一流学科建设高校"的高水平行业特色型大学的科研创新能力增速加快，其他行业划转地方工科院校与世界一流学科建设高校的差距呈扩大趋势。这可能与重点建设的行政逻辑逐渐演化为一种资源分配导向有关。随着"211工程"、"985工程"、"2011计划"、"双一流"建设等重点建设政策的实施，政府资源分配方式的变化在一定程度上将重点建设高校与其他行业划转地方工科院校置于不同的制度环境内，由此两者科研创新能力的差距愈加明显。

（四）行业划转工科院校科研创新能力呈现明显的区域性差异

将21所行业划转工科院校按照所隶属的区域进行划分，从图6-19可以看出，其科研创新能力呈现较为明显的区域性差异，整体看由高到低依次为东部、中部、西部与东北。这种差异性与行业划转工科院校所在区域的经济发展水平之间表现出较强的相关性。在2010年之后，东部与其他地区差异具有扩大趋势。除了受经济发展水平影响外，这也与前文提及的重点建设政策有关。在马太效应影响下，东部地区的3所教育部管理的高水平行业特色型大学，在科研创新能力上占有绝对优势。相对而言，东北地区行业划转工科院校的科研能力增速缓慢，并逐渐落后于其他地区，形成事实上的"创新洼地"。从图6-19可以看出，中部、西部及东北的科研创新能力在1998年基本处于同一水平。而在2006年之后，东北地区行业划转工科院校的科研创新能力与其他三个地区的差距逐渐拉大。这既与位于东北地区的几所行业划转工科院校本身的学科专业基础较为薄弱、发展后劲不足有

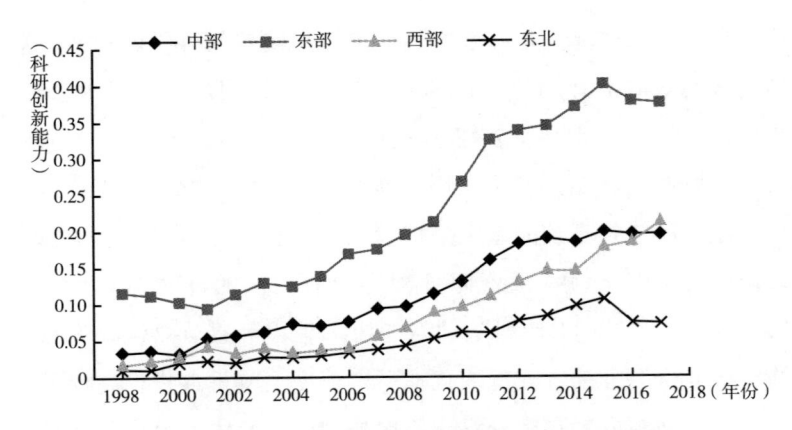

图 6-19　1998~2017 年不同区域行业划转工科院校
科研创新能力的差异性

资料来源：笔者根据相关文献自制。

关，也与东北地区的经济社会发展实际具有较大关联。2004 年提出的振兴东北战略，虽然在一定程度上刺激了该地区经济与科技的发展，但经济衰退的局势并未从根本上得以缓解，因而对该地区行业划转工科院校科研创新的促进作用有限。尤其是 2015 年我国经济进入新常态以来，东北地区与其他地区相反，其"断崖式"下降趋势尤为明显，与其他地区的差距呈加大趋势。而西部的行业划转工科院校中虽然没有隶属中央的高校，但在 2006 年之后呈现较快的增长态势，与中部地区的差距不断缩小，甚至呈现超越中部地区的趋势。西部高等教育的快速发展乃至崛起，究其原因，可能与西部大开发战略的实施，以及对口支援西部地区高等学校计划、《中西部高等教育振兴计划（2012—2020 年）》、中西部高校基础能力建设工程、"一带一路"等一系列国家支持政策密切相关。尤其是关于资金支持、人才引进、研究项目平台审批等西部专项计划与政策在较长周期内的稳定供给，都极大地激发了西部行业划转工科院校的科研创新活力。

六 结论与启示

（一）行业划转工科院校科研创新能力随创新策略的定位而呈现动态变化

自划转以来行业划转工科院校科研创新能力主要经历了由体制转轨期的低水平波动，到规模扩张期的科研创新能力大幅提升、综合化趋向明显，再到内涵发展期的科研创新能力增速减缓、不均衡化更为明显三个演进阶段。从三个发展阶段内高校的象限分布来看，21所行业划转工科院校科研创新能力主要形成了四种演化类型：始终处于第一象限的领先型、向第一或第二象限跃升的发展型、向第三象限退行的缓退型以及始终处于第三象限的迟滞型。而这三个阶段的演化既是行业划转工科院校科研创新由领域防御到领域进攻再到领域创造的演变过程，也是行业划转工科院校办学定位在特色化与综合化之间、去行业化与再行业化之间不断选择的过程。

因此，行业划转工科院校科研创新领域的创造过程，也是其合理定位、凝练特色，实现错位发展的过程。对于煤炭、石油、钢铁三类行业划转工科院校而言，在"十四五"规划过程中应该更加关注传统的矿冶学科优势与人工智能、大数据、物联网等新兴技术领域交叉融合，以技术赋能驱动传统优势学科的升级与改造，以传统的工科为新一代技术革新提供应用场域。同时，行业划转工科院校以国家在煤炭、石油、钢铁等基础行业领域的重大战略需求及未来需求为依托，强化在应用基础研究以及应用研究方面的科研创新能力。

（二）行业发展周期性及区域发展水平对行业划转工科院校科研创新能力起着关键的制约作用

自划转以来，行业划转工科院校逐渐形成了行业与区域两个主要的服务面向。从服务行业的角度来看，行业划转工科院校科研创新能力尤其是科研投入对行业企业的依存度较高，对行业经济发展周期性变化呈现较强的敏感性。而在能源革命的背景下，作为传统的资源性行业在经历"黄金十年"之后均面临产业转型与升级。而受此影响，行业划转工科院校科研创新能力在经历了行业发展黄金期的高速增长之后，科研创新能力增速明显趋缓。尤其在资源投入与成果转化方面呈现较为明显的下降趋势。而从服务区域的角度看，行业划转工科院校科研创新能力由高到低依次为东部、中部、西部、东北，与区域经济发展水平呈现较强的相关性。例如东北地区，受东北地区经济低迷状况影响，尤其是2015年我国经济进入新常态以来，出现"断崖式"下跌，与其他地区的差距呈现扩大趋势。

因此，行业划转工科院校需要针对所服务行业与区域不同的发展阶段与水平，及时调整自己的服务领域与方向，以获取竞争性的科研创新资源。尤其对于依附煤炭、石油、钢铁等的矿产资源兴起，地处资源枯竭型城市的行业划转工科院校而言，其可以充分发挥自身的矿冶学科优势，更加聚焦行业与区域在矿区的环境治理与生态修复等方面的共生需求，实现高校与行业及区域协同转型。

（三）外部政策成为行业划转工科院校科研创新能力呈现波动与分化的重要制度背景

外部政策对行业划转工科院校科研创新能力起着重要的刺激与激励作用。尤其是 2010 年以来，受《国家中长期教育改革和发展规划纲要（2010—2020 年）》的出台、"2011 计划"的实施、全国第三轮学科评估等政策激励，大多数行业划转工科院校不可避免地陷入"学术锦标赛制"。与资源投入、成果转化二级指标在 2015 年左右呈现明显下降趋势相反，平台建设与成果产出则呈现总体跃升状态。

同时，重点建设与扶持政策的实施，则成为不同发展梯次、不同区域的行业划转工科院校科研创新能力差异化的重要因素。在重点建设的行政逻辑下，不同资源配置方式诱致行业划转工科院校选择不同的创新策略与行为，行业划转地方工科院校科研创新能力与高水平行业划转工科院校科研创新能力之间的差距有扩大趋势。受西部大开发战略的实施，以及对口支援西部地区高等学校计划、《中西部高等教育振兴计划（2012—2020 年）》、中西部高校基础能力建设工程、"一带一路"等一系列国家支持政策影响，尤其是关于资金支持、人才引进、研究项目平台审批等西部专项计划与政策在较长周期内的稳定供给，都极大地激发了西部行业划转工科院校的科研创新活力。从测评数据来看，虽然西部的行业划转工科院校中没有隶属中央的高校，但在 2006 年之后呈现较快的增长态势，与中部地区的差距不断缩小，甚至呈现超越中部地区的趋势。

基于行业划转工科院校在驱动行业与区域创新方面的关键地位，国家需要通过特定的政策与资金投入，以强化这一类型高校在攸关国家重大战略的支柱性产业以及新兴产业链条关键环节的嵌入能力和支撑水平。同时针对不同地区、不同发展梯次的行业划转工科院校之间科研创新能力的不均衡化加剧问题，需要充分发挥政策的杠杆作用。从"精准扶持"的视角，出台针对落后地区高等教育尤其是科研创新领域的精准扶持计划。

第七章　行业划转工科院校科研创新与服务面向的耦合态势

"双循环"新发展格局时代背景下，作为与行业产业具有天然共生关系的一类院校，行业划转工科院校科研创新在驱动产业升级与经济增长方面的特殊地位和作用得以凸显。从系统角度看，行业划转工科院校所服务的母体行业子系统多以链条的状态存在，以市场需求为价值诉求，随技术的变迁而转型、迭代与演化。行业的知识与技术需求多具备前沿性与聚焦性。而其所在的区域子系统则多以"群落"的形态存在，由若干行业产业集群布局形成，知识与技术需求多呈现散在性、多样化、非线性。在不同的时空内，受区域产业布局、行业发展周期的影响，行业子系统或嵌合于各个区域子系统不同的产业结构中，对区域经济起着不同的支撑作用，行业划转工科院校科研创新-行业发展-区域发展三者之间的耦合则形成一种叠加效应；或行业与区域两个子系统之间的互动能力与机会相对较弱，行业子系统相对独立于特定的区域，行业划转工科院校的科研创新则需要兼顾两个子系统的服务需求，与两个子系统的耦合往往会产生系统性与协调性问题，由此带来服务面向的摇摆倾向，甚至形成功能性失调问题。

本章主要从耦合视角切入，聚焦于服务煤炭、石油、钢铁等资源类行业的行业划转工科院校，探讨自体制转轨以来，行业划转工科院校科研创新与行业、区域两个服务面向之间耦合关系经历了怎样的演化，服务行业与服务区域之间是否存在着明显的博弈关系。本章通过测度行业划转工科院校科研创新与行业及区域发展的耦合态势，为行业划转工科院校精准聚焦外部需求，增强与产业协同创新的比较优势，实现特色发展提供决策参考。

第一节　行业划转工科院校科研创新与服务面向耦合评价研究设计

一　研究对象的选择

本章延续第六章，仍以兴起之初隶属于煤炭工业部、石油工业部、冶金工业部等中央部委，以工科为主，服务于煤炭、石油、钢铁三个资源类行业，以矿冶类学科为骨干的21所行业划转工科院校作为研究样本，以院校管理体制改革为时间节点，仍选择1998~2017年这一时间段。

二　指标体系构建

行业划转工科院校科研创新能力的评价仍沿用第六章建构的评价指标体系。从科学性、系统性、有效性出发，借鉴相关研究，分别对行业划转工科院校所服务的行业与区域发展水平的评价指标体系进行设计。行业经济与科技发展水平则主要从产品生产与销售、经济效益、研发投入、研发产出4个维度进行测量。① 而区域经济与科技发展水平则主要从经济规模、经济结构、经济质量、科技投入、科技产出5个维度进行测量，分别选取指标表征。② 由此形成"行业划转工科院校科研创新能力-行业经济与科技发展水平"与"行业划转工科院校科研创新能力-区域经济与科技发展水平"两个耦合协调系统评价指标体系，并运用熵值法对各指标进行赋权（见表7-1）。

三　评价模型的选择

选取基于协同学的耦合度计算模型，借鉴已有研究③，建构行业划转工科院校科研创新与行业及区域两个服务系统的耦合发展度的测度模型。

---

① 李玉栋、沈红：《区域学科与产业协同的实证计量和空间分析——以丝绸之路经济带沿线四省份为例》，《高校教育管理》2019年第1期，第72~81页；李星光：《中国石化产业全要素生产率研究》，博士学位论文，大连理工大学，2010，第30~34页；田时中：《我国煤炭供需安全评价及预测预警研究》，博士学位论文，中国地质大学，2013，第45~47页；郝荣：《中国有色金属工业全要素生产率评价研究》，博士学位论文，北京科技大学，2017，第74~75页；魏浩、张瑞、王徽：《进口专业化与中国工业行业的经济增长》，《国际商务（对外经济贸易大学学报）》2018年第1期，第1~11页。

② 肖洒、刘君：《区域高等教育科技创新能力协同发展测度分析》，《经济地理》2018年第8期，第124~131页；赵冉、韩旭：《高等教育、创新能力与经济增长耦合协调发展及空间演进分析》，《黑龙江高教研究》2019年第2期，第23~29页；李沁筑：《中国双向直接投资与企业创新的耦合研究——基于省级层面数据的实证分析》，《贵州财经大学学报》2017年第5期，第50~58页。

③ 李恒：《美国大学知识创新体系的区域差异及溢出效应研究》，博士学位论文，华东师范大学，2016，第180页。

表 7-1 行业划转工科院校科研创新能力与行业发展水平及区域发展水平耦合系统指标体系

子系统	一级指标	二级指标	权重
行业划转地方工科院校科研创新能力	资源投入	政府资金投入	0.036
		企业资金投入	0.048
		研究与发展人员投入	0.046
	平台建设	一级学科博士点数	0.05
		部级以上重点实验室数量	0.04
	成果产出	发表论文数量	0.036
		SCI 论文检索数	0.046
		EI 论文检索数	0.057
		SSCI 论文检索数	0.037
		CSSCI 论文检索数	0.047
		出版著作数量	0.044
		课题总数	0.056
		国家自然科学基金项目数量	0.046
		国家社科基金项目数量	0.035
		科技课题当年拨入经费	0.037
		专利申请数量	0.052
	成果转化	技术转让当年实际收入	0.057
		专利合作数量	0.054
		SCI 论文被引量	0.043
		SSCI 论文被引量	0.04
		CSSCI 论文被引量	0.046
		国家科技进步奖数量	0.047
行业经济与科技发展水平	产品生产与销售	产品产量(万吨)	0.186
		行业价格指数	0.181
	经济效益	企业利润总额(千元)	0.120
		总资产贡献率(%)	0.132
	研发投入	R&D 折合全时人员(人·年)	0.123
		R&D 经费内部支出(万元)	0.135
	研发产出	专利申请数(件)	0.123

续表

子系统	一级指标	二级指标	权重
区域经济与科技发展水平	经济规模	地区生产总值(GDP)(亿元)	0.135
		全社会固定资产投资(亿元)	0.119
	经济结构	第一产业与第二产业之比(%)	0.068
		第三产业占GDP比重(%)	0.050
	经济质量	人均地区生产总值(元/人)	0.087
		城镇居民人均可支配收入(元)	0.072
	科技投入	研究与开发人员全时当量(人)	0.095
		研究与开发经费支出(万元)	0.128
	科技产出	专利申请授权数(件)	0.103
		技术市场成交合同额(亿元)	0.067
		新产品产值占工业总产值比重(%)	0.077

资料来源：笔者根据相关文献自制。

两者的耦合度可以表示为：

$$C = \left\{ \frac{F(X)G(Z)}{[aF(X)+bG(Z)]^2} \right\}^K \qquad (7-1)$$

式（7-1）中，$F(X)$ 和 $G(Z)$ 分别为行业划转工科院校科研创新能力和区域（行业）发展水平的综合发展指数。a、b 为待定系数，由于研究主要集中于测算行业划转工科院校科研创新能力与区域（行业）发展水平之间的耦合，两者的重要性程度一致，借鉴已有研究，取 $a=b=0.5$；K 为调节系数，取 $K=2$。C 为耦合度，$C \in (0,1)$。

耦合度能够表明两系统发展水平相对的关系，但无法测算其数量程度的耦合发展状况。为此，研究引入耦合发展度，即将耦合度 C 与两个系统发展的数量水平相结合，得出两者绝对耦合

发展值 C_D。耦合发展度可以表示为：

$$T = aF(X) + bG(Z) \quad (7-2)$$

$$C_D = \sqrt{C \times T} \quad (7-3)$$

式（7-2）与式（7-3）中：T 为两系统复合系数综合评价指数；C_D 为耦合发展度，其值越大说明两个系统位于良性发展阶段，其值越小两个系统的协调度越差，两个系统相互制约。

按照耦合发展指数将行业划转工科院校科研创新能力与区域（行业）发展水平的耦合发展状况划分为 3 个大类，8 个亚类[①]，具体划分标准见表 7-2。

表 7-2 耦合发展度等级划分标准

协调区间	C_D	耦合发展度等级
耦合协调类	0.8~1.0	优质耦合协调类
	0.6~0.79	良好耦合协调类
	0.5~0.59	中级耦合协调类
过渡类	0.4~0.49	初级耦合协调类
	0.3~0.39	勉强耦合协调类
	0.2~0.29	濒临失调衰退类
失调衰退类	0.1~0.19	轻度失调衰退类
	0.0~0.09	重度失调衰退类

资料来源：笔者根据相关文献自制。

四 数据来源及处理

高校科研创新能力相关数据主要来源于《高等学校科技统

---

① 廖重斌：《环境与经济协调发展的定量评判及其分类体系——以珠江三角洲城市群为例》，《热带地理》1999 年第 2 期，第 3~5 页。

计资料汇编》、国家科学技术奖励工作办公室官网、国家知识产权局专利检索及分析数据库、Web of Science、中国知网等。样本高校所服务行业发展水平、所在区域发展水平的相关指标数据则来源于国务院发展研究中心网站、国家统计局的统计数据以及历年《中国统计年鉴》《中国工业统计年鉴》《中国科技统计年鉴》。为保证数据分析的连续性，笔者运用插值法对个别缺失数据进行拟合。为了保证数量测算的准确性，笔者对所有数据均进行了无量纲化。通过耦合度模型，笔者对行业划转工科院校科研创新能力与行业发展水平，以及行业划转工科院校科研创新能力与区域发展水平的耦合协调程度分别进行测算。

第二节 行业划转工科院校科研创新与服务面向耦合的实证研究

一 行业划转工科院校科研创新与双重服务面向耦合态势的整体性分析

（一）行业划转工科院校科研创新与服务面向的耦合协调度整体处于中等偏下水平，呈先升后降的趋势

基于耦合度模型的测算结果，分别计算每年21所行业划转工科院校科研创新能力与行业发展水平的耦合度、耦合发展度（分别简称为"行业耦合度""行业耦合发展度"），与区域发展水平的耦合度及耦合发展度（分别简称"区域耦合度""区域耦合发展度"）的均值。从整体来看，行业划转工科院校科研创新与两个服务系统的耦合发展度基本维持在0.1~0.5的范围，仍处于中等偏下的耦合协调状态。从整体演化来看，由1998年

的轻度失调衰退状态跃迁到 2015 年的初级耦合协调状态，总体呈现明显的上升趋势，但在 2015 年左右到达峰值之后，开始出现下降倾向（见图 7-1、图 7-2）。究其原因，与供给侧结构性改革背景下，我国经济进入新常态，经济增速放缓，渐呈内涵发展的态势有关。尤其 2016 年成为能源领域真正意义的去产能元年，在"去产能、去库存、去杠杆、降成本、补短板"的改革目标下，煤炭、石油、钢铁产业均迎来能源生产与消费革命。产业结构的优化与调整进一步影响了两者之间的耦合发展状态。

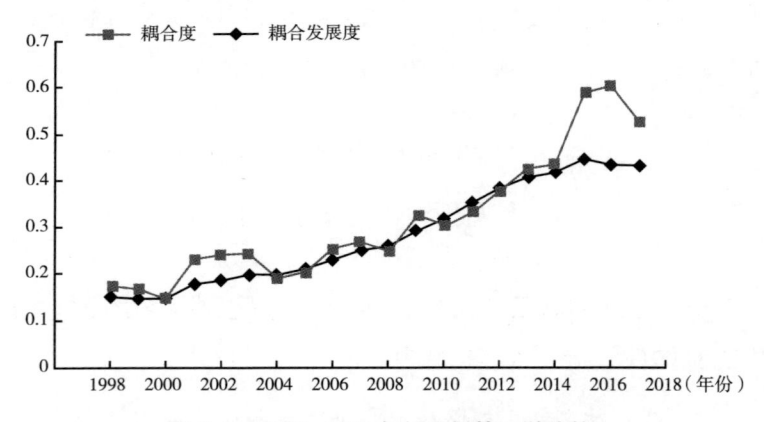

图 7-1　1998~2017 年行业划转工科院校科研创新与行业耦合情况

资料来源：笔者根据相关文献自制。

（二）行业划转工科院校科研创新与区域发展之间呈现高耦合低协调的状态

从图 7-1、图 7-2 可以看出，行业划转工科院校的行业耦合度主要集中于 0.1~0.65 的范围内，耦合发展度的变化幅度基本维持在 0.1~0.45 的范围，两者之间的差距相对较小。而行业划

图 7-2 1998~2017 年行业划转工科院校
科研创新与区域耦合情况

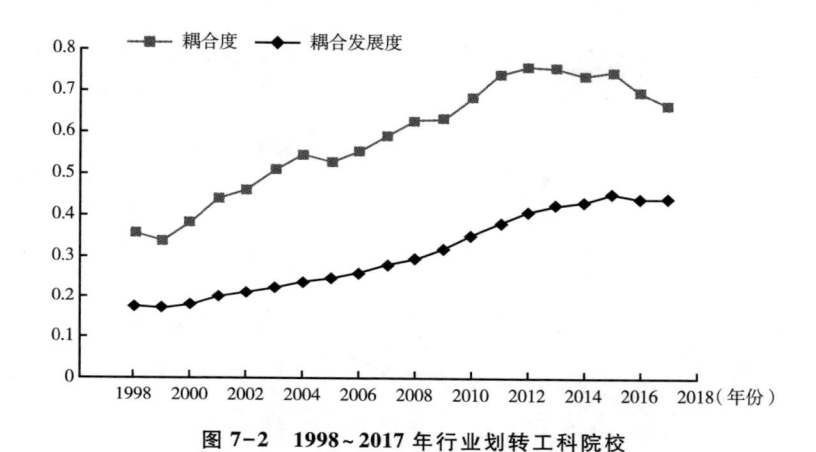

资料来源：笔者根据相关文献自制。

转工科院校的区域耦合度主要集中于 0.3~0.8 的范围，相对高于行业耦合度。但区域耦合发展度的变化幅度则基本维持在 0.15~0.46 的范围，明显低于区域耦合度。相较于行业耦合度与耦合发展度之间交错上升的格局，行业划转工科院校科研创新与区域发展之间一直呈现高耦合低协调的状态，从某种程度上说明行业划转工科院校与区域之间的互动和依赖性较强，仍处于单方面的高校科研创新能力强或区域发展水平高，尚未形成良性互动、相互促进的模式，呈现一定程度的供需不均衡性问题。

（三）绝大多数行业划转工科院校科技能力滞后于行业与区域创新发展

通过模型计算行业划转工科院校创新发展指数 $F(X)$ 以及行业、区域创新发展指数 $G(Z_1)$、$G(Z_2)$。通过 $F(X)$、$G(Z_1)$、$G(Z_2)$ 的均值比较发现（见图 7-3），行业划转工科院

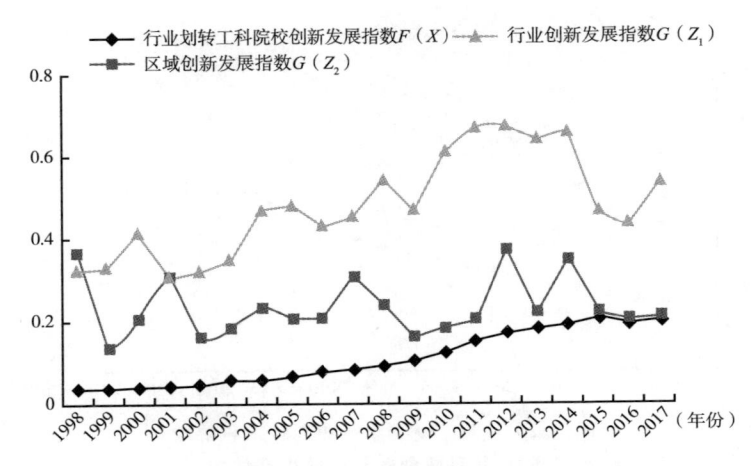

图 7-3　1998~2017 年行业划转工科院校与行业
及区域创新发展之间的关系

资料来源：笔者根据相关文献自制。

校创新指数大体呈现逐年上升的趋势，但仍明显低于行业及区域创新发展指数。这说明大多数行业划转工科院校创新能力还未达到引领行业及区域经济科技发展的水平，更多还停留在适应与迎合阶段。行业创新发展指数与区域创新发展指数在近 20 年内均呈现不同程度的波动。有研究预测，我国在 2030 年前将保持工业倚重型的经济形态。从图 7-3 中可以看出，行业创新发展指数整体保持领先地位。这可能与工业倚重型的经济形态下，煤炭、钢铁、石油三个行业均为攸关国家工业发展战略的关键性行业有关。而在"双一流"建设背景下，各个省份均加大对高等教育的投入，进一步驱动了行业划转工科院校服务区域发展能力与水平的提升。2015~2017 年，行业划转工科院校创新发展指数与区域创新发展指数渐呈同步发展的趋势。

第七章 | 行业划转工科院校科研创新与服务面向的耦合态势

（四）行业耦合发展度与区域耦合发展度之间呈现明显的线性相关关系

以行业耦合发展度与区域耦合发展度为坐标轴，分别取 21 所行业划转工科院校在 1998～2017 年内的行业耦合发展度和区域耦合发展度均值，作为这一发展周期内的平均水平，由此根据 21 所行业划转工科院校科研创新的耦合能力将其划分为四个象限（见图 7-4）。从象限分布来看，绝大多数行业划转工科院校分据第一、第三象限，呈现较为明显的线性分布。这从某种程度上说明行业划转工科院校在行业与区域两个服务面向之间的选择并不一定是此消彼长的互斥关系，而是存在较为显著的正相关关系。从各个行业划转工科院校的具体分布来看，3 所部属行业划转工科院校位于第一象限的顶端，其他行业划转地方工科院校与其形成较为明显的差距。除 5 所一流学科建设高校外，M_4、G_2、

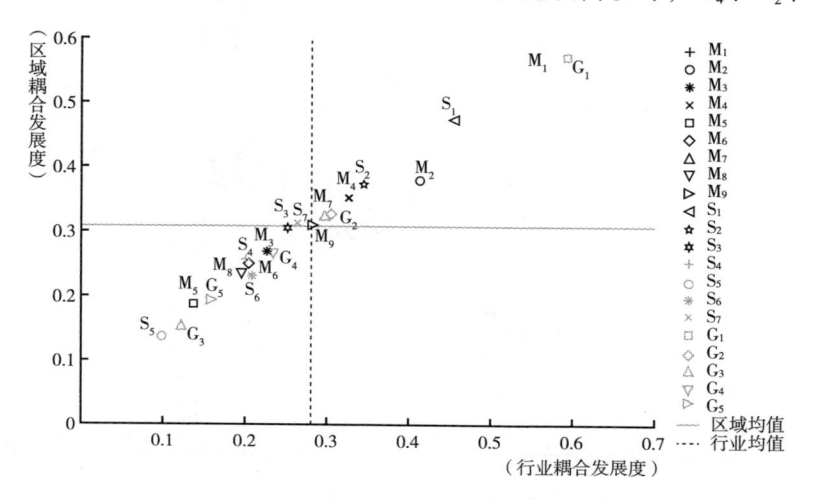

图 7-4 21 所行业划转工科院校双重耦合状态的象限分析

资料来源：笔者根据相关文献自制。

M_7、M_9 也顺利进入第一象限,与两个服务系统均表现出较强的耦合关系。S_7 则是唯一位于第二象限的高校,其区域耦合发展度更强。其他行业划转地方工科院校则集中于第三象限,其科研创新与两个服务面向的耦合均处于较低的水平。

二 行业划转工科院校科研创新与服务面向耦合态势的差异性分析

(一)不同类型之间整体呈交错上升趋势

从类型层面看,3 类行业划转工科院校科研创新与两个服务面向的耦合发展度呈逐步交错上升的演化格局(见图 7-5、图 7-6)。具体来看,煤炭、石油、钢铁 3 类行业划转工科院校的行业耦合发展度均值分别为 0.30、0.26、0.28,区域耦合发展度均值分别为 0.32、0.3、0.3,相互之间的耦合程度差异较小。在 2003~2011 年这一发展周期内,石油行业划转工科院校科研创新与两个服务

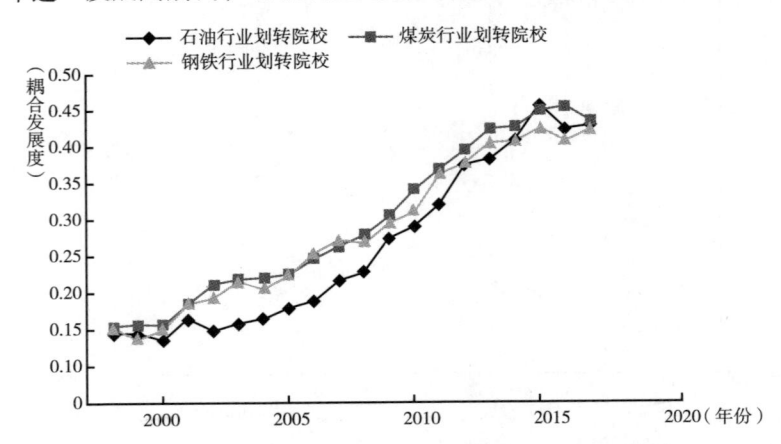

图 7-5 1998~2017 年不同类型高校科研创新的行业耦合情况

资料来源:笔者基于测算结果自制。

面向的耦合发展度要稍低于其他两种类型。钢铁行业划转工科院校的波动性更为频繁，世界一流学科建设高校与其他行业划转工科院校之间的层次性差距也更为明显。2002年之后煤炭行业划转工科院校科研创新与行业及区域的耦合程度大体上更高。

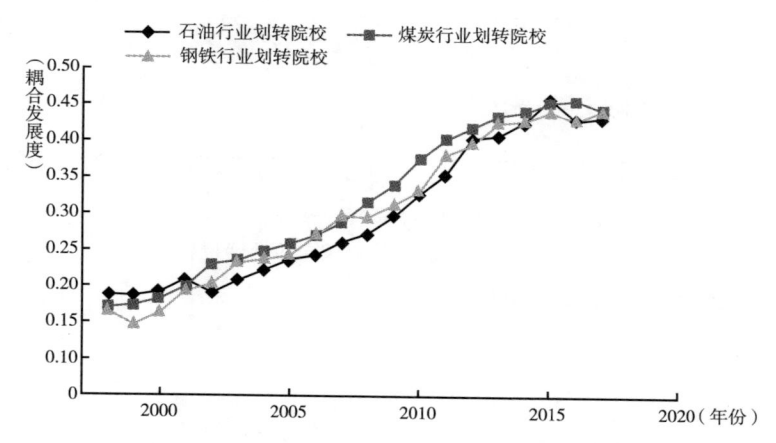

图7-6　1998~2017年不同类型高校科研创新的区域耦合情况

资料来源：笔者基于测算结果自制。

（二）不同地区之间分化明显

从地区差异来看，不同地区行业划转工科院校科研创新与两个服务面向耦合发展度均出现了较为明显的分层，依次为东部、中部、西部与东北地区（见图7-7、图7-8）。由此进一步印证了行业划转工科院校所在地区的经济发展水平对高校科研创新及服务能力有着明显的正向影响。[①] 从近20年的演化情况来看：四个地区行业划转工科院校科研创新与两个服务面向的耦合发展

---

① 陈琳、岳振兴：《基于随机前沿分析理论的行业特色型大学科研效率评价研究》，《高校教育管理》2018年第4期，第73~80页。

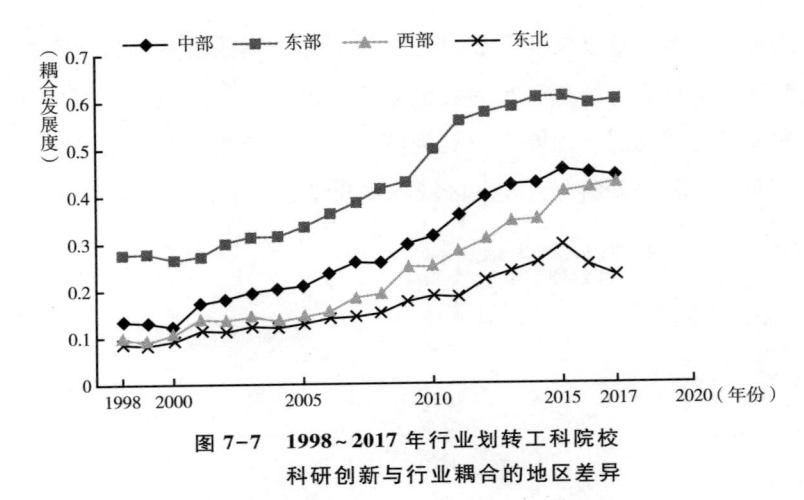

图 7-7　1998~2017 年行业划转工科院校
科研创新与行业耦合的地区差异

资料来源：笔者基于测算结果自制。

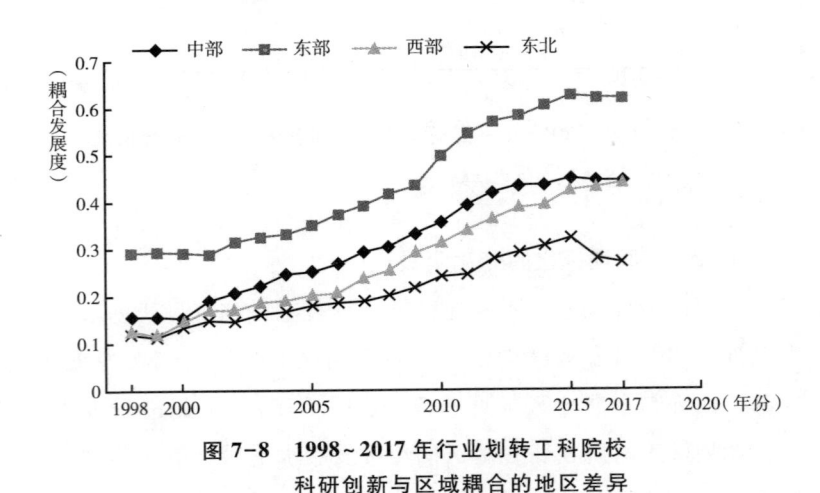

图 7-8　1998~2017 年行业划转工科院校
科研创新与区域耦合的地区差异

资料来源：笔者基于测算结果自制。

度在 2015 年之前均呈现较明显的增长趋势；而 2015 年之后除西部地区之外，其他地区增速减缓甚至出现下降趋势。相对而言，地处东北老工业基地的几所行业划转地方工科院校科研创新与两个服务面向的耦合能力增速缓慢，2015年以来，均呈现"断崖式"下跌。这与东北地区经济生产总值大幅下降形势相吻合。同时这几所行业划转地方工科院校所在城市多为经济欠发达地区，部分属于资源型甚至资源枯竭型城市，区域经济的不景气，使其对所主要服务的行业及区域经济发展的周期性与波动性尤为敏感，整体均处于濒临失调衰退及以下的耦合状态。而划转之初与东北地区行业划转地方工科院校几乎处于同一水平的西部地区行业划转地方工科院校，2006年以来，其科研创新与两个服务面向的耦合关系明显增强，与东北地区行业划转地方工科院校的差距也逐渐拉开，甚至呈现赶超中部地区行业划转地方工科院校的趋势。这与西部大开发、对口支援西部地区高等学校计划、《中西部高等教育振兴计划（2012—2020年）》、中西部高校基础能力建设工程、"一带一路"等国家激励政策与倾斜性资源的持续供给有关。

（三）不同梯次之间的差异呈扩大趋势

从梯次差异来看，世界一流学科建设高校的5所高校与其他行业划转地方工科院校的科研创新在耦合能力上呈现较为明显的层次性差异（见图7-9、图7-10）。世界一流学科建设高校与两个服务面向的耦合发展度最高达到0.67，行业划转地方工科院校则均低于0.38，呈现底部集聚状态。从整体的演化来看：在2015年之前，世界一流学科建设高校与其他行业划转地方工科院校在耦合发展度上的变化趋势较为一致；但随着"双一流"等重点建设政策的进一步落实，2016年之后两者呈现相反的变化趋势，且差距有扩大倾向。另外，世界一流学科建设高校与区

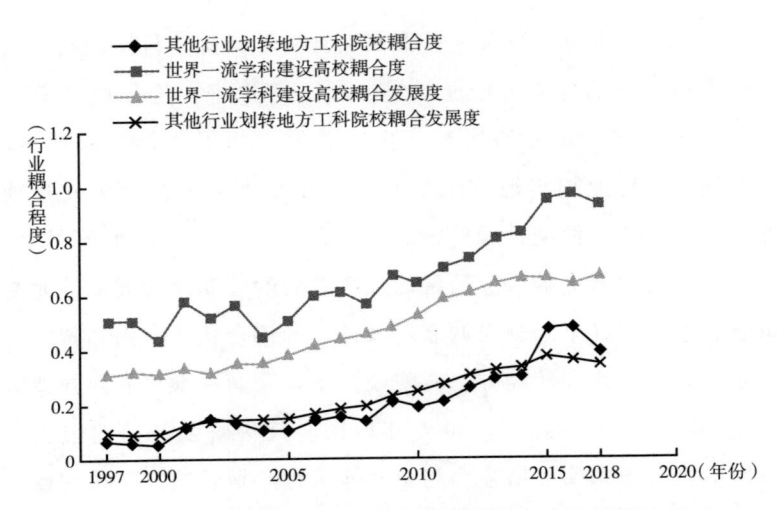

图 7-9　1997~2018 年不同层次高校科研创新与行业耦合情况

资料来源：笔者基于测算结果自制。

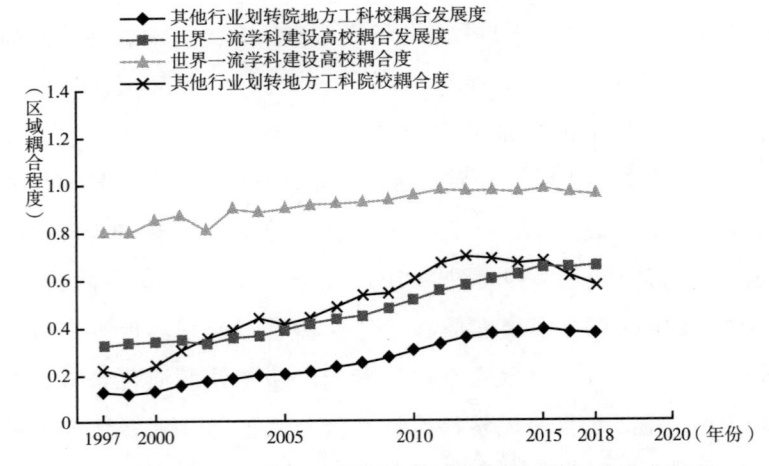

图 7-10　1997~2018 年不同层次高校科研创新与区域耦合情况

资料来源：笔者基于测算结果自制。

域之间的高耦合低协调的程度逐渐降低（见图7-10），而与行业之间的高耦合低协调的状态在2012年之后有加剧的倾向（见图7-9）。

（四）行业划转工科院校科研创新与双重服务面向耦合态势的时序特征分析

为了更好地表现行业划转工科院校科研创新能力与行业及区域发展水平之间耦合状态的演化过程，综合行业划转工科院校的制度变迁与所服务行业的经济发展形势，划分为三个阶段：1998~2002年体制转轨的过渡期、2003~2012年快速增长的扩张期、2013~2017年增速减缓的内涵发展期（见表7-3、表7-4）。

第一阶段，行业划转工科院校历经隶属关系的转变，进入与两个服务面向耦合失调的过渡调整期。这一时期，如表7-3所示，行业划转工科院校的行业耦合度与耦合发展度的均值分别为0.19、0.16，整体呈现轻度失调衰退的状态，甚至有6所行业划转地方工科院校达到重度失调衰退的状态。而区域耦合度与耦合发展度的均值则分别为0.40、0.19，如表7-4所示，很多行业划转工科院校处于濒临失调衰退甚至是重度失调衰退的状态。相对而言，只有M_1、M_2、G_1、S_1 4所"211工程"建设高校，与两个服务系统的耦合发展度均在0.30及以上，耦合发展状态相对较好。由于重点建设政策的扶持，加之所服务的行业产业领域，也是这一时期区域经济发展的主导产业，依托政策优势与地缘优势，这些高校在划转之初就具备了融入区域经济社会发展的先发优势。

第二阶段，各行业划转工科院校科研创新的耦合能力均呈较大幅度的提升，大多数行业划转地方工科院校的服务重心向区域

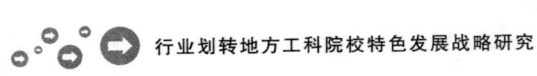

表 7-3 21 所行业划转工科院校科研创新能力与行业发展水平耦合度的阶段性分析（1998~2017 年）

学校	第一阶段 耦合度	第一阶段 耦合发展度	第一阶段 耦合发展等级	第二阶段 耦合度	第二阶段 耦合发展度	第二阶段 耦合发展等级	第三阶段 耦合度	第三阶段 耦合发展度	第三阶段 耦合发展等级
G₁	0.74	0.41	初级耦合协调	0.86	0.61	良好耦合协调	0.97	0.73	良好耦合协调
M₁	0.47	0.40	初级耦合协调	0.47	0.58	中级耦合协调	0.83	0.72	良好耦合协调
S₁	0.14	0.30	勉强耦合协调	0.18	0.43	初级耦合协调	0.31	0.68	良好耦合协调
M₂	0.30	0.30	勉强耦合协调	0.32	0.38	勉强耦合协调	0.59	0.59	中级耦合协调
S₂	0.03	0.20	濒临失调衰退	0.08	0.31	勉强耦合协调	0.14	0.57	中级耦合协调
M₉	0.08	0.13	轻度失调衰退	0.11	0.26	濒临失调衰退	0.39	0.48	初级耦合协调
M₄	0.09	0.23	濒临失调衰退	0.33	0.31	勉强耦合协调	0.56	0.47	初级耦合协调
G₂	0.04	0.16	轻度失调衰退	0.12	0.30	勉强耦合协调	0.36	0.45	初级耦合协调
M₇	0.11	0.11	轻度失调衰退	0.23	0.31	勉强耦合协调	0.62	0.45	初级耦合协调
S₆	0.32	0.07	重度失调衰退	0.49	0.17	轻度失调衰退	0.94	0.42	初级耦合协调
S₇	0.15	0.15	轻度失调衰退	0.28	0.25	濒临失调衰退	0.78	0.40	初级耦合协调
S₃	0.09	0.09	轻度失调衰退	0.19	0.25	濒临失调衰退	0.41	0.37	勉强耦合协调
M₆	0.05	0.11	轻度失调衰退	0.12	0.18	轻度失调衰退	0.34	0.36	勉强耦合协调
G₄	0.02	0.13	轻度失调衰退	0.02	0.23	濒临失调衰退	0.12	0.36	勉强耦合协调
M₈	0.02	0.08	重度失调衰退	0.11	0.18	轻度失调衰退	0.50	0.34	勉强耦合协调
S₄	0.09	0.10	轻度失调衰退	0.20	0.19	轻度失调衰退	0.47	0.33	勉强耦合协调
M₃	0.88	0.15	重度失调衰退	0.95	0.22	濒临失调衰退	0.98	0.32	勉强耦合协调
G₅	0.19	0.04	重度失调衰退	0.34	0.14	轻度失调衰退	0.60	0.31	勉强耦合协调
G₃	0.05	0.08	重度失调衰退	0.04	0.10	轻度失调衰退	0.16	0.21	濒临失调衰退
M₅	0.15	0.05	重度失调衰退	0.21	0.15	轻度失调衰退	0.40	0.20	濒临失调衰退
S₅	0.02	0.06	重度失调衰退	0.09	0.08	重度失调衰退	0.31	0.18	轻度失调衰退
均值	0.19	0.16	轻度失调衰退	0.27	0.27	濒临失调衰退	0.51	0.43	初级耦合协调

资料来源：笔者根据相关文献自制。

第七章 | 行业划转工科院校科研创新与服务面向的耦合态势

表7-4 21所行业划转工科院校科研创新能力与区域发展水平耦合度的阶段性分析（1998~2017年）

学校	第一阶段 耦合度	第一阶段 耦合发展度	第一阶段 耦合发展等级	第二阶段 耦合度	第二阶段 耦合发展度	第二阶段 耦合发展等级	第三阶段 耦合度	第三阶段 耦合发展度	第三阶段 耦合发展等级
M_1	0.95	0.39	勉强耦合协调	1.00	0.54	中级耦合协调	0.96	0.75	良好耦合协调
G_1	0.87	0.41	初级耦合协调	0.99	0.58	中级耦合协调	0.99	0.73	良好耦合协调
S_1	0.84	0.33	勉强耦合协调	0.90	0.44	初级耦合协调	0.97	0.68	良好耦合协调
S_2	0.50	0.25	濒临失调衰退	0.75	0.35	勉强耦合协调	0.99	0.55	中级耦合协调
M_9	0.29	0.16	轻度失调衰退	0.66	0.30	勉强耦合协调	0.87	0.49	初级耦合协调
M_2	0.95	0.30	勉强耦合协调	0.99	0.36	勉强耦合协调	0.93	0.49	初级耦合协调
M_4	0.56	0.25	濒临失调衰退	0.65	0.34	勉强耦合协调	0.62	0.47	初级耦合协调
G_2	0.36	0.18	轻度失调衰退	0.73	0.33	勉强耦合协调	0.82	0.46	初级耦合协调
M_7	0.20	0.13	轻度失调衰退	0.75	0.35	勉强耦合协调	0.83	0.46	初级耦合协调
S_7	0.47	0.21	濒临失调衰退	0.66	0.31	勉强耦合协调	0.73	0.42	初级耦合协调
S_6	0.10	0.10	严重失调衰退	0.24	0.21	濒临失调衰退	0.39	0.40	勉强耦合协调
S_3	0.64	0.22	濒临失调衰退	0.81	0.31	勉强耦合协调	0.81	0.39	勉强耦合协调
M_6	0.23	0.14	轻度失调衰退	0.51	0.23	濒临失调衰退	0.76	0.39	勉强耦合协调
G_4	0.24	0.14	轻度失调衰退	0.58	0.27	濒临失调衰退	0.67	0.38	勉强耦合协调
M_8	0.12	0.10	严重失调衰退	0.46	0.24	濒临失调衰退	0.65	0.38	勉强耦合协调
S_4	0.26	0.15	轻度失调衰退	0.59	0.26	濒临失调衰退	0.69	0.37	勉强耦合协调
M_3	0.35	0.18	轻度失调衰退	0.56	0.27	濒临失调衰退	0.64	0.36	勉强耦合协调
G_5	0.04	0.05	严重失调衰退	0.41	0.19	轻度失调衰退	0.77	0.35	勉强耦合协调
M_5	0.12	0.08	严重失调衰退	0.45	0.21	濒临失调衰退	0.42	0.26	濒临失调衰退
G_3	0.11	0.09	严重失调衰退	0.16	0.13	轻度失调衰退	0.36	0.25	濒临失调衰退
S_5	0.12	0.10	严重失调衰退	0.13	0.12	轻度失调衰退	0.28	0.22	濒临失调衰退
均值	0.40	0.19	轻度失调衰退	0.62	0.30	勉强耦合协调	0.72	0.44	初级耦合协调

资料来源：笔者根据相关文献自制。

倾斜。在三个行业经济发展的黄金周期内，行业划转工科院校也进入规模扩张期。绝大多数行业划转工科院校的行业耦合发展度具有了大幅的提升，均值达到 0.27，只有 S_5 一所高校仍处于重度失调衰退的状态。绝大多数行业划转工科院校科研创新的区域耦合发展度也得以提升，平均耦合度达到 0.30，初级及以上耦合协调状态的高校达到了 3 所，仅有 G_5、G_3、S_5 三所仍处于轻度失调衰退的状态（见表 7-4）。而这一时期，随着行业划转工科院校办学自主权的扩大，以及所处区域环境的不同，行业划转工科院校创新行为与策略选择逐渐呈现差异。除 M_1、M_2、G_1 之外，其余行业划转工科院校的区域耦合发展度均高于行业耦合发展度。这说明这一时期各个行业划转工科院校综合化、地方化的创新服务趋向明显。

第三阶段，行业划转工科院校科研创新的耦合能力进一步提升，整体达到初级耦合协调的状态。除了 G_3、M_5、S_5 自身办学基础较弱的高校之外，其他行业划转工科院校的行业及区域耦合发展度均达到 0.30 以上，基本脱离了耦合发展衰退期（见表 7-3、表 7-4）。3 所部属行业划转工科院校均达到良好耦合协调状态。对比而言，这一时期绝大多数行业划转工科院校的行业耦合发展度增长明显，与区域耦合发展度之间的差距缩小，M_2、S_2、S_6 的行业耦合发展度均超过区域耦合发展度。这说明随着高等教育逐渐转向内涵式发展，以及竞争机制的引入，回归行业，通过再行业化来强化自身的特色与竞争优势逐渐成为行业划转工科院校重要的战略选择。

综合三个阶段来看，S_1、S_2、M_9、S_6 行业耦合发展度的增幅均达到 0.35 及以上，成为行业耦合发展度提升最多的 4 所院校。

S_2作为一所西部地区的行业划转地方工科院校,近年来增速尤为明显,由划转初的濒临失调衰退逐渐演变为中级耦合协调程度。而与行业发展之间较好的耦合度也使其顺利入选世界一流学科建设高校。但其行业耦合度要明显小于自身的耦合发展度,说明除了科研创新能力外,还有其他因素对区域发展起着重要的支撑作用。S_6作为一所处于东部地区的行业划转地方工科院校,利用自身的地缘优势,由划转初与行业之间重度失调衰退的耦合关系逐渐转变为初级耦合协调状态,第三阶段行业耦合度甚至高达0.94。而从与区域的耦合发展度情况来看,M_1、S_1、M_9、M_7 4 所院校相对增幅较大。

三 结论与启示

(一)行业划转工科院校科研创新与两个服务面向耦合关系的演变过程,与其特色化和综合化之间的转换呈现某种程度的内在一致性

由数据分析发现,行业划转工科院校科研创新与行业及区域两个服务面向的耦合关系经历了从与行业及区域双重耦合失调,到集中向区域倾斜,再到部分行业划转工科院校回归行业的演变过程。而这一演变过程,与行业划转工科院校先后进行的综合化(去行业化或区域化)和特色化(再行业化)呈现某种程度的内在一致性。因此,对于大多数行业划转工科院校而言,需要打破行业化与区域化之间的割裂关系,不断挖掘服务行业与服务区域之间的共生需求,在综合化中聚合特色,实现特色化转型。

就入选"双一流"的行业划转工科院校而言,其与区域之间高耦合低协调的程度逐渐降低,但与行业之间的高耦合低协调

的状态在2012年之后有加剧的倾向。这在某种程度上说明这一部分高校在"双一流"建设的背景下，逐渐将服务面向转向区域、全国乃至国际，并呈现一定的综合化倾向。

（二）推动激励相容，地方政府应给予行业划转地方工科院校较为充足的服务面向选择空间

从行业划转地方工科院校科研创新耦合能力的象限分布来看，行业划转地方工科院校的行业耦合发展度与区域耦合发展度之间呈现明显的正相关关系。这说明行业划转地方工科院校的科研创新在服务行业与服务区域之间并不一定是此消彼长的零和博弈关系。但从行业划转地方工科院校科研创新与区域发展的耦合关系来看，在行业划转地方工科院校不断融入区域的过程中，虽然在某种程度上实现了与区域的同频共振，与区域经济及科技水平的耦合度不断上升，但一味地要求行业划转地方工科院校服务地方，则可能会稀释行业划转地方工科院校自身的特色与优势，导致与区域之间呈现高耦合低协调的相对低水平的耦合状态，甚至出现供需不均衡问题。因此，对于地方政府而言，需要充分认识到行业划转地方工科院校在服务行业与服务区域之间的互利共生关系，不片面要求行业划转地方工科院校将服务重心转移到区域上来。在政策支持上体现包容性与长远性，即给予行业划转地方工科院校更多的选择空间，鼓励其发挥自身的特色与优势，增强区域内外尤其是特定行业资源的吸纳能力，进而推动这部分高校实现服务行业与区域之间的激励相容。

（三）注重"精准扶持"，重点支持落后地区行业划转工科院校与行业、区域之间的协同转型

从行业划转工科院校科研创新与双重服务面向耦合态势的差

异性分析来看，不同梯次之间的差异有扩大趋势。地区性差异明显，由高到低依次为东部、中部、西部与东北地区。其中西部地区的行业划转工科院校的耦合能力在激励政策的稳定持续供给下得以快速提升，甚至呈赶超中部地区的趋势。东北地区的增速最慢，甚至在2015年之后呈现"断崖式"下跌状态。显著的区域性差异背后与资源的投入力度及政策支持力度有关。东北地区作为老工业基地，也是行业划转工科院校布局较多的区域。受制于区域经济的发展，这一地区的行业划转工科院校科研创新与服务面向的耦合能力往往因办学资源不足，而成为事实上的"洼地"。尤其处于资源型城市、服务于传统的资源依赖性行业的行业划转地方工科院校，同时面临行业与区域的双重转型危机，科研创新与两个服务面向的耦合能力更是成为"洼地中的洼地"。

针对不同地区、不同发展梯次的行业划转工科院校与服务面向耦合态势的不均衡化加剧的问题，需要充分发挥政策的杠杆作用。从"精准扶持"的视角，出台针对落后地区高等教育的精准扶持计划，从基础能力提升、人才项目倾斜、资金专项设置等方面保障持续的政策供给，同时发挥这些地方高校在生态治理、环境修复等方面的本土优势，实现行业及区域等多个利益相关主体的协同转型。

第八章　行业划转地方工科院校师资队伍建设

教师作为大学发展的核心要素,是大学实现教育教学、科学研究和服务社会三项功能的重要凭借和资本。[①] 随着"双一流"建设、高等教育高质量发展体系建设的推进,高校师资队伍建设问题成为社会各界普遍关注的热点问题。尤其在"五唯"背景下,国内高校教师的引进、培育与评价方式的趋同弊端日益凸显,"五唯"教育评价困局和"人才大战"实践困扰成为高校分类发展与分类评价的瓶颈。而行业划转地方工科院校,作为一个重要的院校类群,因其在办学定位及学科专业结构上的"应用性",其师资队伍的结构及评价管理标准呈现某种程度的特殊性与典型性。本章在审视行业划转地方工科院校师资队伍建设现实的基础上,着眼于探索与借鉴国外同型同类院校的师资队伍建设经验。基于在办学历史与发展阶段、地方性与行业性办学定位、应用型人才培养目标等方面呈现的某种程度的内在一致性,研究

---

① 牛风蕊:《大学教师评价的制度同形:现状、根源及其消解——基于新制度主义的分析视角》,《现代教育管理》2014年第6期,第85~89页。

选取德国应用科学大学①作为典型样本，进一步探究德国应用科学大学师资队伍建设尤其是人才引进政策方面的典型经验，以完善我国行业划转地方工科院校的教师评价制度，探索教师分类评价，推进人才评价制度改革。

第一节 我国行业划转地方工科院校师资队伍建设现状

一 师资队伍的规模分析

笔者对90所行业划转地方工科院校2018~2020年的专任教师数量进行统计发现，行业划转地方工科院校专任教师数量总体呈现上升趋势，相较2018年，2020年的专任教师数量增幅达到14.6%（见图8-1）。这可能与"双一流""学科评估"等评价导向有关。从地区分布来看，中部地区高校的平均专任教师数要高于其他地区，依次是中部、东部、西部、东北（见图8-2）。西部地区行业划转地方工科院校专任教师的增长速度要大于其他地区。这说明随着西部大开发战略的实施，以及对口支援西部地区高等学校计划、《中西部高等教育振兴计划（2012—2020年）》、中西部高校基础能力建设工程、"一带一路"等一系列国家相关政策的激励与扶持，从某种程度上增强了中西部地区人才的吸纳能力。相对而言，东北地区的专任教师数则处于低位。

---

① 应用科学大学是德国高校的一种形式。德语称作 Fachhochschule，英语统一翻译为"University of Applied Sciences"，中文则翻译为"应用科学大学"、"应用科技大学"或"应用技术大学"等。本书统一用"应用科学大学"。

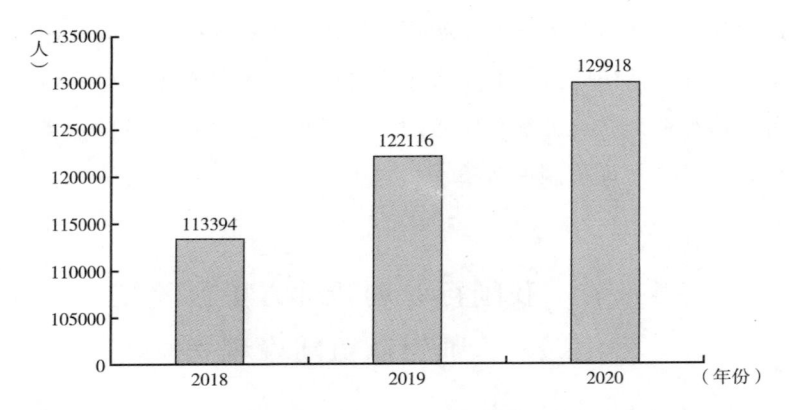

图 8-1　2018~2020 年我国行业划转地方工科院校专任教师总数分布

资料来源：笔者根据相关文献自制。

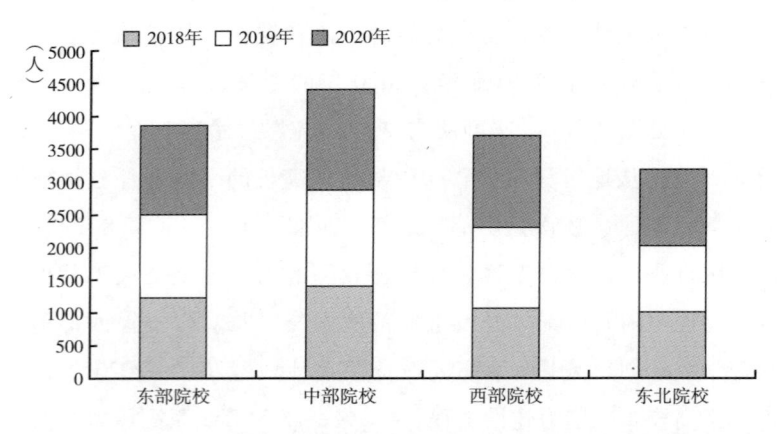

图 8-2　2018~2020 年我国行业划转地方工科院校专任教师的地区分布

资料来源：笔者根据相关文献自制。

二　师资队伍的年龄结构分析

年龄结构是指同一时期各个年龄段教师的组合比例，它反映教师队伍教学和科研的活力程度，同时也预示师资队伍的发展潜力。合理的老中青年龄梯队对高校的发展尤为关键。有研究认为，高校人才的年龄分布应呈正态曲线，35~50岁作为创新力旺盛的最佳年龄，其人数处在高峰较为合理。笔者通过统计我国90所行业划转地方工科院校2018~2020年这3年间专任教师各年龄段结构分布发现，35~44岁年龄段专任教师的比重最高，其次是45~54岁年龄段，再次是34岁及以下年龄段，55岁及以上年龄段的人数则最低（见图8-3），基本符合正态分布规律，说明我国行业划转地方工科院校师资队伍结构趋于合理。从2018~2020年这3年的变化来看，44岁及以下的青年教师人数呈现较为明显的增加，其在专任教师中所占的比重均在67%以上，但在这3年中比重呈现小幅度下降趋势。这可能与这一类型院校的老教师人数增速加快有关。统计发现，相较于2018年，2020年55岁及以上年龄段的专任教师人数增长了1倍多。而

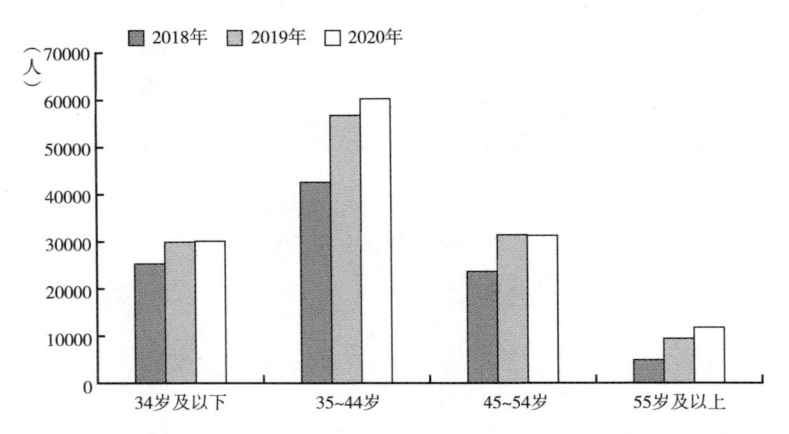

图8-3　2018~2020年我国行业划转地方工科院校专任教师年龄结构

资料来源：笔者根据相关文献自制。

35~44岁专任教师的增速也达到42%,这可能与"双一流"建设背景下,各行业划转地方工科院校掀起的人才引进"抢人大战"热潮有关。从各年龄段专任教师的地区分布来看,35~44岁年龄段专任教师在各个地区的专任教师队伍中占比最高,均达到44%左右。相对而言,西部地区行业划转地方工科院校中,34岁及以下年龄段专任教师的数量要高于其他地区,同时要高于本地区45~54岁年龄段的专任教师数量(见图8-4)。这从某种程度上说明,近年来,西部地区对青年人才尤其是毕业初期的高层次人才的吸纳能力具有一定的优势。

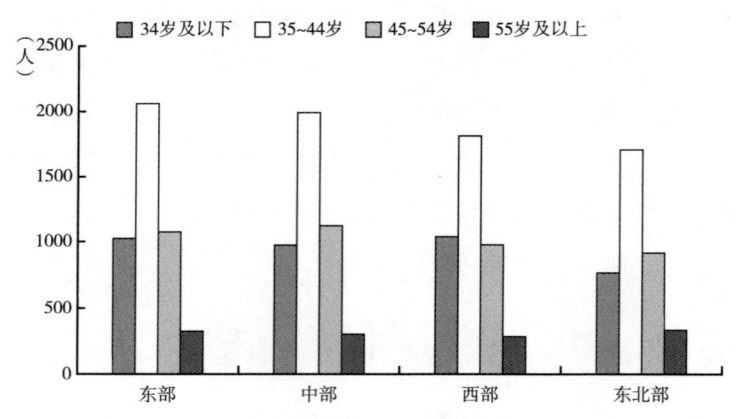

图8-4 2018~2020年我国行业划转地方工科院校各年龄段专任教师的地区分布

资料来源:笔者根据相关文献自制。

三 师资队伍的学历结构分析

学历结构是指教师队伍中教师学历、学位的构成状况。它反映教师的专业知识、基本素质,是教师专业理论基础、知识水平的标志。从我国90所行业划转地方工科院2018~2020年专任教师学历结构分布来看（见图8-5），硕士研究生及以上学历专任教师比重均在80%以上，且博士研究生学历专任教师比重逐年增加，2020年比重达到51.5%，而硕士研究生学历人数所占比重则有所降低。这说明近年来我国行业划转地方工科院校在博士研究生学历的高层次人才引进方面成效明显，教师队伍结构整体优化，高学历层次教师逐年增长，且保持高速增长状态，相较于2018年，博士研究生学历人数增加了26168人。

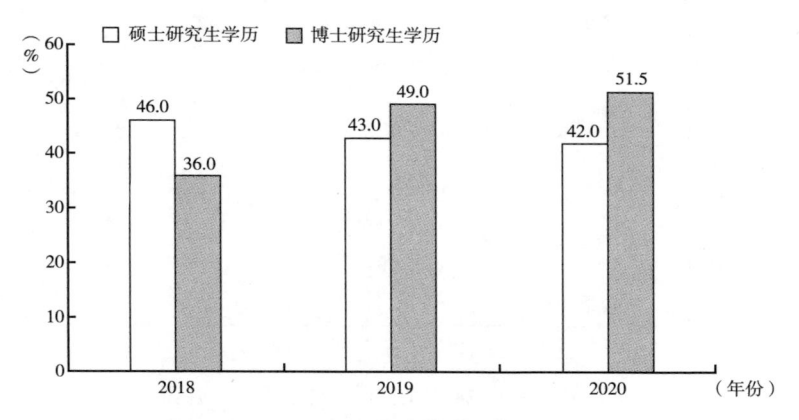

图8-5 2018~2020年我国行业划转地方工科院校专任教师学历层次分布

资料来源：笔者根据相关文献自制。

从各学历专任教师的地区分布来看，各地区行业划转地方工科院校博士研究生学历专任教师平均人数由高到低依次是东部、中部、西部、东北（见图8-6）。相对而言，东部地区各行业划转地方工科院校博士研究生学历专任教师的平均人数要远大于硕士研究生学历人数。而东北地区则成为其中唯一硕士研究生学历专任教师的平均数要大于博士研究生学历专任教师的平均数的地区。从 2018~2020 年这 3 年的统计数据来看，东部和西部博士研究生学历专任教师人数始终高于硕士研究生学历专任教师人数，中部从 2019 年起博士研究生学历专任教师人数高于硕士研究生学历专任教师人数，东北地区在 2020 年博士研究生学历专任教师人数高于硕士研究生学历专任教师人数。

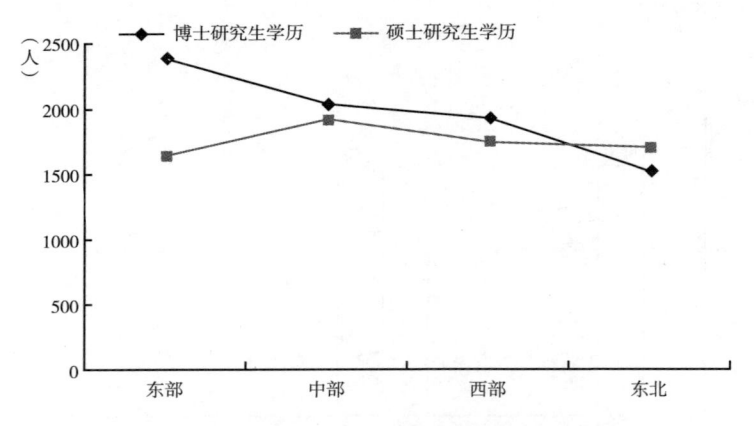

图 8-6　2018~2020 年行业划转地方工科院校
各学历专任教师平均人数的地区分布

资料来源：笔者根据相关文献自制。

高校师资队伍中高学历者所占比例越大，高校教学质量和科研水平就越高。世界一流大学大多规定博士研究生学历为大学教师的准入学历，以美国为例，美国排名前 30 位的大学专任教师中，博士研究生学历教师比例均在 90% 以上，专任教师的学历层次普遍较高。① 而我国 2018~2020 年，博士研究生学历专任教师人数占比由 36.0% 上升到 51.5%，尽管与世界一流水平大学的专任教师博士研究生学历人数占比还有一定差距，但我国行业划转地方工科院校师资队伍的学历层次越来越趋于高层次化，这对教学质量和科研水平的提升至关重要。

四 师资队伍的职称结构分析

职称结构是指教师队伍中不同层级职称的教师数量构成状况和比例关系，它在一定程度上反映教师队伍学术水平和胜任教学科研工作的能力层次，也是衡量学术人才培养质量的重要指标。有研究认为高校教师职称结构对大学资源获取和学术产出具有显著影响，认为正高级职称教师是大学资源获取主体，副高级职称教师是学术产出主体。② 从我国 90 所行业划转地方工科院校 2018~2020 年专任教师职称层次分布来看（见图 8-7），总体上，中级及以下职称教师占比最高，其次是副高级职称，再者是正高级职称，平均占比分别为 50.7%、35.4% 和 13.8%，职称结构符合由正高级职称向副高级职称依次递增的"正金字塔型"。不同类型、不同办学定位的高校，师资队伍职称结构也不相同，不能一概而论。但比较北京普通高校专任教师职称结构发现，北京市普通高校中级及以下、副高级、正高级职称教师人数分别为 25128 人、25757 人、21112 人，占比分别为 34.9%、35.8% 和

---

① 姜远平、刘雪：《世界一流大学教师学缘研究》，《江苏高教》2004 年第 4 期，第 106~108 页。
② 陈文博、杨文杰：《怎样的大学教师职称结构有助于获取学术资源及提升产出》，《中国高教研究》2022 年第 2 期，第 48~54 页。

29.3%。相对而言,行业划转地方工科院校师资队伍中低层次职称教师比重过大,这一方面可能与行业划转地方工科院校在划转地方后,需要承担地方经济发展的重任,为地方经济发展培养更多的应用型人才,在师资队伍建设方面,需要快速扩张以满足教学需求。另一方面可能与这类院校的办学层次和办学区位有关,在引进高层次人才方面略显乏力,故而招聘了更多低层次职称教师。这种师资队伍结构虽然符合行业划转地方工科院校的办学实践,但是低层次职称教师比重过大,容易导致高级职称教师群体活力不足,低职称教师群体事业上升空间挤压,不利于教师队伍整体素质和能力发挥,进而影响高校资源获取和学术产出。

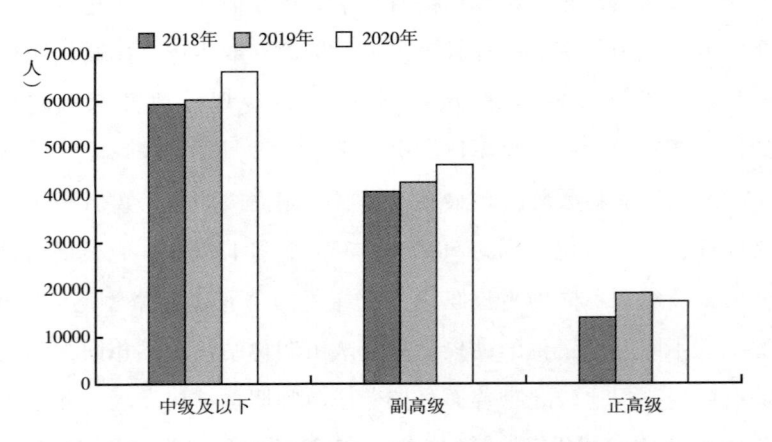

图 8-7 2018~2020 年我国行业划转地方工科院校专任教师职称层次分布

资料来源:笔者根据相关文献自制。

从各职称层次教师的地区分布来看,以 2020 年东部、中部、西部、东北地区行业划转地方工科院校师资队伍为例,不同地区的行业划转地方工科院校师资队伍职称结构均呈"正金字塔型"（见图8-8），高级职称教师人数占比均在15%左右。在东部地区，中级及以下职称教师人数占比最大，为42.8%；副高级职称人数占比第二高，为42.4%。中部、西部、东北地区中级及以下职称教师人数占比均为47%左右，副高级职称人数占比为37%左右。这说明东部地区行业划转地方工科院校教师职称结构优于其他地区，这可能与东部地区的区位优势和经济发展程度有关，更有利于吸引具有高级职称的教师来校任职。

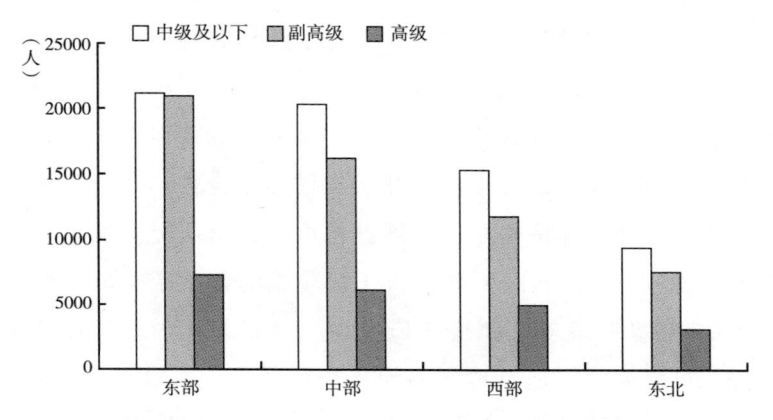

图8-8 2020年行业划转地方工科院校专任教师职称的地区分布

资料来源：笔者根据相关文献自制。

第二节　行业划转地方工科院校师资队伍建设的应然属性

高水平师资队伍是实现教育发展的核心资源，行业划转地方工科院校具有自身独特的历史遗传基因和办学定位，在发展中与其他类型高校形成了显著差异，其师资队伍建设应以办学目标实现为宗旨，体现出其属性特征。

一　应用型办学定位强调教师队伍的工程实践底色

随着外部环境的变迁，我国行业划转地方工科院校的办学定位也经历了一个不断调整和明晰的过程。行业特色工科院校在划转到地方之前，作为部委所属高校，只需向行业搞单一学科专业就能生存，面向行业培养专业人才是这类学校的共同选择。此时，大多数行业院校的办学定位是具有鲜明行业属性的应用型院校。划转到地方之后，作为地方所属高校，地方经济发展和社会发展成为这些院校的主要服务目标，但由于划转前的单一学科专业与地方经济和社会发展的综合性不相符，因此学校需要对地方经济和社会发展进行综合性的研究才能更好地服务于地方，此时行业划转地方工科院校的办学定位就变成了"研究应用型"院校或"应用研究型"院校。此后，行业划转地方工科院校为了适应地方多元化发展需求，建设"多科性"大学成为必然的选择。党的十八大召开以后，国家政策开始强调高等教育内涵式发展，突出办学特色、提高办学水平和质量成为大学转型的新方向。在这种背景下，行业划转地方工科院校的办学定位突出"高水平"。然而，"双一流"建设以及《关于引导部分地方普通本科高校向应用型转变的指导意见》等政策的出台，进一步明晰了作为精英教育的学术型研究大学和以新升本科院校为代表的应用型高校的类型界定。一些划转到地方的行业工科院校受到历史和传统学科的影响，既没有冲击进入研究型大学行列的绝对优势，又不安于与新升本科院校为伍，因而在办学定位上出现在学术主导与市场取向之间的摇摆不定的问题。行业划转地方工科院校的办学定位呈现多样化，或定位为教学研究型，或定位为研究应用型，或定位为应用研究型，也有的从学科门类和发展愿景出发，定位为多科性大学和高水平大学。

尽管现行的行业划转地方工科院校办学定位多种多样，但都离不开"应用型"院校的办学定位本质。应用型院校的教育职能主要是院校直接面向特定行业，为行业发展输送各级各类应用型人才。[1] 我国著名教育学家潘懋元先生等曾提出："应用型人才的知识、能力、素质结构具有鲜明的特点，理论基础扎实，专业知识面广，实践能力强，综合素质高，并有较强的科技运用、推广、转换能力等。"[2] 研究职能主要是指院校的学科专业办学直接面向行业各方面、各层面的人才和技术需求，因此其研究工作主要以应用型研究为主。例如将研究成果转化为技术、工艺和流程等。[3] 院校服务职能主要是指应用型院校师生走出去或请进来，直接为民众或生产企业提供知识和智力服务，解决民众或生产企业的现实问题。在这种办学定位、人才培养目标、科研和服务面向的多重约束下，行业划转地方工科院校对师资队伍的能力素质提出具有鲜明特色的要求，不仅要求具有扎实的理论基础，

---

[1] 刘献君：《行业特色高校发展中需要处理的若干关系》，《中国高教研究》2019年第8期，第15页。

[2] 潘懋元、车如山：《做强地方本科院校——地方本科院校的定位与特征研究》，《中国高教研究》2009年第12期，第15~18页。

[3] 别敦荣：《高等教育普及化背景下行业性高校发展定位》，《中国高教研究》2020年第10期，第5页。

较高的科研创新能力，还需要优秀的教学水平和与所教授专业相关的工程实践经历和实际工作经验，即要求："专业教师站上讲台能够讲好课，走进实验室能够做好科研创新，下到企业能够熟悉生产解决实践问题。"这其中最核心的就是专业教师的工程实践背景，只有这样的教师队伍，才能保障行业划转地方工科院校办学目标的实现。

二 资源有限前提下要充分发挥教师队伍的最大效用

行业划转地方工科院校在划转前隶属于国家部委，其办学经费主要源自部委投入。我国行业工科院校在划转到地方后，其办学资源的供给方由行业部门变成了地方政府，地方政府在对地方行业院校进行资源配置时，与国家的"选优原则"相一致，倾向于将更多更好的资源分配给办学水平高、社会声誉好、科研贡献大的院校，而这些院校大多以综合性院校居多。行业院校在管理方式变革后十几年的发展历程，是在中国市场经济逐步走向深入的大背景下展开的，市场的介入改变了政府定单式的人才培养模式，引发了行业院校在人才供求、教育资源与资本等方面的利益相斥性和竞争性。这种发展趋势与中国高等教育大众化的进程同步发生。教育大众化进程最集中的矛盾就是数量和质量的矛盾，深究其原因是优势资本的相对稀缺。行业划转地方工科院校除去依靠数量扩张获得的有限的地方政府资源支持外，因为与区域经济匹配程度不高，来自区域的社会资本支持也十分有限。同时，划转后的行业院校与行业的排他性关联被弱化甚至断裂。在新的协调共享机制尚未建立的前提下，来自行业的社会资本流量则大为减少。① 这种隶属关系调整的初衷虽包含优化资源配置的意蕴，但对于行业划转地方工科院校而言，则造成了资源配置的局限性。

这种资源获取方式的局限性造成行业划转地方工科院校办学资源非常有限，在此情境下，如何合理有效地在多个效用方向分配资源，"引、育、留、用"一体推进教师队伍建设，使之达到最终效用最大化，是此类院校必须面对的一个现实问题。首先，在人才引进方面，高素质人才决定着高校的竞争力，为此各高校纷纷出台各项政策，吸引优秀人才，行业划转地方工科院校也加入了"抢人大战"，从目前此类院校人才引进的政策文本来看，其与综合类大学存在着严重的同质化问题，注重专业背景和学历要求，而对于行业划转地方工科院校而言，其应用型办学定位要求教师队伍具有工程实践背景，所以此类院校在人才引进过程中应重视对工程实践型人才的聘用，而不是与综合性大学拼"高酬薪、高待遇"，引进高层次人才。其次，要破解"重外引轻内育"的困境，注重对青年教师的培育，从理论与实践两个角度互相为教师队伍赋能，让高学历理论性人才与具有丰富实践经验的工程型人才双向提升，取长补短，不断优化师资队伍均衡发展。最后，要尽量避免教师队伍的无序流动。虽然合理有序的高校人才流动有利于学术思想和学术资源的共享与交流，打破"学术部落"的闭塞与僵化，为学术发展营造良好的创新生态②，

---

① 周志强、亓晶：《行业划转地方工科院校发展战略类特色研究》，科学出版社，2019，第31页。
② 刘强、赵祥辉：《"双一流"建设背景下高校人才流动失序及其有效治理》，《当代教育论坛》2019年第3期，第40~49页。

但随着"双一流"建设的深入,开展"人才大战"已经初露端倪,行业划转地方工科院校在此过程中更是面临严峻考验,需尽量避免学校人才流动的马太效应,以最少的资源培育最优秀的师资队伍,从而发挥最大效用。

三 特色发展战略对师资队伍评价体系提出新要求

我国高等教育分类管理由来已久,早在新中国成立之初就被提到高等教育发展的历程上。刘振天等将我国高等教育分类管理政策划分为初步探索阶段(1949~1992年)、快速推进阶段(1993~2009年)和改革创新阶段(2010年~)。[①] 2015年10月,国务院印发《统筹推进世界一流大学和一流学科建设总体方案》,以高校学科建设为依据强化了高等教育分类管理的理念和实践,提出了到21世纪中叶基本实现高等教育强国的建设目标。2021年3月,《中华人民共和国国民经济和社会发展第十四个五年规划和2035年远景目标纲要》中再次强调,要"推进高等教育分类管理和高等学校综合改革,构建更加多元的高等教育体系"。且随着第二轮"双一流"建设名单的公布,不再区分一流大学建设高校和一流学科建设高校,而是坚持以学科为基础,淡化身份色彩,探索自主特色发展新模式,引导各高校在各具特色的优势领域和方向创建一流。这一系列宏观政策的出台,为高校分类发展奠定了坚实基础,为行业划转地方工科院校强化自身优势、坚持特色发展指明了方向。周志强等将行业划转地方工科

[①] 刘振天、张蕊:《我国高等教育分类管理政策历史演变、逻辑特征及前景展望》,《济南大学学报》(社会科学版)2022年第32期,第142~149页。

院校的特色发展战略问题上升到了"类特色"高度，认为此类院校在学科群建设、专业集群建设、学术生产与服务、师资队伍建设等方面的战略抉择上具有"类"属性。①

制度是保障教师队伍健康发展的基础，也是激发教师持续创新的动力，在新的历史方位下，行业划转地方工科院校特色发展战略对师资队伍评价体系提出了新要求。行业划转地方工科院校应根据自身类型属性特点，走出"五唯"教育评价困局，制定出具有自身特色的师资队伍管理体制和机制。具体应体现以下几个方面。一是师资队伍评价应体现行业特色，行业划转地方工科院校应避免盲目套用综合性高校的评价体系，而应该从自身办学定位出发，侧重行业服务导向和区域服务导向，激发评价体系对培养行业特色人才的激励作用。二是评价指标设置应立体覆盖，建立健全涵盖品德、知识、能力、业绩和贡献等要素，科学合理、各有侧重的人才评价标准。三是评价制度改革应继续深化，从成果级别和数量评价向水平和贡献评价转变，从单一评价向分类别、多角度、全过程评价转变，不仅关注学术能力还要关注教学能力和工程实践经验。

第三节 我国行业划转地方工科院校师资队伍建设存在的问题

20 世纪末，我国有 140 多所行业工科院校划转到地方，这

---

① 周志强、亓晶：《行业划转地方工科院校发展战略类特色研究》，科学出版社，2019，第 8 页。

些划转到地方的行业工科院校为了尽快助力区域经济建设，培养更多的应用型人才，不断扩大办学规模和扩建师资队伍。在近几年的发展中，行业划转地方工科院校师资队伍中，专任教师人数持续增加，专任教师学历层次高层次化，专任教师职称结构不断优化，但是从长远发展和特色发展的属性需求来看，行业划转地方工科院校师资队伍整体上还存在着多视角不合理现象。

一 师资队伍整体结构与办学定位不匹配

教师队伍是高校发展的核心和第一资源，而教师结构的均衡、合理与否是高校教师队伍能否充分发挥其核心功能的关键指标。[①] 总体来讲，行业划转地方工科院校在近些年的发展过程中，尤其是在高考扩招和教育部本科教学工作合格评估等宏观政策的推动下，师资队伍规模得到了有效扩张。随着"双一流"建设的持续深入，行业划转地方工科院校也加入了"抢人大战"，通过多种途径优化自身师资队伍结构，但是从现有数据来看，此类院校与其办学定位存在脱节的问题。首先，师资队伍年龄结构存在断层化分布现象，总体上，行业划转地方工科院校师资队伍年龄结构基本符合正态分布，但是青年教师平均占比高，资深老教师占比低，蔡文伯等通过实证研究认为老年教师对教育发展的正向促进更显著[②]，当前的师资队伍结构不利于"传帮

---

① 张抗抗、杜静：《中西部高校教师结构的失衡表征、合理性判别与调适路径》，《海南师范大学学报》（社会科学版）2021年第6期，第94~101页。
② 蔡文伯、任格格：《普通高校专任教师队伍结构对教育发展影响的计量分析——基于1992—2013年的时间序列数据》，《现代教育管理》2017年第4期。

带"机制的有效发挥和不同代际教师之间形成优势互补的关系，而对于行业划转地方工科院校而言，"传帮带"是传承和发展其行业特色优势最关键的途径之一。其次，师资队伍学历水平重心偏低，行业划转地方工科院校在大规模师资队伍扩张的过程中吸纳了大批低学历青年教师入职，虽然在特定的历史方位下满足了此类院校当时的办学需求，但是也成了师资队伍学历结构难以优化的症结所在。虽然近年来，随着高学历人才引进工作的持续推进，具有博士学位教师所占比重逐年提高，2020年具有博士学位教师数量占比达到了51.5%，但是这与行业划转地方工科院校的高水平发展愿景还有较大差距。再次，学缘结构不合理，国际化人才引进进程缓慢。行业划转地方工科院校学生留学现象十分普遍，"近亲繁殖"现象严重，许多教师本、硕、博都是在本校完成，这虽然有利于学科发展的传承，但是也造成了学缘空间相对狭窄，不利于知识的交叉融合、学术交流和师资队伍学术思想的百家争鸣。最后，缺少有工程实践背景的"双师型"教师，行业院校在隶属部委时期，行业企业对行业高校的科研、师资、实习实践高度支持，学生有较多机会得到企业工程师的实践指导，但是划转到地方后，与行业企业的紧密关系逐渐松散，合作弱化，导致有实践经验的教师严重匮乏，而且，行业划转地方工科院校在人才引进过程中关注学科学历背景，忽视工程实践背景，很多教师直接"从学校进入学校"，没有工程实践背景，"双师型"教师的缺乏直接影响应用型人才培养质量。

二 教师评价体系改革不够深入

高校教师评价主要是指高校的人才招聘、人才评定、职称评聘等过程中的评价标准，近年来，高校教师人才评价改革备受关注，"破五唯"势在必行。《关于加强新时代高校教师队伍建设改革的指导意见》《关于深化高等学校教师职称制度改革的指导意见》中明确提出要克服唯学历、唯资历、唯"帽子"、唯论文、唯项目倾向，不要简单把论文、专利、承担项目、获奖情况、出国（出境）学习经历等作为教师评价的限制性条件。"破五唯"评价体系要求遵循人才成长规律和科研活动规律，健全以创新能力、质量、实效、贡献为导向的科技人才评价体系。

在"破五唯"宏观背景下，行业划转地方工科院校也在积极推进教师评价体系改革，但总体来讲改革还不够深入，仍存在"五唯"痛点。首先，从人才引进政策来看，近年来我国行业划转地方工科院校的人才引进政策公告中均将量化的学术成果作为准入的硬性门槛，以硬性的学术成果指标将人才进行分层，并以此为依据给予不同薪酬待遇，在决定聘用后，高校往往会与应聘者签订聘用协议，明确聘期内的岗位职责，这些职责通常是由论文、项目、奖项、职称和"帽子"等组成的，这种人才引进政策在某种程度上却忽视了高校与教师的需求匹配问题。其次，在人才评定和职称评聘过程中，存在着"重科研轻育人"的倾向，虽然行业划转地方工科院校的办学定位本质以应用型为根本，但部分高校依旧以研究型高校办学指标作为自己的办学标准，关注学校的综合排名和学科排名，忽略"双师型"教师的作用和价值，常常以教师科研成果量化打分作为职称评定的重要指标，教学专用型高级职称的名额相对非常少，相比之下科研成果比育人成果更显性，更易量化，导致教师在日常工作中依旧将科研工作放在首位，而对育人工作投入较少，行业划转地方工科院校本应是培养应用创新型人才以推动行业进步和区域经济发展，"重科研轻育人"的情况非常不利于此类院校人才培养目标的实现。最后，在教育评价改革方面的探索还不够深入，《深化新时代教育评价改革总体方案》明确提出，要"改进结果评价、强化过程评价、探索增值评价、健全综合评价"。行业划转地方工科院校在这方面要"破"，破的是"唯一"，要建立起更有生命力的、关注行业院校地方工科院校培养应用型人才内涵的评价机制。然而，从目前的情况来看，此类院校在这方面的探索还相对不足，没有形成相应的评价制度与评价机制。

三 教师管理缺乏较为系统完善的政策支持体系

近年来，随着中共中央、国务院印发的《关于全面深化新时代教师队伍建设改革的意见》和《深化新时代教育评价改革总体方案》以及教育部等六部门印发的《关于加强新时代高校教师队伍建设改革的指导意见》相继实施，2021年4月29日，第十三届全国人民代表大会常务委员会第二十八次会议通过《全国人民代表大会常务委员会关于修改〈中华人民共和国教育法〉的决定》，第三次修订了《中华人民共和国教育法》。这些政策与法律的实施与颁发，从宏观上为新时代高校教师队伍建设改革提供了政策指导。但是具体到行业划转地方工科院校，在教师管理方面则缺乏完善的政策体系支持。首先，我国虽颁布了多部法律明确高校教师的权利和义务，但与之配套的具体实施方案和法律并未成熟完善，关于高校教师的聘用条件、工资待遇、引进管理方面的法律都是指导性政策。例如，《中华人民共和国教师法》提出的高校教师聘用条件范围较宽,没有具化的标准,这使得我国行业划转地方工科院校与综合类院校在教师聘用条件方面出现聘用条件同质化现象。在教师工资待遇方面,并没有界定好基本工资的标准,对于教师绩效考核部分的占比和内容也没有具体的指导性政策,使得我国行业划转地方工科院校教师基本工资较低,绩效工资或岗位津贴部分较高。此外,随着教师聘任制的实施,高校教师流动越发频繁,在教师流动过程中,各种人事纠纷频现,由于这些聘任制的"不在编"教师法律身份模糊,又缺少相应的管理条例,纠纷解决困难重重。这些问题的产生归根结底是由于我国现行的高校师资队伍建设法制化程度低,大多数法律条文都是指导性政策,对具体问题的解决没有太多的借鉴价值。

第四节 德国应用科学大学师资队伍建设的经验与启示

一 德国应用科学大学师资队伍建设的特点

德国应用科学大学经过 50 多年的发展,走出了一条具有德国特色的高等教育发展之路,特别是在师资队伍的引进、需求供给和管理三方面。

(一)德国应用科学大学注重教师的综合能力

德国应用科学大学的办学初衷就是应用型院校,在办学定位上主要有两个方向:一是培养实践型人才,与当地企业密切合作,着力培养学生解决企业实际问题的能力;二是服务区域和企业发展，与当地企业协同作战，科学研究以应用为主，着力解决企业急需解决的技术改造和技术革新问题。因此，德国应用科学大学的教师以教学为主，对科研任务没有明确规定。教师教学内容与企业实践、技术发展相结合，要始终坚持与企业生产实践紧密联系，要求传授的专业知识与企业的技术发展变化基本同步，将培养学生应用理论知识和解决实际问题能力放在第一位。

此外，德国《高等教育总法》也明文规定德国应用科学大学教授必须具有以下任职资格：第一，须具有独立从事学术研究工作的能力，一般通过博士研究来证明，原则上要有博士学位；第二，须具备将科学知识和方法成功应用于实践的经历，一般至少要有5年以上的职业实践经历，其中在德国应用科学大学以外相关领域工作的时间应不低于3年；第三，须有较丰富的教学实践经验，能够运用现代教学方法。因此，德国应用科学大学基于自身的办学定位和《高等教育总法》的规定，不仅关注教师的学术能力，更重视教师的教学能力和实践经验。

（二）德国应用科学大学关注教师未来发展

德国高校教师属于公务员体系，在公务员管理体制下，高校教师的雇主是政府，其工作和收入稳定，基本属于终身聘用制，市场不直接调节教师与高校的关系。高校教师的工资标准由国家法律统一规定，并由州政府统一发放。[①] 因此，德国应用科学大学对教师的供给主要放在生活供给和个人发展供给两个方面。

在生活供给方面，德国应用科学大学为新进人才提供的过

---

① 苗晓丹：《德国高校教师薪酬制度及其特征分析》，《外国教育研究》2016年第8期，第75~87页。

渡性住房、子女就学、婚姻家庭咨询、人际关系维护和休闲活动帮助新进人才协调家庭、工作关系，帮助新进人才无后顾之忧，更好地为学校工作。在个人发展供给方面，德国应用科学大学提供的培训机会和国际交流机会为新进人才的后续发展提供了长久的平台和机会，进而可以更好地释放新进人才的教学产能。

（三）德国地方政府对高等院校管理的高度法制化

德国应用科学大学的发展离不开健全的教育法治体系，对各项规章制度都有明确的规定。① 德国是联邦制国家，教育主权不在联邦政府而在各州政府，联邦政府层面有协调各州教育政策的机构来确保各州在高等教育政策方面基本保持一致②，联邦政府在关于高等院校的管理法律体制中，颁布纲领性法律，各州政府在此基础上依据各州高等教育的实际情况出台各州的高等教育管理法律法规。在关于德国高校的教师管理法律法规中，《高等教育总法》和《州高等教育法》明确了德国应用科学大学的法律地位和教师聘用条件，《州高等教育人事法》《大学基本秩序法条》明确了德国应用科学大学的人事管理程序，《高校教师薪俸改革法》《州公务员薪俸法》《州高校教师浮动工资条例》对德国应用科学大学教师的薪酬待遇进行了明确的规定，《教学义务条例》《弹性工作时间的服务协定》对德国应用科学大学教师的工作内容和工作时间进行了明确规定，《大学

---

① 胡明华：《德国应用科技大学的发展及对我国高等职业教育的启示》，《教育与职业》2017年第7期，第70页。

② 牛金成：《德国高等教育结构的特点及其启示》，《应用型高等教育研究》2020年第9期，第69页。

教师辅助活动条例》对德国应用科学大学教师的培训与交流机会进行了明确的规定。由此可知，德国地方政府对应用科学大学的管理高度法制化。

二 我国行业划转地方工科院校师资队伍建设建议

（一）行业划转地方工科院校教师走出去、企业人才请进来的互助式人才引进政策

2021年7月，国家发展改革委办公厅和教育部办公厅印发《关于印发产教融合型企业和产教融合试点城市名单的通知》，该名单的发布意味着国家对应用型院校办学定位的进一步明确，同时提升了高等教育办学供给侧改革的企业参与力度。在此背景下，我国地方行业特色工科院校要借助企业平台让现有的教师队伍走进企业中去，切实了解企业发展、运营的全过程，更多地关注企业发展过程中遇到的实际问题。以往我国地方行业特色工科院校在职师资进修方面比较注重教师科研能力的提升，对教师应用实践能力的提升没有充分地重视，再加上高校师资力量紧缺，教师教学任务繁重，基本上没有时间和精力去接触企业生产实践。而且受国家政策以及企业承担的社会责任不明确的影响，一些企业接受高校教师参加岗位生产实践的意愿不是很强烈，造成培养地方行业划转地方工科院校师资实践能力的环境和途径的缺失。这些因素使得地方行业特色工科院校教师缺少企业实践经历和锻炼，一定程度上也影响了地方行业划转地方工科院校实现应用型人才培养的目标。

同时，地方行业特色工科院校还可以聘请企业里有经验的专家作为学校的兼职教授，以确保学生所学与社会需求及企业相一致。德国应用科学大学的主要特色是来自实践、面向应用的特征十分突出。这使得德国应用科学大学拥有了大量的兼职教师，他们本身是企业里的技术和管理人员，到学校里或在本企业内代课或指导学生，占学校教师数量的60%，其代课量占整个应用技术大学课程的25%。[①]

（二）地方行业特色工科院校要构建柔性人才需求支持体系

地方行业特色工科转院校要以办学定位为出发点，围绕办学定位来设置人才岗位责任与人才能力的条件，再依据岗位特质提炼出岗位所需的知识储备能力、经验技能以及综合能力，最后以这三方面的能力为主，对人才能力进行测试，以确定岗位责任需求与人才能力的匹配程度。此外，地方行业特色工科院校在对岗位责任需求与人才能力匹配度较高的候选者进行面试时，及时了解人才需求并上报相关部门以寻求解决方案。

从目前学校供给与人才需求的匹配情况来看，引进人才在薪酬待遇、科研支持条件、生活支持这三个方面的需求得到基本满足，但是在科研合作氛围、人才培养、科研项目支持计划、国际学术交流机会、个人可自由支配工作时间这五个方面的需求并没有得到充分的满足。[②] 由此可见，大部分院校只是满足了引进人才生存层面的需求，对引进人才在相互关系和成长发展层面的需求无法满足。这就需要地方院校通过一系列政策和措施加强对引进人才在相互关系和成长发展层面的关注，提升地方行业特色工

[①] 米娟、阚海宝：《应用技术类型高校的发展建议——源自德国应用科技大学的启示》，《乐山师范学院学报》2014年第5期，第113~117页。

[②] 朱军文、王林春：《海归青年教师引进政策供给与需求匹配研究》，《高等教育研究》2019年第6期，第18~24页。

科院校引进人才需求满意度,通过多种途径来增强教师的职业成就感,让教师更安心地工作。

(三)地方政府和地方行业院校加强院校管理法制化

目前,我国地方政府关于地方行业院校管理的法律条文以国家颁布的各项法律为主,缺乏针对本地区和某类型院校的具体法律法规。从办学定位、人才聘用条件、聘用程序、工作内容、工作时间和培训交流都应出台相应的法律法规。尽管教育部于2021年1月出台的学科评估方案中首次将综合型院校和应用型院校分开评估,但从法律地位上来说行业院校在应用院校中的位置并未得到"正名",因此从国家到地方政府都应将行业院校的类型进行明确规定。在此基础上,为防止行业院校与综合院校在发展上的混淆,国家和地方政府还应对行业院校新进人才的聘用条件和聘用程序进行法律规定,以此来确保行业院校人才培养和服务区域发展的两大办学定位。

参考文献

中文文献

包水梅、李明芳：《一流学科建设：从管理走向治理——兼论我国高校学科治理的路径依赖及其突破》，《现代教育管理》2021年第1期。

鲍勇剑：《协同论：合作的科学——协同论创始人哈肯教授访谈录》，《清华管理评论》2019年第11期。

别敦荣：《高等教育普及化背景下行业性高校发展定位》，《中国高教研究》2020年第10期。

别敦荣：《行业划转地方工科院校改革与发展的形势、任务和战略》，《阅江学刊》2011年第1期。

蔡文伯、任格格：《普通高校专任教师队伍结构对教育发展影响的计量分析——基于1992—2013年的时间序列数据》，《现代教育管理》2017年第4期。

曹蔚翔：《赞！"矿大智慧"助力徐州点亮世界！》，搜狐网，https：//www.sohu.com/a/272512553_716551，2019年5月。

陈锋：《实施"大舰战略"：加快建设学科专业集群超级平台》，《中国高等教育》2016年第23期。

陈琳、岳振兴：《基于随机前沿分析理论的行业特色型大学科研效率评价研究》，《高校教育管理》2018年第4期。

陈文博、杨文杰：《怎样的大学教师职称结构有助于获取学术资源及提升产出》，《中国高教研究》2022年第2期。

陈运超、沈红：《浅论多校区大学管理》，《清华大学教育研究》2001年第2期。

程鹤：《省域高校科技创新能力评价及其演化研究》，博士学位论文，大连理工大学，2017。

杜驰、沈红：《教育场域中的制度同形与组织绩效》，《清华大学教育研究》2009年第5期。

段昌伟、倪红卫：《高校开展校企科技合作的实践研究》，《科技进步与对策》2006年第4期。

〔法〕P. 波丢：《人：学术者》，王作虹译，贵州人民出版社，2006。

〔法〕皮埃尔·布迪厄、〔美〕华康德：《实践与反思：反思社会学导引》，李猛、李康译，中央编译出版社，1998。

〔法〕皮埃尔·布尔迪厄：《科学的社会用途——写给科学场的临床社会学》，刘成富、张艳译，南京大学出版社，2005。

范国睿：《教育生态学》，人民教育出版社，2019。

冯俊等：《后现代主义哲学讲演录》，陈喜贵等译，商务印书馆，2003。

高宏利：《省属高校科研竞争力评价研究》，博士学位论文，大连理工大学，2014。

高时良、黄仁贤编《中国近代教育史资料汇编：洋务运动时期教育》，上海教育出版社，2007。

耿迪：《高校科技创新能力评价研究》，博士学位论文，武汉理工大学，2013。

顾永安：《应用本科专业集群：地方高校转型发展的重要突破口》，《中国高等教育》2016年第22期。

国家教育委员会：《普通高等学校本、专科招生计划管理意见》，1996-08-16。

国务院：《国务院转发教育部关于恢复和办好全国重点高等学校的报告的通知》，1978-02-17。

郝荣：《中国有色金属工业全要素生产率评价研究》，博士学位论文，北京科技大学，2017。

郝维谦、龙正中主编《高等教育史》，海南出版社，2000。

何平：《我国高技术产业技术创新能力评价研究》，博士学位论文，哈尔滨工程大学，2018。

胡炳仙：《我国重点大学建设的渐进模式》，《高等教育研究》2017年第5期。

胡科、陈武元、段世飞：《英国高校科研评估改革的新动向——基于"科研卓越框架2021"的分析》，《中国高教研究》2019年第8期。

胡明华：《德国应用科技大学的发展及对我国高等职业教育的启示》，《教育与职业》2017年第7期。

胡天天：《我国公立医院财务风险评价及防控策略研究》，硕士学位论文，华中科技大学，2016。

黄青：《产学研合作政策与高校知识创新链关系的研究》，

硕士学位论文，浙江理工大学，2016。

纪宝成：《世纪之交中国高等教育管理体制改革的历史回顾》，《中国高教研究》2013年第8期。

《技能形成与职业教育转型》，《北京大学教育评论》2019年第2期。

姜远平、刘雪：《世界一流大学教师学缘研究》，《江苏高教》2004年第4期。

蒋达勇、王金红：《现代国家建构中的大学治理——中国大学治理历史演进与实践逻辑的整体性考察》，《高等教育研究》2014年第1期。

教育部学位与研究生教育发展中心：《全国第四轮学科评估工作概览》，中国学位与研究生教育信息网，https://www.cdgdc.edu.cn/dslxkpgjggb/dslxkpggzgl.htm。

金一平、吴婧姗、陈劲：《复合型人才培养模式创新的探索和成功实践——以浙江大学竺可桢学院强化班为例》，《高等工程教育研究》2012年第3期。

金雨琦、程莹：《我国一流大学建设高校学科布局演化的分析与思考》，《大学与学科》2021年第2期。

李恒：《美国大学知识创新体系的区域差异及溢出效应研究》，博士学位论文，华东师范大学，2016。

李化树：《论大学学科建设》，《教育研究》2006年第4期。

李佳敏：《跨界与融合：基于学科交叉的大学人才培养研究》，博士学位论文，华东师范大学，2014。

李沁筑：《中国双向直接投资与企业创新的耦合研究——基于省级层面数据的实证分析》，《贵州财经大学学报》2017年第

5 期。

李全生：《布迪厄场域理论简析》，《烟台大学学报》（哲学社会科学版）2002 年第 2 期。

李曙华：《生成的逻辑与内涵价值的科学——超循环理论及其哲学启示》，《哲学研究》2005 年第 8 期。

李硕豪：《本科教育本质属性问题要论述评》，《高教探索》2010 年第 3 期。

李拓宇：《知识生产、学科演化与专业博士学位》，《高等工程教育研究》2019 年第 5 期。

李星光：《中国石化产业全要素生产率研究》，博士学位论文，大连理工大学，2010。

李玉栋、沈红：《区域学科与产业协同的实证计量和空间分析——以丝绸之路经济带沿线四省份为例》，《高校教育管理》2019 年第 1 期。

李志平：《高等院校学科群结构与功能研究》，《学位与研究生教育》1997 年第 3 期。

梁传杰、胡江华：《论学科群的组织形式》，《辽宁教育研究》2006 年第 2 期。

廖重斌：《环境与经济协调发展的定量评判及其分类体系——以珠江三角洲城市群为例》，《热带地理》1999 年第 2 期。

林杰：《制度分析与高等教育研究》，《北京师范大学学报》（社会科学版）2004 年第 6 期。

刘昌乾、吴晨圆、陈鹏：《效率与公平——"双一流"政策价值导向的思考》，《中国人民大学教育学刊》2021 年第 1 期。

刘复兴主编《国外教育政策研究基本文献讲读》，北京大学出版社，2013。

刘国瑜：《在服务国家和社会中追求学术卓越——我国高校创建世界一流学科的思考》，《学位与研究生教育》2016年第8期。

刘莉：《英国大学科研评价改革：从RAE到REF》，《科学学与科学技术管理》2014年第2期。

刘茜：《今年各类高等教育拟招生655万》，https：//www.gmw.cn/01gmrb/2003 - 02/19/05 - 99D1B13847E3881548256CD100814BDE.htm，2003-2-19。

刘茜：《中国跨入高教发展阶段》，《光明日报》2003年2月21日，第3版。

刘强、赵祥辉：《"双一流"建设背景下高校人才流动失序及其有效治理》，《当代教育论坛》2019年第3期。

刘生全：《论教育场域》，《北京大学教育评论》2006年第1期。

刘献君：《行业特色高校发展中需要处理的若干关系》，《中国高教研究》2019年第8期。

刘兴凯、左小娟：《我国高校科研效率的区域性特征及影响因素分析——基于三阶段DEA方法的实证研究》，《国家教育行政学院学报》2015年第5期。

刘振天、杨雅文：《大学定位：观念的反思与秩序的重建》，《清华大学教育研究》2003年第6期。

刘振天、张蕊：《我国高等教育分类管理政策历史演变、逻辑特征及前景展望》，《济南大学学报》（社会科学版）2022年第32期。

陆爱华、骆光林：《对工科院校学科群构建问题的探讨》，《学位与研究生教育》2005年第6期。

栾明香：《英国高校科研评价政策及其借鉴意义》，《北京行政学院学报》2011年第3期。

罗家才：《教学服务型大学建设：转型战略与本土创新的结合——第二届"全国教学服务型大学建设"学术研讨会综述》，《高等教育研究》2016年第6期。

罗家德、曾丰又：《基于复杂系统视角的组织研究》，《外国经济与管理》2019年第12期。

罗燕：《教育的新制度主义分析——一种教育社会学理论和实践》，《清华大学教育研究》2003年第6期。

罗志敏：《我国大学治理的制度供给逻辑》，《教育发展研究》2014年第5期。

马波：《旅游场域的扩张：边界与政策含义》，《旅游学刊》2016年第9期。

马春玲：《对高校培养复合型人才的思考》，《重庆职业技术学院学报》2006年第4期。

马正兵、朱永永、廖益等：《新建地方本科院校转型发展中的专业集群建设模式研究》，《重庆第二师范学院学报》2015年第1期。

梅亚明：《高校专业群的集约建设》，《教育发展研究》2006年第17期。

〔美〕沃尔特·W.鲍威尔、〔美〕保罗·J.迪马奇奥主编《组织分析的新制度主义》，姚伟译，上海人民出版社，2008。

〔美〕伯顿·R.克拉克：《高等教育系统——学术组织的跨

国研究》，王承绪等译，杭州大学出版社，1994。

〔美〕伯顿·克拉克主编《高等教育新论——多学科的研究》，王承绪等译，浙江教育出版社，2001。

〔美〕丹尼尔·若雷、〔美〕赫伯特·谢尔曼：《从战略到变革：高校战略规划实施》，周艳、赵炬明译，广西师范大学出版社，2006。

〔美〕海因兹-迪特·迈尔、〔美〕布莱恩·罗万：《教育中的新制度主义》，郑砚秋译，《北京大学教育评论》2007年第1期。

〔美〕希拉·斯劳特、〔美〕拉里·莱斯利：《学术资本主义》，梁骁等译，北京大学出版社，2014。

〔美〕詹姆斯·杜德斯达：《21世纪的大学》，刘彤等译，北京大学出版社，2005。

〔美〕朱丽·汤普森·克莱恩：《跨越边界——知识、学科、学科互涉》，姜智芹译，南京大学出版社，2005。

米娟、阙海宝：《应用技术类型高校的发展建议——源自德国应用科技大学的启示》，《乐山师范学院学报》2014年第5期。

苗晓丹：《德国高校教师薪酬制度及其特征分析》，《外国教育研究》2016年第8期。

聂劲松、刘春艳、聂挺：《专业集群的内生性成长及其治理专业化》，《现代教育管理》2021年第9期。

牛风蕊：《大学教师评价的制度同形：现状、根源及其消解——基于新制度主义的分析视角》，《现代教育管理》2014年第6期。

牛风蕊、张紫薇：《中国博士后制度演进中的路径依赖及其突破——基于新制度经济学理论的分析视角》,《高校教育管理》2018年第1期。

牛金成：《德国高等教育结构的特点及其启示》,《应用型高等教育研究》2020年第9期。

潘懋元、车如山：《特色型大学在高等教育中的地位与作用》,《大学教育科学》2008年第2期。

潘懋元、车如山：《做强地方本科院校——地方本科院校的定位与特征研究》,《中国高教研究》2009年第12期。

潘懋元、刘海峰编《中国近代教育史资料汇编·高等教育》,上海教育出版社,1993。

《普通高等学校本科教学工作水平评估指标体系》,载教育部高等教育司评估处编《2003年普通高等学校本科教学工作水平评估研讨班培训参考资料》（内部材料）,2003。

乔元正：《大学场域论释义：问题、特质与意义》,《高教探索》2015年第4期。

邱均平、欧玉芳：《面向世界一流大学建设的"985工程"高校科研竞争力评价分析——基于"十二五"期间RCCSE世界一流大学及学科竞争力评价报告》,《中国高教研究》2016年第4期。

邱均平、赵蓉英、余以胜：《中国高校科研竞争力评价的理念与实践》,《高教发展与评估》2005年第1期。

沈红、陈运超、廖湘阳、罗云：《多校区大学管理研究》,《高等教育研究》2001年第6期。

沈能、官为天：《我国省区高校科技创新效率评价实证分析——基于三阶段DEA模型》,《科研管理》2013年第S1期。

宋丽萍:《REF 与科研评价趋向》,《图书情报工作》2011年第 22 期。

孙进:《德国应用科学大学的办学特色——类型特色与院校特色分析》,《比较教育研究》2011 年第 10 期。

孙敬霞:《工科类地方本科高校教师发展研究》,博士学位论文,华中科技大学,2016。

田时中:《我国煤炭供需安全评价及预测预警研究》,博士学位论文,中国地质大学,2013。

田正平主编《中国教育史研究·近代分卷》,华东师范大学出版社,2001。

汪凡、白永平、周亮、张永凯、乔富伟、纪学朋:《中国高校科技创新能力时空格局及影响因素》,《经济地理》2017 年第12 期。

汪秀琼、谌跃龙、吴小节:《地方重点工科院校重点学科建设政策体系的建设路径》,《高等工程教育研究》2015 年第 6 期。

王骥:《对"行业特色型大学"提法的质疑——兼论其发展特征》,《江苏高教》2011 年第 5 期。

王建华:《创新创业与大学范式革命》,《高等教育研究》2020 年第 2 期。

王莉亚:《高校科研竞争力评价系统研究》,硕士学位论文,武汉大学,2005。

王维懿、胡咏梅:《基于利益相关者逻辑的高等教育重点建设政策分析》,《中国高教研究》2015 年第 1 期。

王晓珍、蒋子浩、郑颖:《高校创新效率动态演进分析及影响因素识别——基于非参数核密度估计和 SFA 模型》,《统计与信息论坛》2018年第9期。

王亚杰：《行业特色型大学还是学科特色型大学》，《高等工程教育研究》2018年第6期。

王烨、陈光华：《科研投入对高校双元产出的影响》，《科技管理研究》2018年第19期。

王志强、卓泽林：《论大学在创新系统演化过程中的主体功能及其实现路径》，《教育研究》2016年第6期。

魏浩、张瑞、王徽：《进口专业化与中国工业行业的经济增长》，《国际商务（对外经济贸易大学学报）》2018年第1期。

吴东照、王运来：《产教融合背景下科教资源低丰度地区高等教育园区建设的策略研究》，《复旦教育论坛》2020年第1期。

吴蕊：《辽宁省地方行业特色型大学战略规划研究》，硕士学位论文，沈阳师范大学，2013。

吴志宏、冯大鸣、魏志春主编《新编教育管理学》（第2版），华东师范大学出版社，2008。

武建鑫：《世界一流学科的政策指向、核心特质与建设方式》，《中国高教研究》2019年第2期。

武学超：《模式3知识生产的理论阐释——内涵、情境、特质与大学向度》，《科学学研究》2014年第9期。

武艳君：《行业特色型大学协同创新合作伙伴选择影响因素及评价研究》，博士学位论文，哈尔滨工程大学，2015。

肖洒、刘君：《区域高等教育科技创新能力协同发展测度分析》，《经济地理》2018年第8期。

谢沂楠：《科技部、教育部首次发布〈中国普通高校创新能力监测报告〉》，中华人民共和国教育部，http://www.moe.gov.cn/

s78/A16/moe_ 789/201710/t20171012_ 316131. html，2019 年 6 月。

熊国经、熊玲玲、陈小山：《泛珠三角洲区域高校科技创新能力评价——基于 E-TOPSIS 改进因子分析法的实证研究》，《科技管理研究》2018 年第 22 期。

徐东：《学科及学科群特征简论》，《辽宁高等教育研究》1996 年第 3 期。

许四海：《学科群：新建本科院校学科建设的现实选择》，《高教探索》2008 年第 5 期。

薛玉香、王占仁：《地方高校应用型人才培养特色研究》，《高等工程教育研究》2016 年第 1 期。

荀振芳、汪庆华：《试析高水平行业大学的学科发展路径》，《高等教育研究》2013 年第 4 期。

闫丽霞、周川：《从传统范式到复杂性范式的转向：论一流学科生长路径的构建拓展》，《中国高教研究》2020 年第 3 期。

杨道兵、陶鹏、杨秀芹：《行业高校更名的理性回归》，《中国农业教育》2012 年第 3 期。

〔英〕马尔科姆·泰特：《英国科研评估及其对高等教育的影响》，李梦洋译，《北京大学教育评论》2012 年第 3 期。

〔英〕迈克尔·吉本斯、〔英〕卡米耶·利摩日、〔英〕黑尔佳·诺沃提尼等：《知识生产的新模式：当代社会科学与研究的动力学》，陈洪捷等译，北京大学出版社，2011。

于志军：《创新价值链视角下高校科技创新效率研究》，博士学位论文，合肥工业大学，2016。

张凤莲、黄征：《谈高校学科群的构建》，《中国高教研究》1996 年第 1 期。

张国昌、许为民、伍醒：《产学研协同演变进路与政策建议：知识生产方式与认知方式嬗变视角》，《科技进步与对策》2017年第11期。

张抗抗、杜静：《中西部高校教师结构的失衡表征、合理性判别与调适路径》，《海南师范大学学报》（社会科学版）2021年第6期。

张松、张国栋、王亚光：《生命周期视角下新兴学科的生命发展评价研究》，《科学学研究》2018年第5期。

张晞、顾永安：《地方本科高校专业集群布局与建设的探索与思考——基于常熟理工学院的案例分析》，《中国职业技术教育》2018年第11期。

张熙：《大学组织与制度环境的互构机制分析——新制度主义视域下建设"双一流"的制度过程》，《高教探索》2016年第7期。

张欣、钟晓兵：《基于改进Topsis法的高校创新人才培养模式研究》，《西安电子科技大学学报》（社会科学版）2012年第6期。

赵继、谢寅波：《未来大学的教学变革》，光明网，http://jyj.gmw.cn/2020-01/07/content_ 33462699.htm。

赵冉、韩旭：《高等教育、创新能力与经济增长耦合协调发展及空间演进分析》，《黑龙江高教研究》2019年第2期。

郑永安、孔令华、张建辉：《高水平行业特色高校学科建设面临的矛盾关系与应对策略》，《高等教育研究》2021年第5期。

郑志刚：《复杂系统的涌现动力学——从同步到集体运输》（上册），科学出版社，2019。

卢红玲：《中国近代实业学堂的产生及实业教育的萌芽》，《河北建筑科技学院学报》（社科版）2005年第2期。

《中国煤炭高等教育史》编写组编《中国煤炭高等教育史》，中国矿业大学出版社，2001。

中华人民共和国教育部、中华人民共和国科学技术部编《中国普通高校创新能力监测报告2016》，科学技术文献出版社，2016。

钟秉林、王晓辉、孙进等：《行业特色大学发展的国际比较及启示》，《高等工程教育研究》2011年第4期。

周光礼：《"行业划转地方工科院校"的"去行业化"与"再行业化"：环境变迁与组织应对》，《教育研究》2018年第9期。

周雪光：《组织社会学十讲》，社会科学文献出版社，2003。

周志强、亓晶：《行业划转地方工科院校发展战略类特色研究》，科学出版社，2019。

朱军文、王林春：《海归青年教师引进政策供给与需求匹配研究》，《高等教育研究》2019年第6期。

朱有瓛主编《中国近代学制史料（第二辑下册）》，华东师范大学出版社，1989。

左兵：《西部地方高校学科建设的制度分析》，博士学位论文，华中科技大学，2006。

外文文献

Burton R. Clark, *The Higher Education System: Academic*

Organization in Cross-National Perspective, University of California Press, 1986.

Ching-Lai Hwang, Kwangsun Yoon, *Multiple Attribute Decision Making: Methods and Applications A State-of-the-Art Survey*, Springer-Verlag, 1981.

HEFCE, "Panel Criteria and Working Methods of REF2021," February 25, 2019, https://www.ref.ac.uk/media/1084/ref-2019_02-panel-criteria-and-working-methods.pdf.

H. R. Tang, Li Z. Z., Wang G., "Niche Fitness and Its Application in Oasis Population," *Journal of Lanzhou University (Social Science)*, Vol. 22, No. 3 (Fall 1994). J. B. Quinn, "Strategies for Change: Logical Incrementalism," *Academy of Management Review*, 1980, Vol. 7, No. 2.

J. W. Mayer, B. Rowan, "Institutional Organizations: Formal Structure as Myth and Ceremony," *American Journal of Sociology*, Vol. 83, No. 2.

L. Resele, "Impact of the National Innovation System on Innovation," *Journal of Business Management*, No. 9 (Fall 2015).

M. Gibbons, *The New Production of Knowledge: The Dynamics of Science and Research in Contemporary Societie*, SAGE Publications Ltd., 1994.

Pierre Bourdieu, *The Rules of Art-Genesis and Srructure of the Literary Field*, Stanford: Stanford University Press, 1996.

R. H. Miles, *Coffin Nails and Corporate Strategies*, Prentice Hall, 1982.

S. Harnad, "UK Research Evaluation Framework: Validate Metrics Against Panel Ranking," June 15, 2013, http://openaccess. eprints. org/index. php? /archives/333 - UK - Research - Evaluation - Framework - Validate - Metrics - Against - Panel - Rankings. html.

V. Bush, *Science, the Endless Frontier*, United States Government Printing Office, 1945.

W. R. Scott, *Organizations: Rational, Natural and Open Systems* (third edition), Prentice Hall, 1992.

图书在版编目（CIP）数据

行业划转地方工科院校特色发展战略研究 / 周志强等著 . -- 北京：社会科学文献出版社，2023.5
ISBN 978-7-5228-1427-8

Ⅰ.①行… Ⅱ.①周… Ⅲ.①地方高校-学校管理-研究-中国 Ⅳ.①G647

中国国家版本馆 CIP 数据核字（2023）第 029319 号

行业划转地方工科院校特色发展战略研究

著　　者 / 周志强　亓　晶　项　杨　等
出 版 人 / 王利民
责任编辑 / 李明伟
责任印制 / 王京美

出　　版 / 社会科学文献出版社·国别区域分社（010）59367078
　　　　　 地址：北京市北三环中路甲29号院华龙大厦　邮编：100029
　　　　　 网址：www.ssap.com.cn
发　　行 / 社会科学文献出版社（010）59367028
印　　装 / 三河市龙林印务有限公司

规　　格 / 开　本：880mm×1230mm　1/32
　　　　　 印　张：8.625　字　数：201千字
版　　次 / 2023年5月第1版　2023年5月第1次印刷
书　　号 / ISBN 978-7-5228-1427-8
定　　价 / 98.00元

读者服务电话：4008918866

▲ 版权所有 翻印必究